学校で教えない教科書

面白いほどよくわかる
深層心理

フロイトの研究から脳科学との関連までを解説

渋谷昌三 監修

日本文芸社

監修の言葉

最近、気になることがある。家族や友達といった親しいはずの人間関係での暴力や殺傷事件などが頻発していることである。もう一つは、見ず知らずの匿名《とくめい》関係の中での大量殺人や暴力事件、集団自殺などが次々と起こっていることである。

親密な人間関係があれば起こり得ない事件が、なぜ起こるのか。無関係な人に対する無差別な事件が、なぜ起こるのか。新聞やテレビなどによる報道内容から「不可解な事件である」との認識を持つことができても、その本当の理由や原因はよくわからないことが多い。しかし、こうした摩訶《まか》不思議《ふしぎ》な行動をとる人たちにも、その人なりの行動の背景があるはずである。そこには必ず、なんらかの深層心理が隠されていると思われる。

「深層心理に関する理論を知りたいのだが、難解なので敬遠したい」という読者には、本書の後半から読みはじめることをお勧めする。第5章以降では、生と死、自殺、家族関係、社会現象、宗教などに関する今日的な話題を取り上げ、深層心理の側面から解説した。さらに、脳科学研究の最新の情報を紹介し、深層心理や心の問題が脳科学によってどこまで解明されるのかを整理した。冒頭で述べたように、日常生活の中で起こっている諸問題を深層心理の観点から再考するきっかけになるであろう。

深層心理が今日的な諸問題を考える上で大いに役立つことが理解できたところで、本書の前半を読破すれば、より理解が深まるはずだ。前半の各章では、深層心理とは何か、深層心理がどのように研究され、どのような理論があるのかについて詳しく解説されている。また、各項目には本文の理解を深める図版、コラム、三行メモなどが多岐にわたり、豊富に紹介されているので、深層心理に関する広範な知識が得られるばかりでなく、その内容をより深く理解することができる。

本書では、多くの文献を参考にして、各項目の限られたスペースの中に、難しい理論や理屈が正確にわかりやすく嚙み砕いて説明されている。さらに、それぞれの内容は興味が持てるように面白くまとめられており、実生活の中ですぐ役立つように解説されている。また、各項目の欄外には参考文献番号が記載されているので、巻末の参考・引用文献一覧から興味のある書籍などを見つけ出し、より深く学習できるように工夫されている。

最後に、本書が自分自身の心を見つめなおしたり、身近な人たちの心理を理解したり、社会現象を新しい視点から分析したりする手がかりになれば幸いである。

二〇〇九年七月

渋谷昌三

面白いほどよくわかる　**深層心理**　【目次】

第2章●フロイトの分析・治療方法

第3章●フロイト以前の心理学

第4章●フロイトとフロイト以後の心理学

第5章● 深層心理から見た「生と死」

第6章●自殺の構造と深層心理

第7章●家族をめぐる深層心理

第8章●深層心理から見た現代社会

第9章●宗教と深層心理

第10章 ● 脳科学の進展と深層心理

章末コラム

※本書の各項目の欄外に記載されている参考文献の番号は、巻末の「主な参考・引用文献」の番号に対応しています。

staff

執筆
東　洋一
平松富士夫
六田孝介
鯖木周見夫

編集・図版
日本工房

編集・図版協力
西村祥子
三輪忠夫

本文イラスト
西田益弘

写真提供
毎日新聞社
国際フォト
鯖木周見夫
日本近代文学館

第1章

深層心理とは何か

■「深層心理」とは無意識的な心の動きのこと

無意識を〝発見〟し深層心理学を開拓したフロイト

私たちは、心の内、想いが、目的のない旅をしているかのようにその時々に変化することを知っている。しかし、なぜ変わるのかについては本当のところよくわかっていない。たとえば、黄色い花を好んでいる人がいる。その人は自分がその花を好きなことはわかっているのに、なぜそんなに好きなのかという点についてはよくわからない。同様に、ある人にはどうしても好きになれない人物がいる。理由はわからないがその人物が現れると全身に震えが走ってしまう。その人物からいやなことをされたという記憶はない。身体のどこかに欠陥が生じているのだろうか。医師に診察してもらっても、肉体的な原因は見つからない。

肉体に損傷はないのに身体に痛みが走ったり異常な匂いを感じたりする不思議な現象にジークムント・フロイト（一八五六〜一九三九）以前の人類は答えを出していなかった。どうして、そういう不思議な現象が起こりうるのか。フロイトはそのことを考え続け、原因を探り続けて、ようやくたどり着いたのが「無意識」の存在だった。この「無意識」の発見が、フロイトが、精神分析学を創始するきっかけになる。

人間は、自身で意識できる心的過程だけでなく、無意識的な心的過程をも持つ。このことを前提に、無意識的な心の動きを研究する心理学を総称して「深層心理学」と呼ぶ。深層心理学を切り開いたフロイトは、自身の方法を「精神分析」と呼んだ。だから、同じ深層心理学でも、フロイトの方法については「精神分析学」ということになる。無意識の存在を察知していた人物はフロイト以前にもいた。しかし、フロイトの偉大なところは、無意識の存在を体系化したことだった。

そして、このフロイト思想は単に精神分析分野だけにとどまらず、文学・芸術・思想界など各方面に大きな影響を与えていくことになる。

＊参考文献〈1・2〉

無意識に関する三つの解釈

名詞的に用いる場合の無意識

意識、前意識とともに、心的装置を構成している３部品のなかのひとつをさす。
（精神分析における局所論的解釈）

形容詞的に用いる場合の無意識

現実には認めがたい性質の欲望、感情、思考であるがゆえに抑圧されて意識にはのぼってこないもの。
（精神分析における力動論的解釈）

無意識

一般的な解釈の無意識

個人の行動を左右し、思考や感情の方向づけに大きな影響を及ぼすが、そのことが本人には自覚されていない心的過程。

column

フロイト以外にもいた無意識を感じていた人々

フロイト以外で無意識の存在を察知していたのは、十七世紀のラ・ロッシュフーコー、ライプニッツ、十九世紀に入ってショーペンハウエル、ニーチェ、フロイトと同時期ではピエール・ジャネらである。

ラ・ロッシュフーコーは「人間は何ものかに駆り立てられているのに、自分の意志で行動していると思いこんでいることがよくある」として、動機の背後にある無意識を想像していた。ショーペンハウエルは、生命そのものの源泉から力をくみ上げている隠された「盲目的な意志」にその存在を見ていた。

三行メモ

◆不思議な現象◆ここでいう「不思議な現象」はあとで明らかになるように、当時、女性に特有の病気だと思われていたヒステリー症状などをさす。フロイトはこの症状の解明を通して「無意識」の存在を明らかにし、その動きを理論化することになる。

フロイトに大きな影響を与えた神経科医シャルコー

一八八五年、ウィーン大学医学部神経病理学の私講師に任命されたフロイトは、パリに留学する。フロイトが師事したのは、サルペトリエル病院のジャン・マルタン・シャルコー（一八二五〜九三）だった。

シャルコーは、未踏の地に果敢に踏みこんでいく探検家の精神を持っていた。若き日の実習生時代をこの病院で学んだ彼は、その後、病院長との約束を守って医師としてここに戻ってきた。さらにパリ大学の教授を経て五十七歳のときに同病院の神経病学教室教授に就任している。当時のシャルコーの講義についてフロイトは「ひとつひとつがその構造と構成において小さな傑作で、文体は完璧」と記している。

シャルコーの身上は、何かの症状で苦しむ患者がいればその症状を粘り強く観察するところにあった。そして、それまで知られていなかったいくつかの病気を解明した。筋ジストロフィー症、小児麻痺、多発性硬化症などだが、彼の性格を物語るエピソードとして有名なのは筋萎縮性側索《そくさく》硬化症の例である。

着目のきっかけは病院の掃除婦にあった。彼女は手の震えのためにときどき運んでいた物を落とす。それを見ていたシャルコーは、反対する妻を説得して掃除婦の彼女を自宅で雇い、その病気を粘り強く観察した。しかし彼は、彼女の病気を治すことも、そしてその進行を止めることもできなかった。

が、死後の解剖の結果、原因が究明された。脊髄《せきずい》を中心に、大脳皮質から筋肉にいたる運動神経経路に変性が生じていたのである。原因がわかれば、その後の研究の行方に光が射す。病気は治せなかったが、シャルコーの執念が、次代への道を切り開いたのである。

フロイトが無意識を発見、体系化するプロセスで大きな影響を受けた人物が何人かいるが、そのひとりがこのシャルコーである。

＊参考文献〈1・2・3〉

神経学者シャルコーとその弟子

多くの弟子を育てたJ・M・シャルコー（1825〜83）

1825年、パリの車大工の息子として生まれる。絵画に興味を持ち一時は画家を志したこともあったが、医学の道に進む。43年にサルペトリエル病院の医長に就いたあと、72年にパリ大学教授となり、その後82年にサルペトリエル病院神経学教室教授に就任。すでに、多発性硬化症、筋萎縮性側索硬化症などの研究で神経学者として名を成していたが、ヒステリーも神経系の病気だと考え、その晩年をこのヒステリー研究に捧げた。多くの人材を育成したことでも知られる。

弟子ジャネが考えた無意識は「意識の下部形態」

フロイトと同時期を生きたピエール・ジャネは、シャルコーの弟子のなかでもっとも有名なひとりだが、彼の考えのなかにフロイト思想に近いものがある。フロイトが「無意識」と位置づけたそれ、人格観である。ジャネのいう人格は、いくつかの階層でなっており、私たちが知っているのは意識的な階層だけであるとした点だ。あまり注意を要しない行動のほとんどは無意識的な精神機構によってコントロールされている。彼はそれを「意識の下部形態」と呼んだのである。

column

サルペトリエル病院でのシャルコーとフロイト

パリのサルペトリエル病院は神経症研究のメッカだった。その頂点にいたのがシャルコーで、彼のもとには優秀な人物が数多く集まってきた。フロイトもそのひとりだが、このころにはまだ学究の徒に過ぎなかった。しかし、集まっていた研究者や患者たちがシャルコーに注ぐ眼差しに、尊敬、信頼、愛情があふれているのを目の当たりにした。

その眼差しは自分が父親的なシャルコーに注ぐそれと同じだと感じた。後年、フロイトは「感情転移」概念を提示するが、その基になったのは、このときの体験ではなかったか。

三行メモ

◆筋萎縮性側索硬化症◆宇宙物理学者のスティーヴン・ホーキングがかかっている病としても知られる。筋力の低下と筋萎縮が徐々に進行する。知覚障害はない。発症年齢は30歳代から50歳代にかけてが多い。1869年、シャルコーらによってはじめて記載された。

■鋭い観察眼と説得力のある論理が導いた結論

ヒステリー研究が明かした「心のなか」の重要性

多くの病気の解明で実績を誇ったシャルコーだったが、その晩年、彼を悩ませていたのが、肉体に外傷がなく変化も見られないのに、不意に異状が出現する神経病の類だった。

原因がわからない病に遭遇したとき、医者はどうするか。原因を粘り強く探る前に、患者の言葉を疑い、症状の訴えを想像の産物だと決めつけてはいないか。

シャルコーが取り組む以前のヒステリーもそうした病気のひとつに思われていた。そもそも、ヒステリーとはギリシア語で「子宮」を意味し、女性特有のあまり重要視されない病気の扱いを受けていたのだ。

しかし、シャルコーは違った。泣きじゃくったり、手足を麻痺、けいれんさせたりする症状の奥に潜む原因を探り当てようと執念を燃やしつづけた。女性に限らず男性の症例をも粘り強く集めて研究した。

やがて、病の原因が「心のなか」にあることがわかってくるのだが、シャルコーが後輩の医師や学生たちにつねづね語っていた言葉は「症状のあるところには必ず病がある」「事実が語りかけてくるまで、事実を繰り返し繰り返し見つめること」などだった。

鋭い観察眼と説得力のある論理、機知とユーモアに富んでいたシャルコーの人柄は、多くの人々を魅了していた。

留学を終えてウィーンに戻ってきたフロイトは、無意識の存在に光を当て「精神分析」の道を切り開いていくのだが、そのきっかけになり、また襲いくる偏見や差別による苦難との闘いの日々を勇気づけてくれたのは、シャルコーのそれらの言葉だったのである。

一八九三年、シャルコーの死の報に接したとき、フロイトは最大級の讃辞を述べて彼の死を悼《いた》んだ。「将来いつの時代にもヒステリーを明らかにした最初の者であるという光栄を彼に与える」。

＊参考文献〈1・2・3・4・5・6〉

シャルコーと催眠療法

シャルコーの講義風景

シャルコーの研究姿勢がフロイトに影響を与えた。

メスメルが始めた催眠療法

催眠療法は、18世紀後半、ウィーン生まれの医師フランツ・アントン・メスメル（1734〜1815）がパリで行なった「動物磁気」治療に始まる。物理学の磁気の概念を人体に応用したもので、両極の磁気の分布が正しくないときに病気が発生すると考え、一定の刺激（暗示）を与えて催眠状態にしてから治療を行なう。動物磁気説はフランス政府の調査によって否定されたが、暗示の効果については一定の評価がなされた。その後、催眠療法はフランスでは盛んになり、サルペトリエル病院でも積極的に行なわれていた。

column

反応は良くなかったフロイトの講演

一八八六年十月、フロイトはウィーン医師会で「男性のヒステリーについて」と題した講演を行なっている。内容は、これまで女性特有の病気だと思われていたヒステリーが男性にも意外に多いこと、そしてそれは詐病でもなく、また生殖器に由来するものでもないなど、シャルコーの説を基本にしていた。

しかし、反応は良くなかった。「冷遇された」と受け取ったフロイトは、そのことを生涯決して忘れることはなかった。自身の父親のような存在シャルコーがはずかしめられたように感じたのかもしれない。

三行メモ

◆ヒステリーの語源◆ギリシア語で書くhysteraは子宮を意味するが、病のヒステリーはこの子宮が体内をぐるぐる移動して引き起こされると考えられていた。どうやら、古代ギリシアの哲人プラトンらもそう思いこんでいたふしが見られる。

無意識の存在を確信させた「後催眠暗示」の実験

無意識の存在をフロイトはいつごろから感じていたのだろうか。フロイトは、一八八九年、フランスのナンシーにいたイポリット・ベルネーム（一八四〇～一九一九）やアンブロワズ・オーギュスト・リエボー（一八二三～一九〇四）らを訪ねて催眠術を学んでいる。そのときに、興味深い実験を目にしている。

たとえば、こんな具合のものだ。催眠術をかけた被験者に医師が、目覚めてから三十分後に四つんばいになって歩くように命じる。被験者は催眠術がとけたあとも命じられたことを覚えてはいない。しかし、医師が暗示した時間になると患者は、落ち着かない様子で何かを言い訳しながら四つんばいになってしまう。

これは「後催眠暗示」といわれているものだが、重要なのは、被験者の四つんばいになる行動は暗示をかけられてやっているのではなく、あくまでも自分の自由意志でやっていると思っているところにある。こんな実験を目にしたフロイトが何を学んだか、ジャン＝ポール・シャリエの記述に従うと、次のようにまとめることができる。

一　無意識的精神が存在しているに違いない。なぜなら、被験者は命令を正確に理解し、記憶したからである。これは生理学的器官では説明できない。

二　無意識は、一定の時間が経過してからも人間の意識生活に影響を及ぼすのだろう。

三　無意識的精神はそのようにして行動を起こさせるが、行動を起こした本人は、無意識にそそのかされたその行動に、「意識的な」偽りの動機を付け加えることがある。

「偽りの動機」とは言い訳の類である。被験者は四つんばいになることを恥ずかしい行為だと思っている。その恥ずかしい行為に正当性を持たせるために「物を落としたから」などと言いつくろうわけである。

＊参考文献〈1・2・3・7〉

フロイトが「後催眠暗示」実験で学んだこと

後催眠暗示による現象（行動）

意識がないはずの催眠状態のときに指示されたことが、催眠がとけたあとに行動として示された。しかも、起こした行動に、本人は疑問を持っていて偽りの言い訳をする。なぜこういうことが起こるのか。

⇒ **後催眠現象から想定できること**

⇒

想定１

無意識精神が存在する。意識がないところでの命令を記憶していたということは、意識以外での記憶できる精神を想定するしかない。

想定２

意識していないときに指示された無意識内容は、一定の時間が経過したあとに意識にのぼってきて行動に影響を及ぼすのだ。

想定３

意識にのぼってきた命令による行動は、本人が自覚的にやっていると思っている。その行動が社会的に恥ずかしいものである場合は、言い訳をする。そうするのは、「無意識」を意識していないからである。

column
催眠治療の最前線 ナンシー学派

フランスはメスメリズムの影響を受けた催眠治療が盛んだったが、その拠点地のひとつがナンシーだった。中心人物が、リエボーとベルネームだった。ベルネームはすでにチフスの研究で名が知られていたが、自分の手に負えなかった座骨神経痛の患者のひとりをリエボーが奇跡的にも治したのをきっかけに二人は急接近し、共同研究を始める。

ナンシーには二人の研究成果を確かめようと多くの研究者が訪れるようになり、この地で活躍する研究者たちをナンシー学派と呼んだ。

三行メモ

◆Ａ・Ａ・リエボー◆貧しい農家に生まれたが、努力して医学の道に進む。南フランス近郊の町医者として催眠術を使った治療を実践していたが、名のあるベルネームが弟子入りしてきたことで、一躍脚光を浴びることになる。

■フロイトが解明した三層からなる心的装置

意識・前意識・無意識——人間を動かす心的装置

私たち人間の行動と精神生活は意識している部分に限られているのではない。意識的な行動の背後には隠された無意識的な動機がうごめいている。すべてが自分の自覚的な意志に基づいて行動していると思いがちだが、じつはそうではないのである。人間を動かしている奥底にはもっと複雑な心的装置が存在している。このことをフロイトは明らかにするのである。

フロイトが考えた心的装置は、意識、前意識、無意識の三層からなっている。意識は、喜怒哀楽など私たちの直接的な心の現象として体験していることを「私の体験」だと感じられることの総体（すべて）。ゆえに「私の体験」は、他人が直接的に知ることはできないということになる。前意識は、「意識」されてはいないが、思い出そうとすれば思い出せるもの。思い出したとたんに消えてしまうような観念、言葉になって出ないうちに逃げてしまう意図などがここに入ってくる。無意識は、私たち個人の行動や思考・感情の行方に大きな影響を及ぼしながらも本人にはその自覚がない心的過程。抑圧されたすべての要素がここに閉じこめられていて、消え去ることはない。そしてこのもっとも深い層には、人類の太古からの感情生活のなかから生まれた抑圧、すなわち社会的・文化的拘束による抑圧を受けた本能的衝動が眠っている。

人間ひとりひとりの抑圧された出来事はそれぞれに違う。だから、無意識層に閉じこめられている「無意識」も異なってくる。フロイトのこの心的装置論は、後年少し別の展開を見せ、新たに提出された概念「エス」「自我」「超自我」との関係のなかで説明されるようになる。つまり、心的装置は「自我」「超自我」「エス」の三部分で構造論的に説明され、当初局所論的に説明されていた意識、前意識、無意識は力動論的に説明されることになる（P58）。

＊参考文献〈1・8・9〉

フロイト思想～初期の心的装置

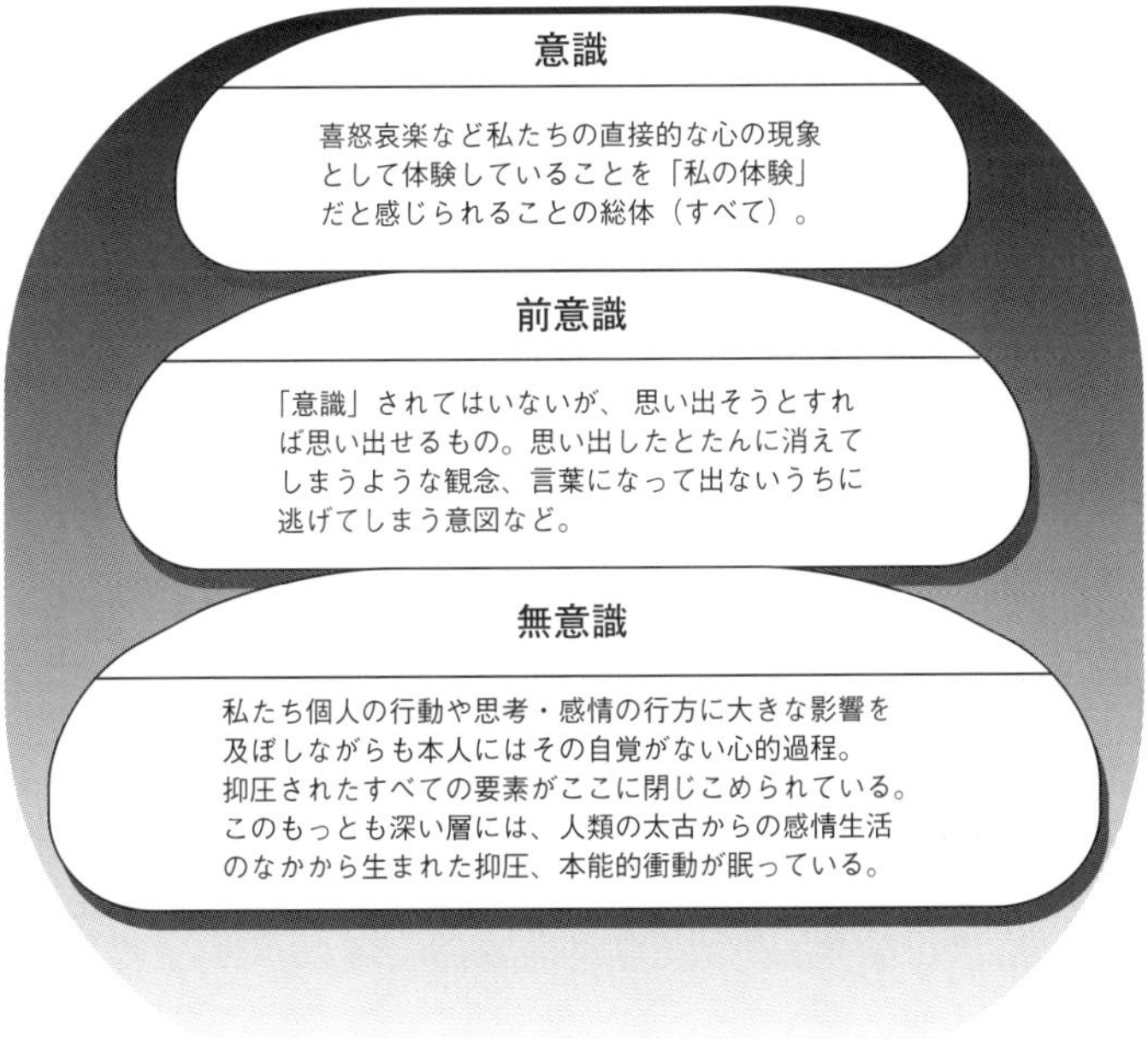

意識
喜怒哀楽など私たちの直接的な心の現象として体験していることを「私の体験」だと感じられることの総体（すべて）。
前意識
「意識」されてはいないが、思い出そうとすれば思い出せるもの。思い出したとたんに消えてしまうような観念、言葉になって出ないうちに逃げてしまう意図など。
無意識
私たち個人の行動や思考・感情の行方に大きな影響を及ぼしながらも本人にはその自覚がない心的過程。抑圧されたすべての要素がここに閉じこめられている。このもっとも深い層には、人類の太古からの感情生活のなかから生まれた抑圧、本能的衝動が眠っている。

column

局所論と力動論の心的現象のとらえ方

人間の心を、抑圧されているかどうかで意識、前意識、無意識という局所に分け心的現象をその各所に位置づけることを局所論的見地という。力動論的見地は、人間の心的行動を、抑圧するものとされるもの、夢における願望と検閲など、互いに反する要素の相互作用としてとらえる。これは、心的世界も物理学と同様に一貫した法則によって動かされているという考えに基づいている。フロイト思想の特徴は、二つの対立する要素のせめぎあいからひとつの筋道を考えるところにあるが、この力動論もその一例である。

三行メモ

◆本能的衝動◆本能とは一般的には行動や動機づけの生得性のことを指す。つまり、生まれつき持っているもの。フロイトは本能を行動の内発的動機づけとし、衝動を生得的かつ心的エネルギーととらえた。本能と衝動を同義に使う研究者もいる。

過去をすべて隠さず語りきる「談話療法」の発見

フロイトが無意識を体系化していくプロセスで欠かせない症例がアンナ・Oのケースである。

のちに、精神分析の症例として有名になるこのアンナ・Oは、フロイトの先輩でウィーンの医師ヨーゼフ・ブロイアー（一八四二〜一九二五）の患者だった。

綺麗で聡明な二十一歳の女性。彼女は、さまざまな身体症状、言語障害、人格変換など、ヒステリーの典型的な症状を示していた。けいれん縮感覚麻痺を伴う三肢の麻痺、視力と言語の複雑な混乱、拒食、咳……。そしてなによりも興味深かったのは、二つに区別される意識状態が見られることだった。

ひとつはなんの問題もない正常な状態で、もうひとつは手のつけられない子どものような状態。それは二重人格ともいえる症状だった。彼女の症状は夕方から悪化したが、ブロイアーはその夕方に往診して治療に当たった。彼女は自分で自分に催眠をかけてさまざまなことをブロイアーに話した。

そして、あるとき、あるひとつの症状が最初に起こったときの状況を詳細に話した。すると、不思議なことに、すべてを包み隠さず話しきったことが好影響を与えたのか、その症状が完全に消えていたのだ。予期していなかった結果に満足した彼女は、この方法を自ら「談話療法」あるいは「煙突掃除」と名づけて、ほかの症状についても試していった。

ブロイアーは夕方の治療に加えて、朝の往診も実施するようになった。こうして彼女の症状は、次第に快方に向かっていくのである。ところが、思わぬところに落とし穴が待ちかまえていた。アンナ・Oは健康を取り戻しつつあったのだが、ブロイアーと妻との間に感情の亀裂が生じはじめていたのである。ブロイアーはアンナ・Oの治療にのめりこんだ分だけ、妻の異変に気づくのに遅れてしまったのである。

＊参考文献〈2・3・8・9・10〉

ブロイアーの光と影

ヨーゼフ・ブロイアー（1842〜1925）
1858年、ウィーン大学医学に入学。1867年、内科医ヨハン・オッポルツァの助手になる。68年にマルティデ・アルトマンと結婚、５人の子どもをもうける。94年、ウィーン科学アカデミーの特別会員に選出される。フロイトより14歳年上で、アンナ・Ｏの治療に当たっていた当時は、ウィーンでもっとも有名な内科医のひとりだった。

ブロイアーが開業医になった謎
ブロイアーに関して大きな謎とされているのが、彼がなぜ、開業医になったのかということ。アカデミックな世界で業績を残していたからこそ、その疑問は募るのである。呼吸運動の自動調節の機制、迷路における平衡感覚に関する学説などの生理学的研究は、現在でもその関係の教科書に紹介されているほどである。当然、それなりの大学や研究施設で研究生活を続けていても不思議ではなかった。それが開業医への転身である。ブロイアーの心理の奥底で何が起こったのだろう。

column
フロイトとブロイアーが知りあったウィーン大学

フロイトとブロイアーが最初に知りあうのはウィーン大学ブリュッケ教授の生理学研究所であった。四年に進級したフロイトが研究室に入ると、助手として教授を支えていたのがブロイアーだった。

二人はその後公私にわたって友情を温め、フロイトはブロイアーから経済的な援助も受ける。フロイトはブロイアーのことを「豊かで広汎な才能をもち、その関心は職業的な活動領域をはるかに超えた広い人物」と評していたが、『ヒステリー研究』刊行前後を境にしてその関係にもヒビが入っていく。

三行メモ
◆ブロイアーの妻◆名をマルティデといったブロイラーの妻は、夫が若い娘の治療に夢中になって毎日のように往診に出かけることに耐えられず、いつのまにか自身の体調を崩し、さらには嫉妬のあまりに自殺まで図ったと伝えられている。

無意識層に沈んでいた〝記憶〟が身体の変調を誘発

アンナ・Oの症状が談話療法で改善した例のひとつはこんな具合だった。

夕刻の催眠下で、彼女は喉の渇きにひどく苦しんだ。しかし、水を飲むことができない。水の入ったグラスは手に取るのだが、それに唇を触れるやいなやグラスを押し返すのだ。渇きは、メロンなどの果物でやわらげた。そんな状態が六週間続いた。そして、あるときの催眠下で、彼女は自分の嫌いなイギリス人家庭教師の悪口、つまり、水が飲めなくなる原因になっている出来事について話すことになる。

彼女がその家庭教師の部屋に入っていったとき、家庭教師の「小さな犬」、彼女にとっての「気持ちの悪いけだもの」がグラスから水を飲んでいたというのだ。彼女は、このときの光景を嫌悪の情と怒りを込めた表情で語りきった。すると、そのあとで水を飲みたいといい、なんの抵抗もなく大量の水を飲み、唇にグラスをつけたまま催眠から目覚めたのである。

また、覚醒時での彼女の症状に視覚障害があった。その障害の原因は父との関係にあった。病気で療養中の父を看病していた彼女は、突然、父から時刻を尋《たず》ねられる。彼女はぼんやりとしか目が見えなかったので時計に目を近づいた。すると文字盤が大きく見えた。これが、大視症と内斜視のきっかけになってしまったのだ。時刻をすぐに答えられなかったのが心的影響を与えたのである。

ほかに、病気の父親に自分の涙を見せまいと必死になったことが視覚障害の原因になり、さらに、口げんかをしていて自分が反論するのをやめようとしたことが声門けいれんの原因になっていた。

アンナ・Oのつらく苦しい体験の記憶が無意識のなかに閉じこめられ、行き場を失った心的エネルギーが転換して身体の変調を誘発していたのである。

＊参考文献〈8・9・10〉

抑圧と転換〜身体症状出現のメカニズム

苦い体験の記憶を抑圧する
記憶は抑圧されても消えない
記憶が転換して身体症状に出現する

記憶が転換して身体症状に出現する

患者は、思い出したくない記憶やモラルに反する出来事の記憶などを抑圧して意識から消そうする。患者の思いが功を奏し、苦い記憶は抑圧によって意識にはのぼってこなくなるが、消えたわけではない。無意識層に追いやられているだけである。苦い記憶はそれが強烈なほど抑圧するのに大きな力を必要とする。記憶にのぼろうとする力とそれを抑えようとする力のせめぎあいである。このせめぎあいをフロイトは心的エネルギーと表現した。無意識層で行き場を失っていたこの心的エネルギーは、やがて意識上にのぼろうとすることから方向転換して身体に悪さをしていくのである。これが、フロイトのいう、抑圧と転換による身体症状出現のメカニズムである。アンナ・Oのヒステリーの症状はこのケースであるが、フロイトがはじめて症例として描写するのはルーシー・R嬢のときである。

column

研究者には興味深い対象だったアンナ・O

アンナ・Oの症状のひとつに言語障害があった。大きな不安に襲われたときには完全に話ができなくなるか、あるいはあらゆるイディオムを混ぜ合わせるのだ。とらわれのない最上の時間に話すのはフランス語かイタリア語だったが、その言語で話しているときは英語で話していたときのことは完全に記憶喪失となる。その逆もある。

このような症状が起こってきた同じ時期に、内斜視も始まっている。アンナ・Oはヒステリー症状のデパートといわれたが、研究者にとっては興味深い対象であったことは間違いない。

三行メモ

◆大視症と内斜視◆大視症は、物体が自覚上大きく見える現象で、両眼の感覚像の大きさの相対的差とされている。内斜視は、斜視の一種。斜視は左右眼の視軸が固視点に対し、一緒に向かわない状態をいう。偏位の方向によって内斜視、外斜視などに区別される。

■患者アンナ・Oの場合③〜分析者への過度な信頼が生んだ結果

「感情転移」によって失敗に終わったブロイアーの治療

ブロイアーによるアンナ・Oの治療は一八八〇年一二月から始められ、八二年六月に終わっている。アンナ・Oが自ら名づけた「談話療法」、ブロイアー自身はカタルシス(浄化)療法と呼んでいた治療法によって、一時は快方に向かっていたが、結末は、芳しいものではなかった。妻の異変に気づいたブロイアーはアンナ・Oの治療を続けることをあきらめる。そのことをアンナ・Oに告げた日の夜、ブロイアーは彼女に呼び戻される。出向いてみると、彼女は病的な興奮状態に陥っていた。それは、ヒステリー性の想像妊娠、出産の際の陣痛を思わせる状態だった。

ブロイアーによれば、治療中のこれまでの彼女は「性」のない女のようだったし、これまでそれに類する話題に言及したこともなかったという。なのに、彼女のなかでは目に見えぬうちに「先生の子ども」が膨らんでいたのである。精神分析でいうところの「感情転移」現象だった。転移とは、過去の体験のなかに出てくる対象を分析者に見てしまうことである。患者にとってかつての恋人だった男が、目の前の分析者になってしまうのだ。そのときの彼女は、ブロイアーの子どもを身ごもったと思いこんでしまったのである。

衝撃を受けたブロイアーは、催眠術で彼女を鎮め、自分はその場から逃げてしまう。

フロイトが、ブロイアーからアンナ・Oの話を聞くのは八二年十一月で、治療を打ち切ってから五カ月が経過したころだった。それからさらに六カ月ほど経ってから、ブロイアーは「彼女はまったく発狂してしまっていて、自分は彼女が死んでその苦しみから解放されることを願っている」と、フロイトに打ち明けたという。フロイトは、アンナ・Oの話に強い関心を抱き、のちにブロイアーに共同研究を持ちかける。それが、『ヒステリー研究』につながっていくのである。

＊参考文献〈2・3・8・9・10〉

転移（陽性・陰性）と逆転移のメカニズム

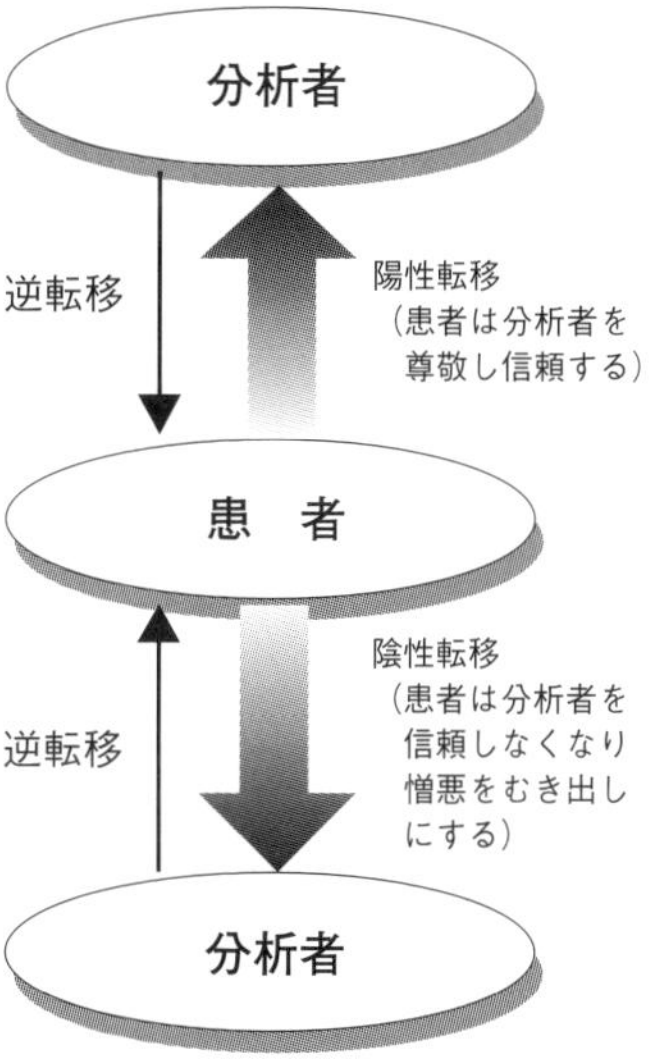
分析者
逆転移
陽性転移
（患者は分析者を尊敬し信頼する）
患　者
逆転移
陰性転移
（患者は分析者を信頼しなくなり憎悪をむき出しにする）
分析者

患者は分析者に感情転移する

精神分析の治療が進むと、患者は分析者のその態度から尊敬し信頼できる対象だと考えるようになる。ときには性的欲求を向ける。分析者にかつての恋人の姿を見てしまうのである。このように陽性の感情を向けることを陽性転移という。しかし、分析者は中立性の原則から患者の欲求、願望を満たすことはしない。結果、患者は挫折感を味わい、分析者を信頼しなくなってくる。信頼が不信に変わり、愛情が憎悪に変わるのである。このように陰性の感情を抱くことを陰性転移という。患者の感情の変化に接した分析者の心もときには揺り動かされ、自分が価値ある人間だと思えたり、まったく価値のない人間だと考えたりすることがある。こういう反応を逆転移という。分析者が自分の心をコントロールできなければ、治療は成功しないのである。

column

アンナ・Oに興味を示さなかったシャルコー

フロイトは、サルペトリエル病院に留学していたときに、シャルコーにアンナ・Oの話をしたが、シャルコーは興味を示さなかった。フロイトががっかりしたかどうかは定かではないが、シャルコーを尊敬していた彼は、次にシャルコーの著書『神経学講義』をドイツ語に訳したいという申し出の手紙を送り、それは受け入れられている。

そして、一八八六年、フロイト訳のそれは『神経系疾患、とくにヒステリーについての新講義』と題されて出版された。シャルコーは感謝して、自分の全集の一揃いをフロイトに贈った。

三行メモ

◆逃げたブロイアー◆アンナ・Oを置いて逃げ帰ったブロイアーは次の日に妻のマルティデを連れてヴェニスへ旅立つ。結果、妻は身ごもる。数奇な運命の巡り合わせである。生まれた娘は、60年の歳月ののち、ニューヨークで自殺することになる。

■入退院を繰り返すも回復、慈善活動などで活躍

精神分析学史上に名を刻むアンナ・Oのその後

その後、アンナ・Oは、どうなったのか。各種資料を整理すると、ブロイアーに見放された直後はスイスのクロイツリンゲンにあるサナトリウム「ベルヴュー」に三カ月ほど入院し、それからさらにドイツ・カールスルーエの親戚のもとで静養を続け、ウィーンに戻ってくるのは一八八三年に入ってからである。しかしその後も、八七年までにインツェルスドルフ（ウィーン）のサナトリウムに三度の入退院を繰り返している。

症状の重さを推測するエピソードになるが、それでもアンナ・Oは快復した。ただ、それはブロイアーによって成し遂げられたものではないことは確かである。

アンナ・Oの実名は明らかにされている。その名はベルタ・ポッペンハイム。父親は穀物会社を経営する実業家で、ユダヤ系の一家は、一八四〇年代からウィーンに居を構えていた。

ともかく回復したベルタは母とともにフランクフルトに移り、社会慈善活動に精を出すようになり、ユダヤ人孤児の施設開設などに力を注ぎ、十二年間にわたって孤児院の院長をつとめた記録も残っているという。

さらに、ユダヤ人の女性運動でも指導的役割を果たし、売春と人身売買調査のため、バルカン諸国、中近東、ロシアなどに何度も出かけるなど精力的に動き、一九〇四年にはユダヤ人女性同盟を結成している。こうした活動が評価されてか、第二次世界大戦後に、旧西ドイツで彼女の肖像付きの記念切手が発売されている。いずれにせよ、アンナ・Oことベルタ・ポッペンハイムは、精神分析学史上、忘れ去られることのない人物としてその名を記されることになる。

そして何よりも評価しなければならないのは、アンナ・Oの症例をブロイアーから聞いたフロイトが、その内容の重要さに気づいたことである。

＊参考文献〈2・3・10・11・12〉

ベルタ・ポッペンハイムの肖像

アンナ・Oこと
ベルタ・ポッペンハイム

『フロイトの生涯』を書いたアーネスト・ジョーンズは、彼女のことを、「非常に頭が良かったばかりでなくその体格と個性においてきわめて魅力的であった。療養所に移ったときに、彼女は彼女をゆだねられた精神病医の心を燃えたたせた。死の数年前彼女は五つの機智に富んだ自分自身の死亡広告をいろいろ新聞雑誌のために作った。しかし、30歳のときに非常にまじめな面があらわれ、彼女はドイツで最初の社会事業家となり、それは世界でも最初の人びとのひとりでもあった」と記している。

column

サナトリウム「ベルヴュー」はビンスワンガーの病院

ブロイアーに見捨てられたアンナ・Oが次に入ったサナトリウム「ベルヴュー」は、精神病理学において現存在分析の研究方向を確立したルートヴィヒ・ビンスワンガーの父が経営していた私立の病院。

ビンスワンガー自身ものちにこの病院の院長となり、病者とともに生活しながら研究を続け、現存在分析を深めた。ビンスワンガーは、最初、オイゲン・ブロイラーに師事し、その後フッサールの現象学の影響を受け、さらにハイデガーの『存在と時間』を読むに及んで現存在分析学にのめりこんでいった。

三行メモ

◆サナトリウム(sanatorium)◆結核、精神病、ハンセン氏病など特殊な療養を必要とする患者を収容する病院。強力な治療法がなく、安静な生活で長期間収容され、治療と養生が行なわれるところという意味で療養所と呼ばれる。

精神分析学の原点となった『ヒステリー研究』

アンナ・Oの症例が発表されるのは、一八九五年、フロイトとブロイアーが共著として出版した『ヒステリー研究』のなかでである。ブロイアーが治療を放棄してから十三年の歳月が流れている。

時間がかかったのはなぜか。フロイトが、ブロイアーの治療方法に触発されてそれを試し、そして失敗を重ねたのち、自らが納得する方法を見出すまでにそれだけの年月が必要だったということ。それに、アンナ・Oの症例を発表することをいやがったブロイアーを十分に説得しなければならなかったからでもある。

ブロイアーはアンナ・Oとの関係を好奇の目、性的な関係で見られることを恐れていたのだ。当時のヨーロッパの社会状況ではブロイアーのためらいももっともかもしれない。『ヒステリー研究』では、ブロイアーとアンナ・Oの最後の顛末《てんまつ》については触れられていない。アンナ・Oは完治したことになっている。

『ヒステリー研究』には五つの症例が記載されている。ひとつは、ブロイアーによるアンナ・Oの症例。あとの四つはフロイトによる症例である。ブロイアーの治療法は、催眠術を効果的に使った談話療法で、「カタルシス（浄化）療法」とも呼ばれた。ブロイアーの方法に触発されたフロイトもその方法を実践するが失敗し、その失敗から、のちの精神分析療法の要になる「自由連想法」を考え出すプロセスが、この四例を通して記されている。そういう意味では、この『ヒステリー研究』は精神分析史上でもっとも重要な書物になるのだが、刊行後の評判は芳しくなかった。

ブロイアーはがっかりしたが、フロイトは、数多くの批判に対し、それらはすべて一笑に付すことができると語ったという。そしてのちに「ブロイアーの自信と抵抗力は、その他の精神機関ほど十分に発達していなかった」とも語っている。

＊参考文献〈3・5・8・10〉

『ヒステリー研究』刊行時のフロイトとブロイアー

『ヒステリー研究』の表紙

フロイトの性理論を理解しなかったブロイアー

『ヒステリー研究』は1895年に出版されたが、そのころにはフロイトとブロイアーの関係は冷えきっていた。共同研究はその前年の夏に終わっていた。ブロイアーは、フロイトの性理論についていけなかったというのが真相なのだろう。しかし、ブロイアーは、『ヒステリー研究』のなかに、ヒステリーの病因を考えるうえで性の問題はきわめて重要だということを記して、フロイトの考えに一定の理解を示している。それでも本音は別のところにあったというべきなのだろう。ともかく、800部印刷された『ヒステリー研究』だが、その後13年間で売れたのはわずか626部だった。

column

『ヒステリー研究』を評価した大学教授

その記事はウィーンの代表的な日刊紙『新自由新聞』に載った。筆者は文学史専攻の大学教授であり、詩人で劇作家、おまけにウィーン帝国劇場の支配人でもある人物。彼は『ヒステリー研究』に記されていた症例を十分に理解したうえで、いつの日か「人間の個性のもっとも深い秘密」に私たちが近づけるのではないかと予言し、同書の理論そのものは「詩人たちが今までに使っていた種類の心理学にほかならない」とした。さらに、その理論に基づいてシェークスピア作品を分析し、マクベス夫人の苦悩を解説してみせた。

三行メモ

◆ブロイアーの落胆◆『ヒステリー研究』の評判でブロイアーをがっかりさせたひとつは、ドイツの神経学者シュトリュンペルの敵意ある批評だったとされている。また、学説とは関係なく、同書がいかがわしいものだと見られたこともショックだったようだ。

ようこそ、「無意識の館」へ

オディオン・ルドン
（1840〜1916）

17歳のとき、ボードレール『悪の華』、
フローベール『ボヴァリー夫人』を知り、
スピノザ哲学に目をひらかされる。

〈眼を閉じて〉
（1890年／オルセー美術館蔵）

第2章●

フロイトの分析・治療方法

■患者エミー・フォン・N夫人の場合❶〜フロイト初の療法の結末

最初は失敗に終わったフロイトのカタルシス療法

フロイトが、ブロイアーの試みに刺激されてカタルシス（浄化）療法を実践するのは、一八八九年五月一日からである。患者は、エミー・フォン・N夫人、四十歳。中部ドイツの出でロシアのバルト海岸地方に広大な土地を持つ一家の十四兄弟姉妹の十三番目として生まれている。結婚は二十三歳のときで、相手は大工業家として有能な男だったが、彼女よりずっと年上だった。その夫は、十四年前に心臓麻痺で急死し、十六歳と十四歳の二人の娘が残されていた。娘たちは病気がちで、神経症の障害にも悩んでいた。

彼女自身は自分の症状を夫の急死と娘たちの養育に関することが原因だと考えていた。夫の死後、夫の親戚筋から相当ないやがらせを受け人間不信に陥っていたうえ、病気がちの娘たちのことが気になっていた。夫人の症状は、小声、吃音《きつおん》、顔面のけいれんなどで、十四年間、軽重はあるものの、ずっと続いていた。

彼女は催眠術にかかりやすかった。だからカタルシス療法には適していると思われたのだが、そううまくはいかなかった。フロイトはこう記している。

「私にとってこの治療法を運用するのは、これははじめての試みで、とてもこれを会得できたといえるような状態にはなかった。そして、事実、十分というに足る症状の分析はできなかったし、また十分な計画性をもってこの方策を遂行することもできなかった」。

彼女は、たやすく催眠状態に落ち、話を聞き出すことはできた。それでも成功しなかったのは、治療効果が持続しなかったからである。彼女自身が、フロイトを喜ばせる効果を演出するケースも見られた。質問に対する答えについてなぜそうなのかを問うと、彼女は「先生がそうお望みなのですから」と答える。これでは治療にはならない。たとえ良い方向に進んだとしても、それは「普遍的」にならないのである。

＊参考文献〈2・3・5・8・9・10〉

催眠療法の種類

催眠療法

- **暗示催眠療法**
  暗示の与え方に、直接と間接の２種類があり、現代では、ミルトン・H・エリクソンの影響で、間接暗示が多くなっている。求める状態を作り出すのに、別の状態を媒介させてからそこに持っていく方法。
- **リラックス催眠療法**
  催眠の意識状態に重点を置いた方法で、患者の心理を、現実的事柄から解放して安全地帯に誘導し治療する方法。
- **イメージ催眠療法**
  文字どおりイメージ空間での体験を重視した方法になるが、具体的には精神分析的、ユング心理学的、行動療法的など、それぞれの考え方で違ってくる。

column

「下意識」を一回だけ使い のちに退けたフロイト

『ヒステリー研究』のなかで、フロイトは「下意識（Unter-bewBtsein）」という言葉を一回だけ使っている。その一回がエミー・フォン・N夫人の症例である。ブロイアーはかなり頻繁に使っている。「下意識」は、フロイトと同時期に「無意識」の存在を察知していたピエール・ジャネが使っていた言葉。

のちにフロイトは「下意識という名称は不正確で、誤解を招きやすい」として、この語を退けている。精神分析で使われているのは「無意識」だが、ジャネのそれは理論的には「前意識」のようなものだった。

三行メモ

◆カタルシス（浄化）療法◆ブロイアーがアンナ・Oの治療中に偶然生まれた方法。症状の原因に関係する出来事を催眠下で話しきったことで症状が消え、アンナはそれを談話療法などといったが、ブロイアー自身はカタルシス療法と呼んだ。

■患者エミー・フォン・N夫人の場合②〜催眠術への疑問

「催眠術」から「心の分析」へ――精神分析の入口開く

エミー・フォン・N夫人の症例で、フロイトは催眠術による方法にはじめて疑問を投げかけている。

ある時期までフロイトは催眠術による治療を信じていた。フロイトが催眠術を積極的に取り入れていくのは一八八七年十二月からだが、それ以前にもなじみのあるものだった。パリ留学中にもシャルコーのもとで経験を積んでいたし、八五年の夏には、オーベルシュタイネル教授の私立の療養所で二、三週間過ごし、ここでも経験している。

その催眠術にフロイトは疑問を呈したのだ。催眠術による治療をあきらめるということはフロイトにとっては勇気のいることだった。それでもどこかで決断しなければならなかった。そして、もし、催眠術による暗示によって効果が上がるのなら「私は〈健康になりなさい〉というたったひとつの暗示を繰り返していればよかったということになるだろう」と、フロイトは自省ぎみに記すことになる。それでも、この症例では未来につながる、得るべきものがあった。夫人の症状は「心の分析を受けて自ら納得したときに限り」解消されていったのである。重要なのは「心の分析」だ。フロイトは、催眠術では成功したとはいえなかったが、「心の分析」では、すべてではないとしても、夫人が納得したときには治療に成功したとしているのである。

この言葉「心の分析」は、原語では「psychishe Analse」と綴られているが、フロイトがこの後、「精神分析」という言葉を使うのは一八九六年のことである。「精神分析」には、「Psychoanalyse」が使われている。「psychishe Analse」と「Psychoanalyse」は意味的にはほとんど変わらない言葉である。

つまり、フロイトがのちに確立させる精神分析療法の先駆けとなる症例のひとつが、この夫人のケースだといえるということである。

＊参考文献〈1・2・3・9・10〉

フロイトが催眠術の失敗で学んだこと

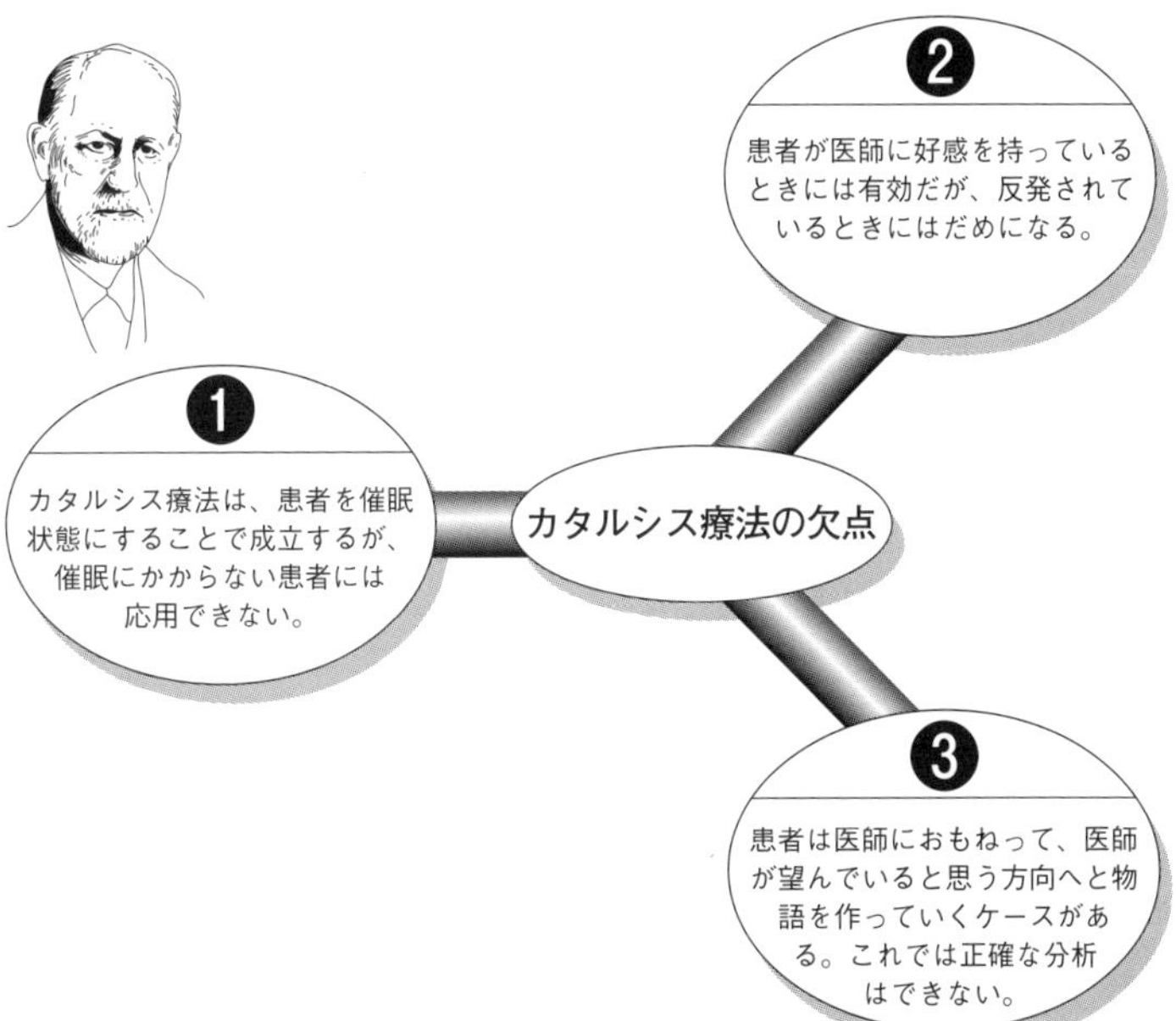
カタルシス療法の欠点
❶
カタルシス療法は、患者を催眠状態にすることで成立するが、催眠にかからない患者には応用できない。
❷
患者が医師に好感を持っているときには有効だが、反発されているときにはだめになる。
❸
患者は医師におもねって、医師が望んでいると思う方向へと物語を作っていくケースがある。これでは正確な分析はできない。

column

実像が明かされた エミー・フォン・N夫人

一八九五年、ある研究者によってN夫人の実像が明らかにされた。それによると、実名はファニー・モーザー。出身はバルト海沿岸ではなくスイスで、一八四八年生まれ。フロイトの記述では十四人兄弟姉妹の十三番目になっているが、研究者の調べでは十三人中の十二番目。二十歳のときまでに九人がすでに死亡している。七〇年、二十三歳のときにヨーロッパで有数の時計メーカーの経営者ハインリヒ・モーザーと結婚。夫は当時六十五歳で、四年後に死去し、莫大な遺産を彼女が相続する。一九二五年に死亡している。

三行メモ

◆オーベルシュタイネル◆斎藤茂吉はアララギ派の歌人として知られるが、同時に精神分析医でもあった。その斎藤が留学して学んだのが、フロイトが催眠術治療を学ぶために訪れたウィーンのオーベルシュタイネル教授である。

■患者ルーシー・R嬢の場合❶～消えない匂いに潜む「想い」

抑圧されていた記憶を解き放った「前額法」

ルーシー・R嬢はイギリス人で三十歳。ウィーンの工場経営者の家庭教師として暮らしていた。慢性の化膿性鼻炎で嗅覚《きゅうかく》を失っていたのだが、不思議なことに、ある主観的な臭いに悩まされ、疲れ、そして気がふさいでいた。彼女は催眠術にはかからなかったが、このことがフロイトには幸いしたのかもしれない。ここでフロイトは前額法《ぜんがくほう》を使っている。

前額法とは、患者の前額に手を当て圧迫、そのとき思い浮かぶ内容を報告させる方法である。

フロイトはまず、トラウマ体験を疑った。彼女が話したのは、焦げたケーキの匂い。工場経営者は妻に先立たれ、二人の娘が残されていた。彼女の誕生日の二日前にイギリスの母親から手紙が届いた。その手紙を開けるかどうかで二人の娘たちとたわむれていたときに焦げたケーキの匂いが漂った。ケーキを焼いていたのを忘れていて焦がしてしまったのだが、その日以来、何かするとその匂いが鼻を貫くようになった。この時期、彼女はイギリスに帰ろうかどうか迷っていた。

表面上の口実はひとり暮らしの母親を放っておけないということだったが、もうひとつ、彼女には隠れた「想い」があった。ひそかに娘たちの父親を愛していたのである。彼女はこう語った。「そのことは自分でも知らなかったのです。いや、むしろ、私は知りたくなかったのです。そのことは自分の頭から払いのけよう、もう考えないでおこうとしてきました。実際、最近はうまくできるようになったと思っています」。

彼女は自分の心の内が他人に悟られないよう注意深く振る舞っていた。社会通念に反する自分の「想い」を心の奥底に押さえつけていたのである。

こうしていつのまにか無意識の領域に追いやられていた彼女の「想い」が、ヒステリー性に転換して「焦げたケーキの匂い」を引き起こしていたのである。

＊参考文献〈7・9・10・13〉

いろいろなトラウマ体験

トラウマ体験	強いショックを引き起こす情動体験
	両親、恋人など重要な依存対象の喪失体験
	虐待など不適切な母子関係体験
	戦場・被災地での異常な体験
	その他、強いストレスを引き起こす体験

過度な情動体験、異常体験が引き起こすトラウマ

トラウマ体験は、外傷体験や心的外傷体験ともいわれる。人が、強いショック、ストレスを引き起こす体験や異常体験などをしたとき、それが精神的に適切に処理されずに抑圧されてしまうと、フロイトいうところの「無意識層」に追いやられ、のちのち神経症的症状を形成するというもの。また、戦場・被災地などでの異常体験は心的外傷後ストレス障害（PTSD）、不適切な母子関係は蓄積的外傷とも呼ばれている。

column

情動の匂いは嗅覚の匂いとは別次元

ルーシー・R嬢の「匂い」の症例にはひとつの疑問が提出される。彼女は、慢性の化膿性鼻炎をわずらっていて嗅覚を完全に失っていた。それなのになぜ、自分につきまとっている匂いが「焦げたケーキの匂い」だということがわかったのかという疑問だ。

この点についてフロイトはこう記す。「その興奮のなかで、焦げたケーキの匂いを知覚したのである。器質的な根拠を持つ嗅覚消失を突き破ったのだ」と。嗅覚を失っていたからこそ、その匂いの原因は心的なものだとわかるというのである。

三行メモ

◆情動◆一時的で、強い感情の動き。心理学では、感情の動的側面が強調される場合に用いられてきた用語で、急激に生起し、短時間で終結する反応振幅の大きい一過性の感情状態または感情体験をさす。感情と同意に使われているケースも少なくない。

トラウマ体験による抑圧と転換のメカニズムとは？

ひとつの主観的な匂いはとれた。しかし、もうひとつ、別の匂いが残っていた。葉巻の匂いである。この匂いは、ケーキの焦げた匂いに覆われて隠れていたのである。葉巻の匂いにまつわるトラウマ的体験は焦げたケーキの匂いの前に起こっていた。

ルーシー・R嬢はかつて主人から子どもたちの将来について相談を受けたことがあった。このときの主人の対応に好感をもった彼女は、ひそかに恋心を抱いてしまったのである。

ところがその後、彼女は主人にひどく怒られる体験をする。主人は、男であれ女であれ子どもたちにキスをするのを極端に嫌っていた。ある日、主人宅を訪れた婦人のひとりが帰り際に子どもたちにキスをした。あとで、彼女は主人からこっぴどく叱られた。もう一度このような失態を繰り返したら家庭教師の仕事を解くとまでいわれた。それから少し月日が流れて、会計係長たちが主人宅にやってきた。係長たちは雑談しながら葉巻を吸っていた。その光景を彼女は眺めていた。すると、係長が子どもたちにキスをしようとしたのだが、途端に主人の怒鳴り声が係長を襲った。その瞬間、彼女は強い衝撃を受けた。以来、彼女の記憶には葉巻の匂いが残り、その匂いが節目ごとに甦っていた。

精神分析の治療法は、無意識領域に追いやられていた出来事を意識領域に引き上げて解放してやることである。彼女の場合、ケーキの匂いにまつわる出来事を話すことで焦げたケーキの匂いが消えたが、今度は先に体験した葉巻の匂いが表に出てきたのである。そしてそれにまつわる出来事を話しきることで二つの匂いはすっきり消えてしまうのである。

重要なのは、彼女は子どものキスの件でこっぴどく怒られはしたが、それでも主人に対する想いは消えていたわけではなかったということである。

＊参考文献〈7・9・10〉

抑圧と転換のメカニズム

ルーシー・R嬢に関係する出来事と匂いの固着

主人から子どもたちのことで相談を受け、ひそかに恋心を抱く。

↓

子どもたちにキスしようとした婦人のことで主人に叱られる。

→ 最初のトラウマ的体験になる。少しショックを受けるが、恋心は持続する。

↓

葉巻を吸っていた会計係長が子どもたちにキスをしようとして主人に怒鳴られる。

→ 最初のトラウマ的体験が一瞬重なりショックが増幅される。その体験の象徴として葉巻の匂いが残る。

↓

イギリスに帰ろうかどうか迷っていたときに、焼いていたケーキを焦がしてしまう。

→ 迷いによる葛藤が心的エネルギーを大きくし、その迷いの瞬間をトラウマにまで高める。そして、その象徴として焦げたケーキの匂いが残る。

このルーシー・R嬢の症例もアンナ・Oの場合と同じく「抑圧と転換」による症状の出現になるが、こちらにはなぜ、匂いが固着したのか。フロイトは、トラウマ的体験と結びついた匂いの感覚が、その象徴として彼女の身に残ったとしている。しかも、焦げたケーキの匂いは、子どもたちのそばにいたい気持ち、すなわち主人への片思いと、叱られたことでイギリスに帰ることを考えはじめている屈辱感との葛藤が心的エネルギーを増大させ、その瞬間をトラウマにまで高め、そのときに匂いが固着したと見ている。

column

体験が重なって拡大した心的表象群

フロイトは分析している。ルーシーが、主人の怒るのを見たのが係長のときがはじめてならばそんなに強い衝撃は受けなかっただろう。それ以前の自分が怒られた体験とが一瞬重なって、分離していた心的表象群がひとつになって拡大したのだ。

　彼女は、主人に怒られたことで少し失望してはいたが恋心が消えていたわけではなかった。無意識領域に追いやられていた表に出せない恋心が転換して「匂い」の症状を起こしていたのだが、その匂いは節目節目に体験した記憶に残る強い印象だったということである。

三行メモ

◆表象◆ある対象を意味・指向する直観的な意識内容で、記憶や想像によって心に思い浮かぶ形。心理学的には、対象に関して心理学的過程を経て抽出された情報を長期記憶に保持するための心的形式の総称。映像的表象と分析的表象が考えられている。

■患者カタリーナの場合〜使われなかった催眠術

性的トラウマと不安情動の因果関係

カタリーナは十八歳ぐらいの娘。フロイトが休暇で山歩きを敢行した際の山頂の宿で働いていた。娘は宿の主人夫婦の姪《めい》のようだった。娘は激しい呼吸困難に陥る症状を訴えた。

フロイトはまず不安発作を疑い、くわしく話を聞き出していく。そして娘の二種類のトラウマに行き当たる。

ひとつは、二年前に宿の主人であるおじと知り合いの娘との性的関係の場面を見たこと。もうひとつは、それからさらに二年さかのぼる四年前に、そのおじ自身がカタリーナに迫ってきた性的行為の記憶だ。

四年前の記憶はまだ性的に無知であったために意識の外に追いやられていた。それが、二年後に別の娘とおじとの行為の現場を見たことで四年前の記憶が呼び覚まされることになった。フロイトは「発作中のカタリーナを苦しめる不安は、ヒステリー症の不安である。すなわち、その不安は、性的トラウマに際してかならず現れる不安の再現なのである」と記し、さらに「処女である者たちが性的関係にうすうす気づきはじめると、不安情動が呼び起こされるという事態を、私たちは数限りない症例において見出してきた」と書き加えている。トラウマ体験による心的な不安情動が身体的な症状に転換していたのである。

フロイトは後日、カタリーナの素性を明らかにしている。おじとカタリーナの関係は、実の父娘だったというのである。フロイトがなぜ、事実を伏せて発表したのかは定かではないが、当時のヨーロッパの道徳観念が多分に影響していたことは間違いない。

しかし、ここで重要なのは、この症例で催眠術が使われていないことと、のちのフロイト思想のひとつ「性的発達理論」に関係する幼少期の性的トラウマが問題にされていることである。

＊参考文献〈3・5・7・9・10〉

フロイトの性理論の原型

カタリーナのトラウマ体験

おじが性的関係を迫ってくる。

最初のトラウマ体験になるが、本人に性知識がなく、何も感じないまま時が過ぎる。これを、フロイトは「自我の無知」と表現している。

おじが知り合いの娘と性交している場面を目撃する。

2、3年前、おじが迫ってきた理由がわかり嫌悪感を募らせる。無知のために潜伏していたトラウマ体験が呼び起こされる。フロイトはこの瞬間を「補助的瞬間」としている。

おじと知り合いの娘の関係をおばに話す。

おばに話したことをおじから逆恨みを受け脅される。おじがいつ襲ってくるのかと不安におびえる。これが不安発作の原因である。そして、不安発作の代替として呼吸困難を起こす。

性理論の原型

後年のフロイト思想のなかに性的発達理論がある。その要点のひとつは幼児期の性的関係の記憶がいったん忘れ去られ、潜伏期間を経て思春期に再現されるというもの。カタリーナの症例でこう記している、「性の発達以前の時期に子どもが受けた印象が長らく作用を及ばさないままになっていても、しかし、のちに年ごろの娘となり、あるいは妻となって性生活に関する理解を持つようになると、以前の印象が想い起こされ、それがトラウマとしての力を得るのである」と。

column

フロイトが自ら明らかにした歪曲の事実

フロイトは一九二四年、カタリーナの症例を自身の著作集に入れる際、注記に「あの娘は実父による性的な誘惑のせいで発病した」とし、「この症例においてなされたような事実の歪曲は、病歴を記述するにあたってぜひとも避けねばならない。こうした歪曲は症例を理解するうえでもちろん重大な意味を持つ。それは、たとえば舞台をある山から別の山に移すのとはわけが違う」。同じような歪曲の例はほかにもある。次項に登場するエリーザベトの症例に挿話として登場する娘とおじの関係で、それも同時に訂正されている。

三行メモ

◆不安◆自己の存在を脅かす可能性のある破局や危険を漠然と予想することに伴う不快な気分のこと。フロイトは、脅威の原因が外界にあるか、個人の内的衝動にあるかによって、複合反応である現実不安と神経症的不安とに分けている。

■患者エリーザベト・フォン・R嬢の場合①～フロイト独自の方法の実践

無意識層にある〝罪悪感〟に迫る自由連想法

一八九二年の秋、フロイトのもとにやってきたのは二十四歳の女性だった。彼女は二年以上前から両脚の痛みと歩行困難に苦しめられていた。

このエリーザベトの症例は、フロイトの精神分析を語る際に必ずといっていいほどに触れられているケースだが、症状の原因を突き止めるプロセスは、まるで推理小説の謎を解くように展開する。

三姉妹の末っ子。聡明で活発だった彼女は父親っ子として育った。父が病で倒れたとき、その看病には当然のように彼女が付き添った。彼女は昼夜を問わず父の傍を離れなかった。ところがある日、気が進まないながらもダンスパーティーに参加した。友人の誘いがあり、父も熱心に勧めてくれたからである。彼女は久しぶりに楽しい時を過ごし、帰りには気の合った若い男性が送ってくれた。ところが戻ってみると、父の病状が悪化していた。罪悪感にさいなまれた彼女は、それ以降一晩たりとも父の傍を離れようとしなかった。

彼女の看病も空しく、父はこの世を去った。死後一年が経過して喪が明けると、長姉、次姉が相次いで結婚した。エリーザベトの症状は、別々になっていた三家族が久しぶりに揃って休暇を楽しんでいた避暑地で突発した。その後、長姉家族の遠くへの引っ越し、次姉の病死、その夫の実家への帰郷など、気の休まらない環境の変化が続き、彼女の症状は消えることはなかった。

彼女の無意識層にはいったいどういう出来事が押しこめられているのか。フロイトが最初に注目したのは、聡明なはずの彼女が、「痛みの性格」について述べるときに曖昧《あいまい》になるという点だった。

治療法は自由連想法（P53）が主体である。フロイトは温浴やマッサージなどの方法も盛りこみながら、彼女の無意識層に迫っていく。そして、驚くべき彼女の心の深層が明らかにされる。

＊参考文献〈9・10〉

フロイトが成功した症例

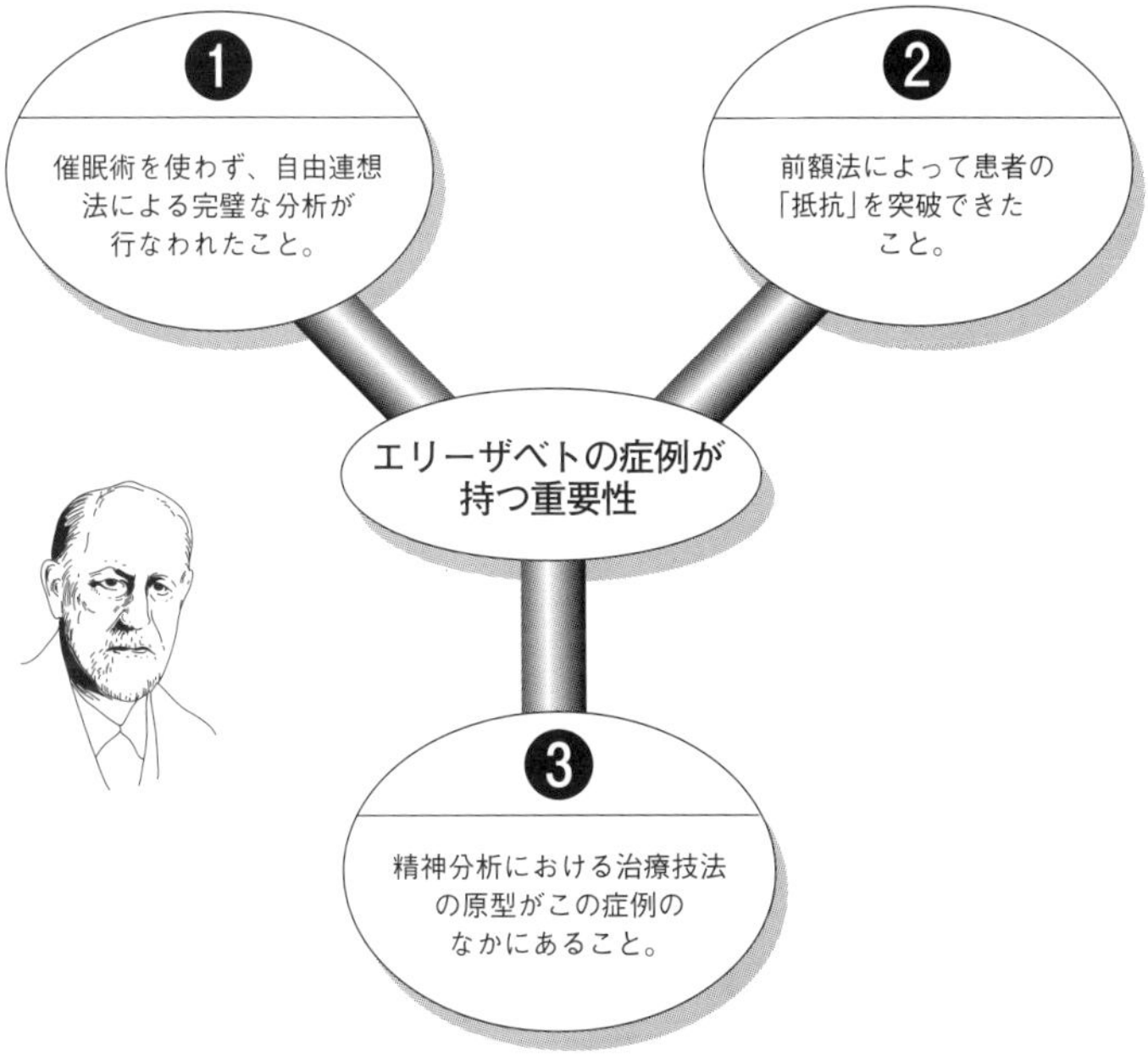
❶
催眠術を使わず、自由連想法による完璧な分析が行なわれたこと。
❷
前額法によって患者の「抵抗」を突破できたこと。
エリーザベトの症例が持つ重要性
❸
精神分析における治療技法の原型がこの症例のなかにあること。

column

フロイトが自負した完全なヒステリー分析

エリーザベトの症例について、フロイトはこう記している。「これは私が行なったなかで、最初の完全なヒステリー分析となった。私は、この分析を通じて編み出すにいたった方策をのちに系統的な方法に発展させ、明確な目的をもって実践するようになった」と。フロイトの喜びがあふれている文章である。

カタルシス療法で失敗したフロイトがようやくたどり着いた独自の方法での満足のいく結果だったのである。本格的な精神分析理論へとつながっていくフロイト思想の第一歩ともいえる分析が、この症例だったのだ。

三行メモ

◆「エリーザベト」の表記◆訳書によっては「エリザーベト」と表記されており、むしろそのほうが多いのかもしれないが、本書では執筆陣が参考にした、ちくま学芸文庫版『ヒステリー研究』(金関猛訳)の表記に従った。

■患者エリーザベト・フォン・R嬢の場合❷～転換された心的エネルギー

「禁じられた恋」は抑圧されることで無意識層へ

ここでは結論から先に書こう。

エリーザベトを苦しめていた症状の最大の原因は、次姉の夫への許されない恋心にあった。

この切ない彼女の思いは当時の道徳観念上からも、自身の人格上からも誰にも知られてはならないことだった。だから、知られまいとする心身（気持ちと素振り）の努力が功を奏してその許されない想いを無意識層に追いやっていたのである。この無意識層には、ダンスパーティーの帰りに送ってくれた男性へのほのかな想いも追いやられていた。男性への想いは、その後に父の病状が悪化したために会いたいという気持ちを自らなきものとして葬り去っていたものである。

それらの諸々の許されない情動、彼女のなかで抑圧されていた情動が、抑圧されていたために行き場を失い、意識へ向かう回路から転換して、その心的エネルギーの発露を身体へ向けていたのである。それが痛みと歩行困難の症状だったのだ。

彼女の次姉の夫への恋心はいつから始まっていたのか。それは驚くべきことに次姉の婚約時代からだった。その彼が最初に姉妹の自宅を訪れたとき、次姉と彼女とを間違えたことがきっかけだった。どちらかといえば頭の回転の速い長姉の夫より、誠実な次姉の夫に彼女は好感を覚えていく。そして、三家族が揃った避暑地での出来事が大きく作用する。

滞在中のある日、体調の悪くなっていた次姉が自分の夫に彼女と散歩に出るように勧める。次姉はエリーザベトの思いを知っていたわけではないが、そう勧めれば妹が喜ぶことはわかっていた。彼は、体調の優れない妻をおいて出かけることをためらったが、次姉の強い要望でそれに従った。長い散歩になった。彼のさまざまな考えを聞き知った彼女は、将来の理想の夫像を彼の存在のなかに見てしまったのである。

＊参考文献〈9・10〉

自由連想法と前額法

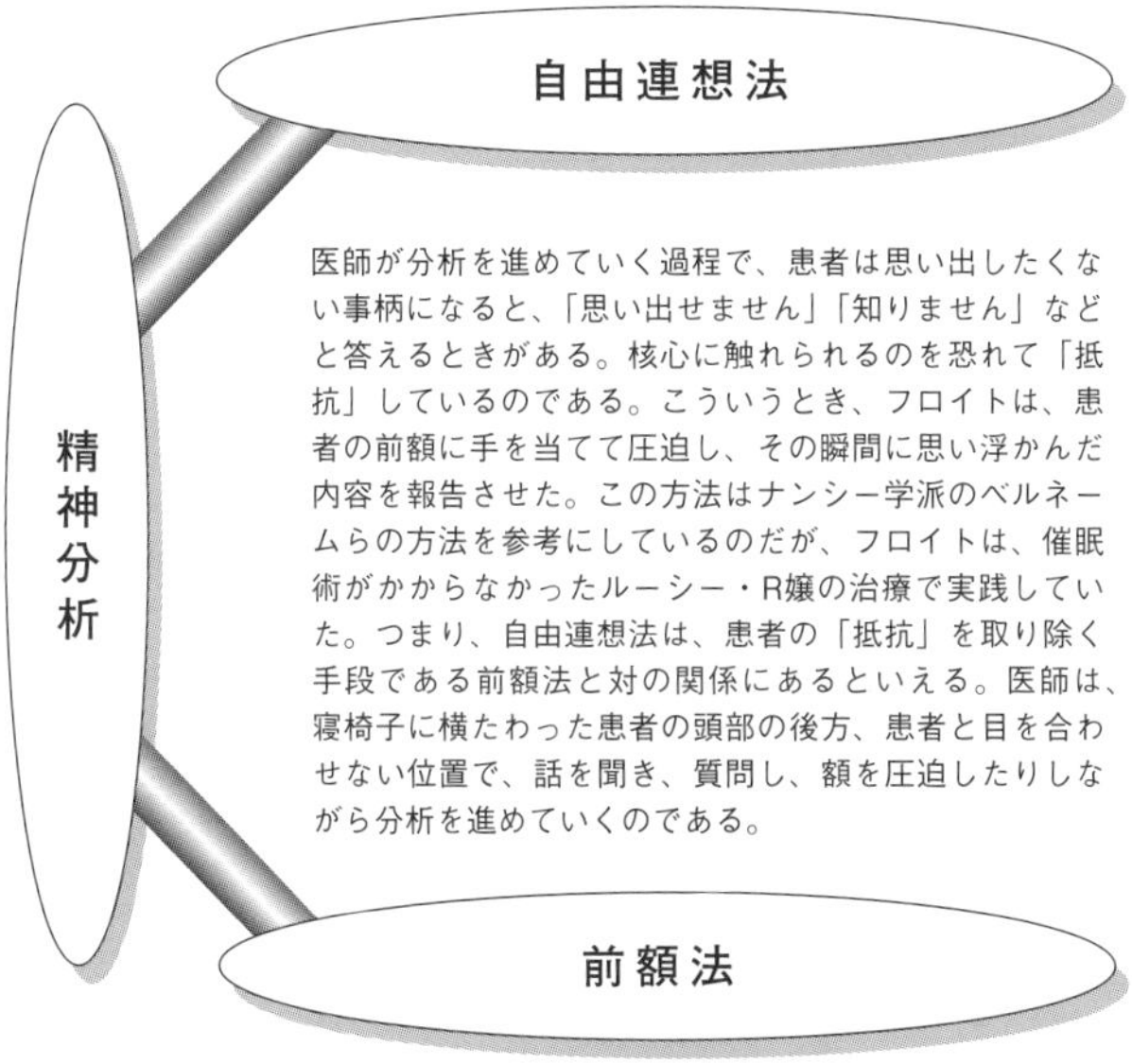

医師が分析を進めていく過程で、患者は思い出したくない事柄になると、「思い出せません」「知りません」などと答えるときがある。核心に触れられるのを恐れて「抵抗」しているのである。こういうとき、フロイトは、患者の前額に手を当てて圧迫し、その瞬間に思い浮かんだ内容を報告させた。この方法はナンシー学派のベルネームらの方法を参考にしているのだが、フロイトは、催眠術がかからなかったルーシー・R嬢の治療で実践していた。つまり、自由連想法は、患者の「抵抗」を取り除く手段である前額法と対の関係にあるといえる。医師は、寝椅子に横たわった患者の頭部の後方、患者と目を合わせない位置で、話を聞き、質問し、額を圧迫したりしながら分析を進めていくのである。

column

明かされていない素性 エリーザベトとルーシー・R

『ヒステリー研究』のなかでフロイトが扱った四症例者のうち、その実像が明らかになっていないのはエリーザベトとルーシー・R嬢である。ルーシー・R嬢についての手がかりはないが、エリーザベトについては、ロンドンにあるフロイト・ミュージアム文書館に残されているメモから、本名はイローナ・ヴァイス、一八六七年、ハンガリー・ブダペスト生まれということがわかっているが、それ以上のことは不明。仮名は仕方ないとしてもカタリーナの例のように事実関係の重要な部分で偽装があれば問題は残るだろう。

三行メモ

◆避暑地◆エリーザベトらが過ごした避暑地は『ヒステリー研究』では「ガスタイン」になっているが、〈注〉によれば、正式名は「バートガスタイン(Bad Gastein)」で、ホーエ・タウエルン山地の温泉町となっている。

■患者エリーザベト・フォン・R嬢の場合③～許されざる想念の解放

社会通念、道徳観念の強さに左右される「抑圧」

最初の突発的な症状は、姉夫婦が避暑地を離れて数日後に顔を出した。彼女はその日の朝早く丘の上まで出かけ、石台に座って物思いにふけり、自分も次姉のように幸せになりたいと切望した。そしてここから戻ってくる途中に激痛に見舞われた。さらにその日の夕方、温泉につかったあとに現れた痛みは持続的なものとなっていった。彼女の症状の原因は、次姉の夫を強く想うことになったこのときに出来上がっていたのである。

それからしばらくして次姉の容態の悪化が知らされウィーンに戻る列車のなかでも腰の痛みが発生している。そして、ウィーンに戻ったとき、次姉はすでにこの世の人ではなかった。このとき、彼女に許されざる想念が浮かんだ。「今彼はまた自由になった。私は彼の妻になれる」。表に出してはならない想念だった。だから、無意識層に追いやられていたのだ。

フロイトは彼女の心の中に踏みこんでいく、「つまりあなたはずっと前からお義兄さんに恋をされていたのですね」と。瞬間、彼女は大きな悲鳴を上げてフロイトの解明を退けようとする。「そんなことは真実ではありません。先生が私に吹きこんだのです。そんなことはありえません。自分にはそんな低劣なことはできません。私は自分にそんなことは許しません」。

彼女の叫びの大きさは彼女の道徳心の高さを証明するもので、逆にいえば、それだけ症状も重くなっていたといえた。こうしてフロイトは、無意識層の追いやられていた彼女の想念を意識化させることにたどり着いたのである。

一八九四年春、フロイトはある家で催された舞踏会で、彼女がテンポの速いダンスを飛ぶように踊っている姿を目撃する。その後彼女は、義兄とは違う男性に恋をし、そして結婚したのである。

＊参考文献〈9・10〉

エリーザベトのトラウマ体験の瞬間

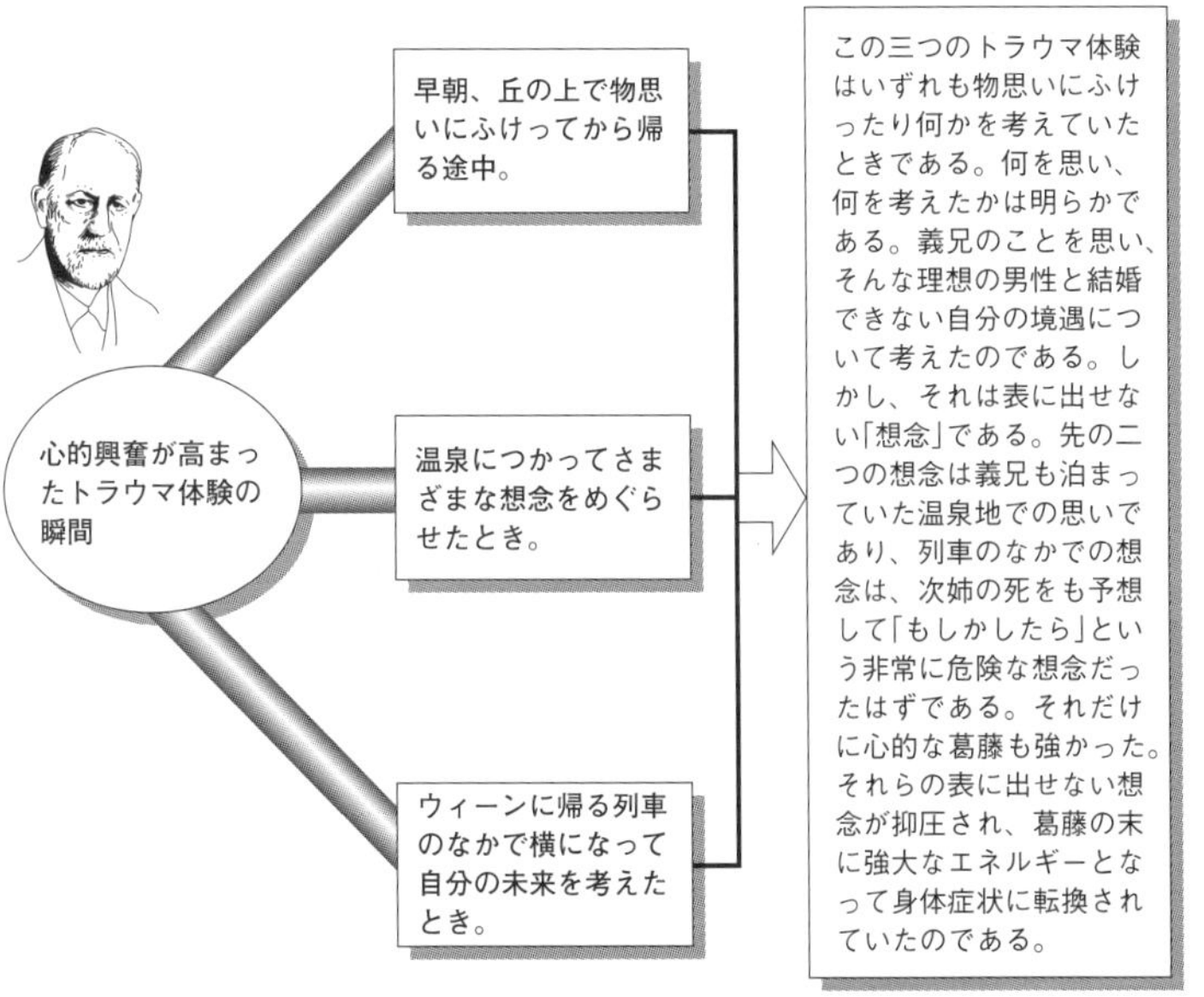
心的興奮が高まったトラウマ体験の瞬間
早朝、丘の上で物思いにふけってから帰る途中。
温泉につかってさまざまな想念をめぐらせたとき。
ウィーンに帰る列車のなかで横になって自分の未来を考えたとき。
この三つのトラウマ体験はいずれも物思いにふけったり何かを考えていたときである。何を思い、何を考えたかは明らかである。義兄のことを思い、そんな理想の男性と結婚できない自分の境遇について考えたのである。しかし、それは表に出せない「想念」である。先の二つの想念は義兄も泊まっていた温泉地での思いであり、列車のなかでの想念は、次姉の死をも予想して「もしかしたら」という非常に危険な想念だったはずである。それだけに心的な葛藤も強かった。それらの表に出せない想念が抑圧され、葛藤の末に強大なエネルギーとなって身体症状に転換されていたのである。

column

横たわっての不謹慎な思索がトラウマになった

彼女の症状は身体を横たえたときにも出るようになった。これは、次姉の容態が悪化したために母と二人で姉のもとへ向かう列車のなかで身体を横たえて思いめぐらせたそのことと関係があった。

それは、説明するまでもなく義兄のことだったろう。そして、不謹慎にももし次姉が亡くなったら……ということも考えただろう。しかし、それは誰にも知られてはならない思いである。葛藤の大きさが心的エネルギーを増幅させたのだ。不思議なことに、痛みは立っているときには発生しなかった。

三行メモ

◆あっぱれな無関心◆エリーザベトを最初に診察したときにフロイトが彼女に持った印象。病に苦しんでいるのにそれを表に見せず、ほがらかな顔つきで耐えている姿を表現している。シャルコーが最初に使った言葉。

■治療法の進化～無意識にいたる王道の確立

『夢判断』――夢の断片を再構成して心の真実を解釈

一九〇〇年、フロイトは『夢判断』を発表する。催眠術、自由連想法と無意識を探る方法を考えてきたフロイトが、「無意識にいたる王道だ」と結論づけたのが「夢の分析」だった。

人間の睡眠中の意識は覚醒《かくせい》時に比べて弱まっている。夢は、その弱まっている状況下で浮上してくる無意識の断片である。断片ゆえにまとまりがないように思える夢も、じつは意味あるもので、それらは解説されるべき心理的現象だと考えたのがフロイトだった。

無意識層には抑圧された何か（潜在内容）が閉じこめられている。それらの断片が睡眠中の意識層に浮上してくる顕在化した夢は、抑圧された欲望と、欲望を抑圧した力との葛藤の末に現れる。つまり、その過程で中身は圧縮、移動、劇化・視覚化、象徴化が行なわれてバラバラの内容になっている。それらはそのままでは単なる記号のようで意味不明に思えるが、記号を解釈して再構成してやれば、本来の隠されていた潜在内容が明らかになるはずだ。フロイトは、無意識の断片である夢を解釈することで、自身の理論構築のための対象例を健康な人間にまで広げることができた。

同時に、その分析から、普通の人の無意識の深層には異常な部分、病的な部分が隠されていることを明らかにしたのだ。たとえば「傘を持って、階段をのぼる」夢を見たとする。「傘」が男性器の象徴であり、「階段をのぼる」が性交の実践だと解釈すれば、夢を見た本人の無意識層に「性交」への願望が渦巻いていたということになる。ただし、「傘」は男性器のみに解されるとは限らない。違う意味の象徴かもしれない。だから、ひとつの体系をつくるためには、膨大な症例から解読方法を見つけなければならない。フロイトの『夢判断』には千を超える症例が記されている。フロイトの執念がうかがえる大作である。

＊参考文献〈1・5・7・9・10・14〉

「夢の作用」と「夢の解釈」

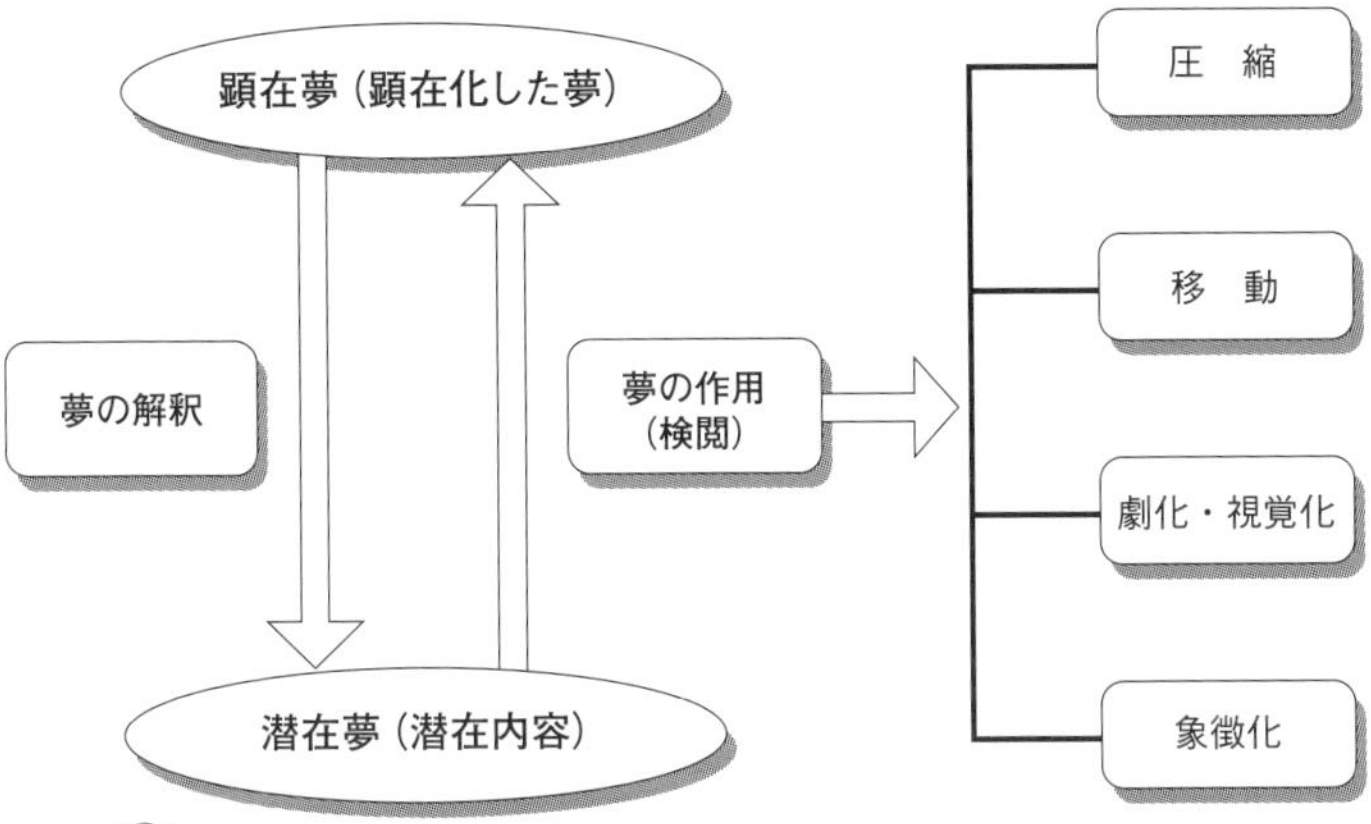

フロイトは、夢は、無意識に追いやられている潜在内容（思考）がバラバラの断片にされて現れたものだと考えた。潜在内容は抑圧されているものだから、ストレートに意識にのぼっては具合の悪い内容である。だから、それがわからないように歪曲・加工する。夢の作用、検閲だ。この検閲には、都合の悪い部分省略したり圧縮したりする「圧縮」、強調点をずらす「移動」、思考内容を映像化する「劇化・視覚化」、内容を別のものに置き換える「象徴化」などがある。こうしてわかりにくくされて現れた夢を再構成して無意識に潜む潜在内容を明らかにしてあげるのが「夢の解釈」である。

column

潜在内容の積極的表現だとするユングの夢解釈

フロイトは、潜在内容を隠して現れてくるのが夢だとした。いやな内容をほのめかしている夢だったとしても、自分にはわからないから自尊心が傷つくことはない。これに異議を唱えたのがユングだった。彼は、夢の像は、潜在内容を隠しているのではなく、その意味の表現を目指しているとした。たとえば銃の夢を見たとする。フロイトもユングも銃をペニスの象徴化としたが、フロイトがペニスのことを隠すために銃になったとしたのに対し、ユングは、夢を見た人がペニスのことをどう考えているかを示しているとした。

三行メモ

◆夢の分析◆フロイトの「夢の分析」への期待は「夢そのものが実にノイローゼ的な症状であり、しかもすべての健康な人たちにみられるノイローゼ的な症状であるという点で、（中略）はかりがたい利益をもつ」（『精神分析入門』）という記述からもわかる。

■意識・前意識・無意識を取りこんだ新「心的装置」

進化した心的装置――「自我」「超自我」「エス」

フロイトは、年月の経過とともに新しい発見、着想があるたびに、自身の理論を修正し、変化させている。フロイトの研究にかける執念である。この「自我・超自我・エス」もそうだ。

無意識を発見した当初のフロイトは、心を「意識」「前意識」「無意識」の三層からなる「心的装置」のようにとらえていた（P26）。それがのちに修正され、その三部品はそれぞれ「自我」「超自我」「エス」のなかで論じられることになった。

しかし、注意しなければならないのは、無意識＝エス、意識＝自我、ではないということである。

「自我」は、認知、感情、行動などの精神的な機能をコントロールする心的機関とされている。

「超自我」は幼児期に両親の影響を受けて育まれた道徳律のようなもの。快楽に向かう本能的な欲動を抑圧する。

「エス」は、本能的な性欲動の元締め、源泉。快楽原則に沿って動こうと仕向けているのがこのエスである。

三部品のメカニズムは時間軸で考えるとわかりやすい。人間は、生まれたばかりのときは本能的な欲求が先行する。これがエスの状態。そして時の経過とともに、行動が両親の規制を受ける。して良いことと悪いことの判断基準が植えつけられる。これが道徳律となり、エスを源とする無意識のなかで育まれ意識層に浮き上がってくる欲動を検閲する役目を果たす。それが超自我だ。超自我は教育・しつけのようなもの。自我は、その人の確立された人格だと考えていい。現実原則に従ってその人を環境に順応させ、本能的欲求と社会的義務との相反する要求を調和させる。エスの本能的なエネルギーをうまく生かすか否《いな》かはこの自我の働きにかかっている。うまく生かせば「昇華」になり、失敗すると「抑圧」になる。

＊参考文献〈1・7・8・9〉

自我・超自我・エスの構造

フロイトが描いた精神構造図

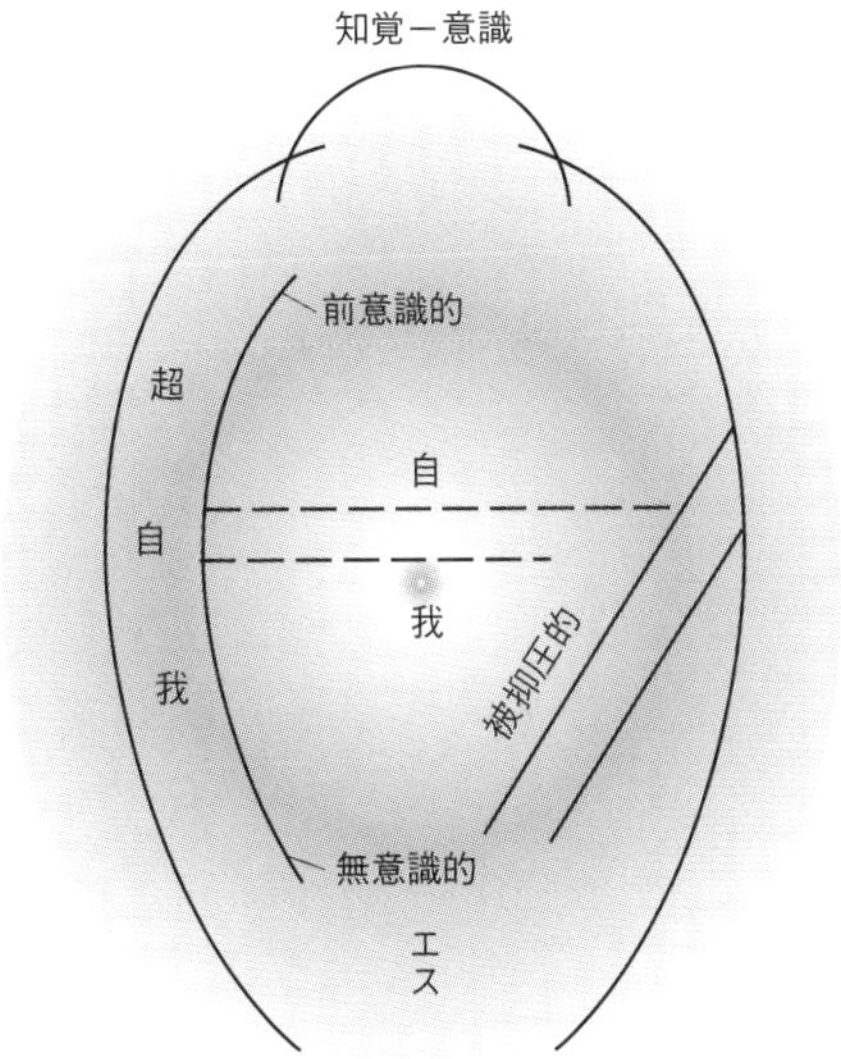
知覚－意識
前意識的
超
自
我
自
我
被抑圧的
無意識的
エス

三者からの脅威を受けて奮闘する自我

図は、フロイト自身が作った精神構造図である。自我は、外界、超自我、エスの三者から脅威を受けて奮闘するのである。防衛的な自我だ。エスからの本能的要求に攻められ、超自我にたしなめられ、現実の要求に苦慮してそれらをなんとか調和しようと頑張るのである。しかし、弱みを見せると、外界に対しては現実不安を、超自我に対しては良心の不安を、情欲の強さに対しては神経症的不安を発生させるのである。

column

心身の安定を保つ五つの自我機能

自我の機能には、外界との関わりや接触を司る「現実機能」、外界とどう関係していくかを判断・選択し、自身を実際に行動させる働きをする「適応機能」、エスや超自我との関係を調整する「防衛機能」、自我の諸機能を統合し、自分と他者の区別を明確にする「統合機能」、さまざまな能力の開発を積極的に行なう「自律的機能」がある。これらの機能が相互に関連しあって有効に働くことによって心身の安定が保たれる。しかし、社会（外界）が複雑化し、さらには自身の望みや要求のレベルが高くなると、自我の機能のバランスが崩れる。

三行メモ

◆昇華◆わかりやすくいえば、本能の良い方向への使い方、あるいは良い方向へ使ったそのこと。たとえば、内気な若い男性画家が熟した果物を描いた場合、まだ経験のない性交への欲望エネルギーを芸術活動へと向かわせている昇華の例となる。

治療法から普遍的思想へと向かったフロイト理論

複雑な機能を持つ自我は、ときとして超自我と共同で作業する。フロイト理論でよく知られている防衛機制のひとつ「抑圧」もそうだ。

先に触れたエリーザベトのケースはこの典型的な例でもある。彼女は義兄に恋をした。それは許されない「想い」である。許されないと判断するのは道徳律を受け持っている超自我であるが、超自我は自身では指示を出せない。指示を出すのは自我である。自我が超自我の助けを借りて彼女の「想い」を無意識層へと追いやる。「抑圧」という防衛機制を働かせたのである。

このメカニズムはすべて無意識的に行なわれている。彼女の不道徳な「想い」は無意識層に追いやられたが、決して消え去るわけではない。むしろ何かきっかけがあるたびにそのマグマ、エネルギーは無意識層で大きく膨らんでいっているのだ。抑圧のために意識層にのぼれないその「想い」は、方向を変えて彼女の身体へと向かう。それが脚の痛みの症状となって彼女を苦しめたのである。自我は、不道徳な「想い」を意識に昇らせないで自分を守ったけれど、その代償として身体的な痛みを引き起こしてしまったのである。抑圧のこうした方向転換は、身体的な症状だけでなく、夢の断片、いい間違い（失策行為）、白昼夢などになって現れるとフロイトはいっている。

なかでも夢は、フロイトが重要視したひとつである。ここまでくるとフロイトの考えがよく見えてくる。フロイトは、単なる失敗やいい間違いでも、そこには何らかの意味や理由が隠されており、人間の言動には無駄なものは何ひとつないと考えているのだ。患者の治療の分析から始まったフロイトの思想は、こうして一般の健常者にも適応される思想へと発展していく。そして、あらゆる分野に大きな影響を与えることになるのである。

＊参考文献〈1・8・9・10〉

防衛と防衛機制の種類

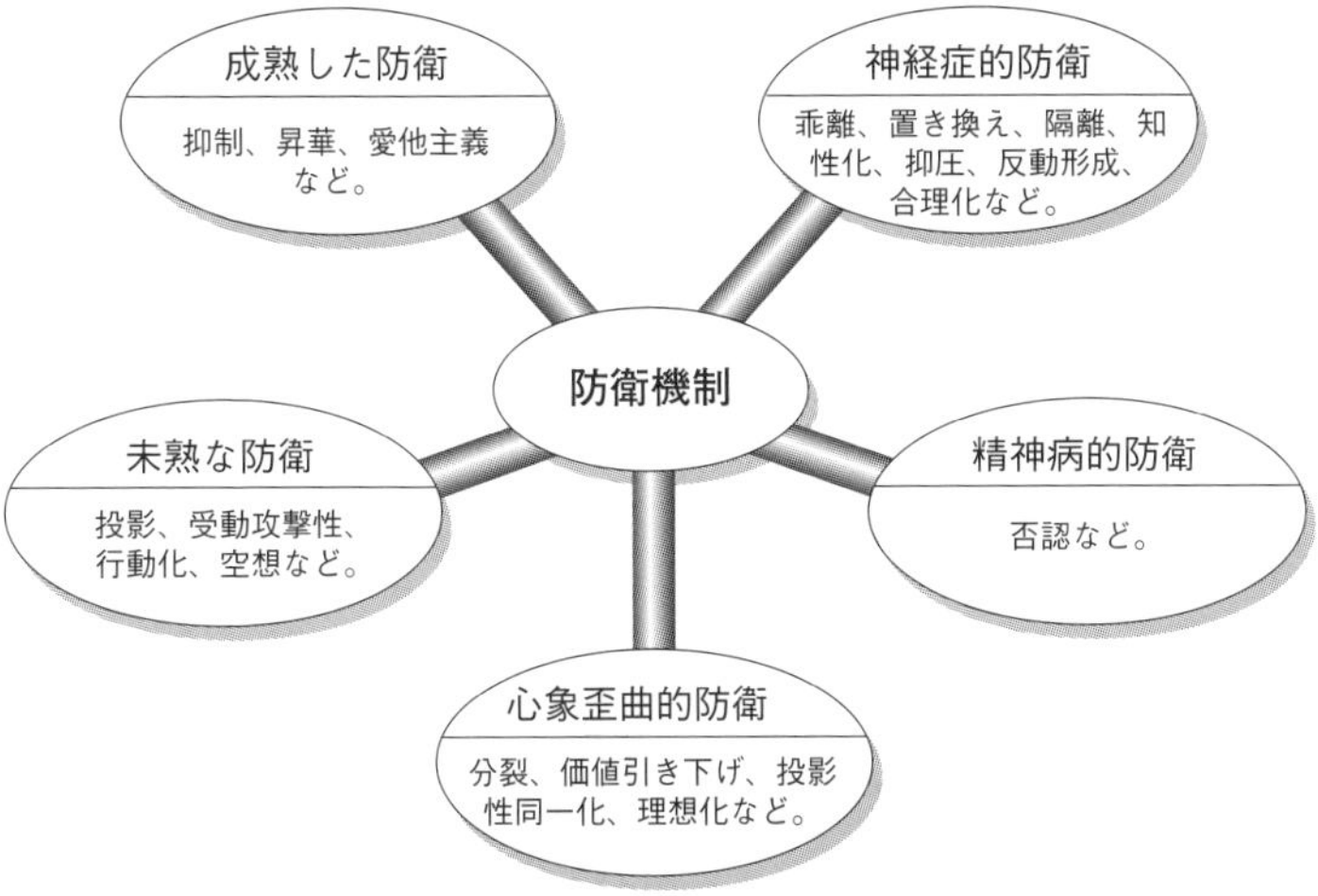
防衛機制
成熟した防衛
抑制、昇華、愛他主義など。
神経症的防衛
乖離、置き換え、隔離、知性化、抑圧、反動形成、合理化など。
未熟な防衛
投影、受動攻撃性、行動化、空想など。
精神病的防衛
否認など。
心象歪曲的防衛
分裂、価値引き下げ、投影性同一化、理想化など。

防衛機制を理論化したアンナ・フロイト

外的および内的理由によって自我が脅かされて不安が生じそうなときに、それを防ぎ心の安定と調和を図るために自我自身が行なう無意識の調整機能を防衛といい、その機能を働かせるための実行手段を防衛機制という。防衛機制という語を明確に論じたのは、フロイトの娘アンナ・フロイトで、この防衛機制として、抑圧、退行、反動形成、置き換え、投影、隔離、打ち消し、否認、自己への向き変え、逆転などをあげている。防衛機制の種類については、上図のような分け方をしている研究者もいる。

column

極端に服従的になる強迫神経症の防衛機制

フロイトのいう防衛機制はどのように働くのか。ヒステリーの場合は、本編でも触れられているように、いやな体験の記憶をまず無意識へと追いやる第一段階の「抑圧」が起こり、次にその無意識層にたまった感情興奮の解放出口を求めて第二段階「転換」に向かう。また、なんらかの観念が頭から離れない強迫神経症の場合は、解放したい衝動に対して反対の傾向を強める。たとえば、相手を殴りたい衝動を抑えるために相手に極端に服従的になる「反動形式」、いやな出来事をなかったことにしようとする「取り消し」など。

三行メモ

◆道徳律◆道徳的な行為を実践する際の規準となる法則。理想的な世界を実現するためにその規準に従って身を処することが求められる。この考えが社会全体に及ぶと、その規準から外れると罪の意識にかられるようになる。

ようこそ、「無意識の館」へ

ジェームズ・アンソール
(1860〜1949)

父はアルコール中毒で死亡、母はヒステリー症、姉も正常ではなかったといわれている。

〈体を温めようとする骸骨たち〉
(1889年)

第3章●フロイト以前の心理学

■「魂の不死」の魂とは「心」を指すのか？

ギリシアの哲人たちが考えた「心」とは何か？

心理学とは文字どおり「心の理の学」である。それを表す語は、ギリシア語のプシュケーpsyche（心）とロゴスlogos（理法、学）の合成でなっている。

心とはつかみにくいものである。そのつかみにくいものを先人たちはどう考えてきたのか。それらしきものを最初に考えたのはギリシアの哲人たちのようだが、その多くが「魂」と訳されている彼らのプシュケーは現代人がいうところの「心」だったのだろうか。

アリストテレスによって最初の哲学者に位置づけられたタレスは、「万物の始元は水である」としたことで知られるが、同時に「魂が不死であることを主張した最初の人」だともされている。

アナクシメネスは「万物の始元は空気だ」と考えた人だが、同じく魂も空気だとし、空気と気息がコスモス全体を包括すると語ったといわれている。

ソクラテス以前の最大の哲学者デモクリトスは、「万有全体の始元は原子と空虚」だとし、「それ以外のものはすべて始元であると信じられているにすぎない」とした。万物はある種の原子の合成物からなると考えた彼は、魂も同様にとらえているが、それは「もっとも非物体的だ」とし、「知性と同一」だとしている。そして興味深いのは、人生の終局目的を、恐怖、迷信、情念によって乱されないで、「魂（心）がそれによって穏やかに落ち着いた状態で時を過ごすことになるもののこと」としているところにある。物理学の先駆者と称されるデモクリトスだが、こうして見てくると、意外な側面を見せている。

「三平方の定理」で知られるピュタゴラスも面白い。彼も「魂は不死である」とし、その魂は「必然の輪」を巡るという輪廻《りんね》転生《てんしょう》説を唱えている。これは心身二元論につながる。いずれにしても、ギリシアの哲人たちの「魂は不死である」という認識は共通しているようだ。

＊参考文献〈15・16・17・18・19・20・21・22・23・26〉

ギリシアの哲人たちの「心と魂」

心とは魂のこと？

アナクシメネス
（紀元前585～前525）
「われわれの魂は空気であり、それがわれわれを統御するように、コスモス全体を気息と空気が包括する」。

ピュタゴラス
（紀元前580ごろ～前490ごろ）
「魂は不死である。したがって、魂はほかの生き物へと移り住む。しかも、ある時間がたつと、一度生じたことが再び生ずる。まったく新しいことはない」。

デモクリトス
（紀元前460ごろ～前370ごろ）
「人生の終局目的」は、「魂（心）がそれによって穏やかに落ち着いた状態で時を過ごすことになるもののこと」。

タレス
（紀元前620ごろ～前540ごろ）
「万物の始元は水である」
「万物は神々に満ちている」
そして「魂は不死である」。

column

音楽の和音を発見した数学者ピュタゴラス

哲学者であり数学者でもあったピュタゴラスは世界も自然も数の原理によって成り立っていると考えていたが、音楽の和音が整数比で表されることをも発見している。八度音は二対一、五度音は三対二、四度音は四対三。

これは、一、二、三、四という、足して十になる数字の比によって表現できるが、この「十」をピュタゴラスは完全数と呼んでいる。ちなみに八度音は一オクターブの高低音である。たとえば低い音の「ド」から一オクターブ高い音の「ド」が八度音だと考えればいい。なるほど、数の美しい世界である。

三行メモ

◆ピュタゴラスのもうひとつの顔◆第三の顔というべきその側面は、密教教団の総帥としての顔。約30年続いた放浪の旅はエジプトからインドにまでおよび、当時の先進学問を身につけての教団創設は60歳のときだった。

■ギリシア三哲人に見る「心」論

魂＝心の本質を明らかにしようとしたアリストテレス

ギリシア三哲人といわれるのはソクラテス、プラトン、アリストテレスだが、ソクラテスが魂についてどう考えていたのかははっきりしない。プラトンは、「魂は、理性、気概、欲望の三つの部分をもつもの」だと考え、「多くの肉体を（衣服のように）次々と取り替えては着るのだ」とした。魂の優位性を語ったプラトンは、「理性」に重きを置いて「よく生きる」とはどういうことかに知恵をしぼって議論を深めた。

心理学史は、アリストテレスから記述される書物が多い。事実、彼の著した『霊魂論』などが人間の心理に関する事柄を本格的に扱った内容になっていると位置づけられているからである。彼の考えた魂は、「栄養霊魂」「感覚霊魂」「欲求」「理性」の四つからなり、生命を持っている自然的な実体の「形相《けいそう》」であるとした。ここから、形相と質量の問題に論が発展する。たとえば、形相としての「家」と、質料としての「材木」の関係。材木はそれ自体としては単なる材木にすぎないが、完成された家の材料として使われたことによって「質料」になる。これを心身問題に置き換えると魂（心）が形相で、身体が質料になる。人間という存在は、魂と身体が分離しがたい一体の個物だと考えたアリストテレスは、身体の働きを通して魂の本質を明らかにしようとした。

プラトンまでの先人たちの魂への関心は、人間を含めた生物の身体活動への注目と、人間における「知ること」のメカニズムの解明にあったといえた。アリストテレスは、その二つの「問い」に対する総合的な「回答」を試みた最初の人だったのである。しかし、それが成功したかどうかは別問題である。それ以前の自然学者との違いはどこにあるのだろうか。先人たちが考えた魂は、デモクリトスに代表されるように、原子で構成された万物のひとつだとされていた。

＊参考文献〈15・16・17・18・19・20・21・22・26〉

ギリシアの三哲人が考えた心身問題

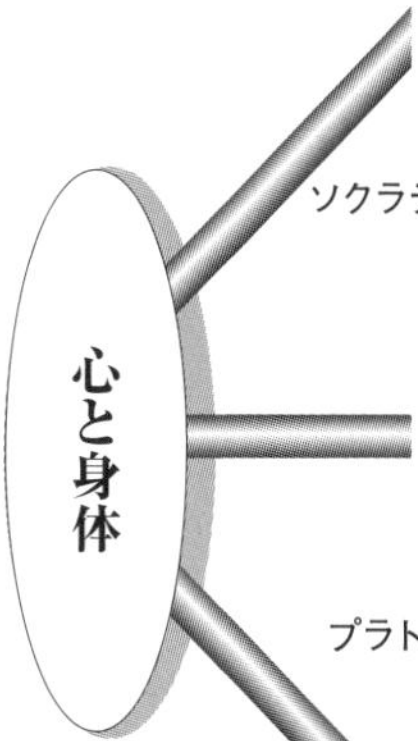

ソクラテス（紀元前470〜前399）

ソクラテスが「心」についてどう考えていたのかは不明である。しかし、その前に彼が迫ったのは人間の本質を知れということだった。それは、宇宙や自然の本体を探究したデモクリトスとは対照的な生き方だった。

プラトン（紀元前427〜前347）

ソクラテスの弟子になってから変わったといわれるプラトンだが、彼の語った「魂」は知る働きを中心に考えられている。そしてそれは、「よく生きる」ことのためである。

アリストテレス（紀元前384〜前322）

現代につながる万学の基礎を作ったといわれるアリストテレスは、つねづねこう語っていたそうである。「視覚は、周囲の空気から（事物を見るのに必要な）光を受けとるが、魂は、学問から（真理を知るのに必要な）光を受けとるのだ」と。

column

ソクラテスの「対話法」とフロイトの「自由連想法」

プラトン、アリストテレスと並んでギリシア三哲人に数えられるソクラテスが哲学史上で後世に影響を与えたことが二つある。それが「対話法」と、「汝自身を知れ」の言葉に象徴される自覚の強調である。

対話法は、近代のヘーゲルの弁証法にまで発展したといえるが、興味深いのは、フロイトがヒステリー患者の治療法として生み出した「自由連想法」も共通したところがあることだ。ソクラテスは人々に無知の自覚を促したが、フロイトは患者の無意識層に抑圧されている「思い」の告白を促したのである。

三行メモ

◆無知の知◆ソクラテスの真骨頂を表す言葉。二流の賢人たちは自分の知識を誇りたがる。が、問いつめられ答えに窮すると言い訳をして逃げる。ソクラテス曰く「自分は誇れる知識がないということを知っているだけでもあいつらよりましだ」。

■心身二元論の行方やいかに？

デカルトの懐疑による推論も「心」の解明にはいたらず

近世哲学の父といわれるルネ・デカルト（一五九六～一六五〇）。彼は徹底した「懐疑」によって究極の心身二元論を提示した。デカルトの懐疑は果てしなかった。「私は今ここにいることを疑う」が「私は今ここにいることを疑っている自分が正しいのかどうかを疑う」となり、さらに「私は今ここにいることを疑っている自分が正しいのかどうかを疑っている自分が本当に実体のある存在なのかどうか疑わしい」という具合に、その懐疑は延々と続いていく。

しかし、どこまでいっても残るものがひとつある。それは疑っている自分、つまり「思惟」している「我」だ。「我思う、ゆえに我あり」である。デカルトは世界を二つに分けた。ひとつは「精神」、もうひとつは「物質」。思惟を本質とする精神は空間に場所をとらない。物質の本質は延長で空間に場所をとる。小さくなったり大きくなったりするが考えることはない。一方、精神は考えたり意識したりするが場所はとらない。二つは互いに独立し影響をしあうことはない。見方を変えれば徹底した機械論である。

さらにデカルトは「完全なもの」という観念を考えた。完全なものがあるからその観念があるはず。完全なものがなければその観念もない。「完全なもの」とは何か。それは「神」以外にあり得ない。デカルトは、神が二つの世界を創造したと考えた。この考えは成功しているのだろうか。「イエス」とはいいがたい。デカルトの「神の存在証明」は相当に危ない。人間に置き換えられる心身二元論も失敗している。人間は考える精神を持つ存在であると同時に空間に広がる身体を持つ二重の存在である。この人間の心身を、デカルトは二元論で十分に説明できないままこの世を去る。

デカルトは、「考えることを徹底した」という意味で、「近世哲学の父」なのだろう。

＊参考文献〈15・18・19・20・21・22・26・83・84〉

デカルトの懐疑

私は、自分が今ここにいることを疑う。

↓

私は、自分が今ここにいることを疑っている自分が正しいのかどうかを疑う。

↓

私は、自分が今ここにいることを疑っている自分が正しいのかどうかを疑っている自分が本当に実体のある存在なのかどうか疑う。

↓

……

↓

「……」を疑っている自分が存在していることだけは疑いようのない事実のようである。

ルネ・デカルト

二元論は認知論の先駆けか

精神は肉体のように自然の法則に従うのだろうか。デカルトは、精神は魂に属し、因果法則に支配されていないとした。いわゆる心身二元論である。彼の有名な言葉「我思う、ゆえに我あり」は思惟の優位性を説いているが、これは、心理学における「認知論」の先駆けだという説もある。

column

デカルトが考えた「心の座」は松果腺

デカルトは不思議な人である。心身二元論で、心を身体から取り出したはずなのに、その一方で人間のことを「心と身体の合成体」とも表現している。ともかく、その合成体である人間の人間的意識の表れが「情念」だとし、その情念は欲望、愛、憎、喜、悲、驚異の六つの基本形態からなると考えていたようである。

そして、この情念を引き起こし、さらにコントロールしている場所が脳内の松果腺。情念は「心」に対応する。つまり、デカルトは、人間の心の座は脳内の松果腺にあると考えていたのだ。

三行メモ

◆身を隠したデカルト◆1633年、ガリレオが断罪されたことを知ったデカルトは、同じ年に完成させていた『宇宙論』の発表をとりやめている。地動説を信じていた自身の身の危険を感じたのだ。デカルトは生涯で住んだ土地を14回変えている。

■心理学の系譜～経験論のロックから「心理学の父」ヴントへ

哲学から離れて独自の道を歩みはじめた心理学

哲学史上におけるイギリス経験論とヨーロッパ大陸合理論の「認識」に関する長い論争の歴史は有名だ。

存在するものを知るために機能しているのは何か。デカルトは「理性」だとしたが、英国のジョン・ロック（一六三二～一七〇四）は「経験」によるとした。

「心はいわば文字の書いてない、なんの観念も持たない白紙である。では、心はいかにして観念を具えるようになるのか。心はどこから推理と知識のすべての材料を得るのか。私は一語をもって経験と答える。この経験にすべての知識は基づくのであり、知識は経験に由来する」――ロックの経験論的認識論である。観念は感覚器官の興奮が介在する「感覚」とは区別され、一種の感覚の痕跡、記憶心象だと考えられている。経験によって観念が増す。単純観念の連合によって複合観念が作られる。

この連合主義の影響を受けるのが、心理学の父といわれるウィルヘルム・ヴント（一八三二～一九二〇）である。ヴントは心理学の対象を「意識」（直接経験）に絞り、感覚や簡単感情など、その意識過程を構成する心的単位を内観によって探り出し、それらの結合の際に働く心的世界のメカニズムを明らかにしようとした。心的メカニズムの法則化は可能なのか。

ヴントは、一八七九年、ライプチヒ大学に心理学実験室を開設し、実験を通してそれを解明しようとした。外部からの刺激をコントロールし、刺激に対応する被験者の意識過程を被験者自身に報告させる方法だった。それには平行論を前提にした。ヴントは、もともとは哲学者だった。

彼以前の心理学は哲学の付属物のように扱われていたが、ヴントによって学問の主要部門として認識されるようになった。そういう意味では、ヴントはまぎれもなく「近代心理学の父」である。

＊参考文献〈7・9・15・16・18・19・20・21・22・24・26〉

経験論の系譜と心理学

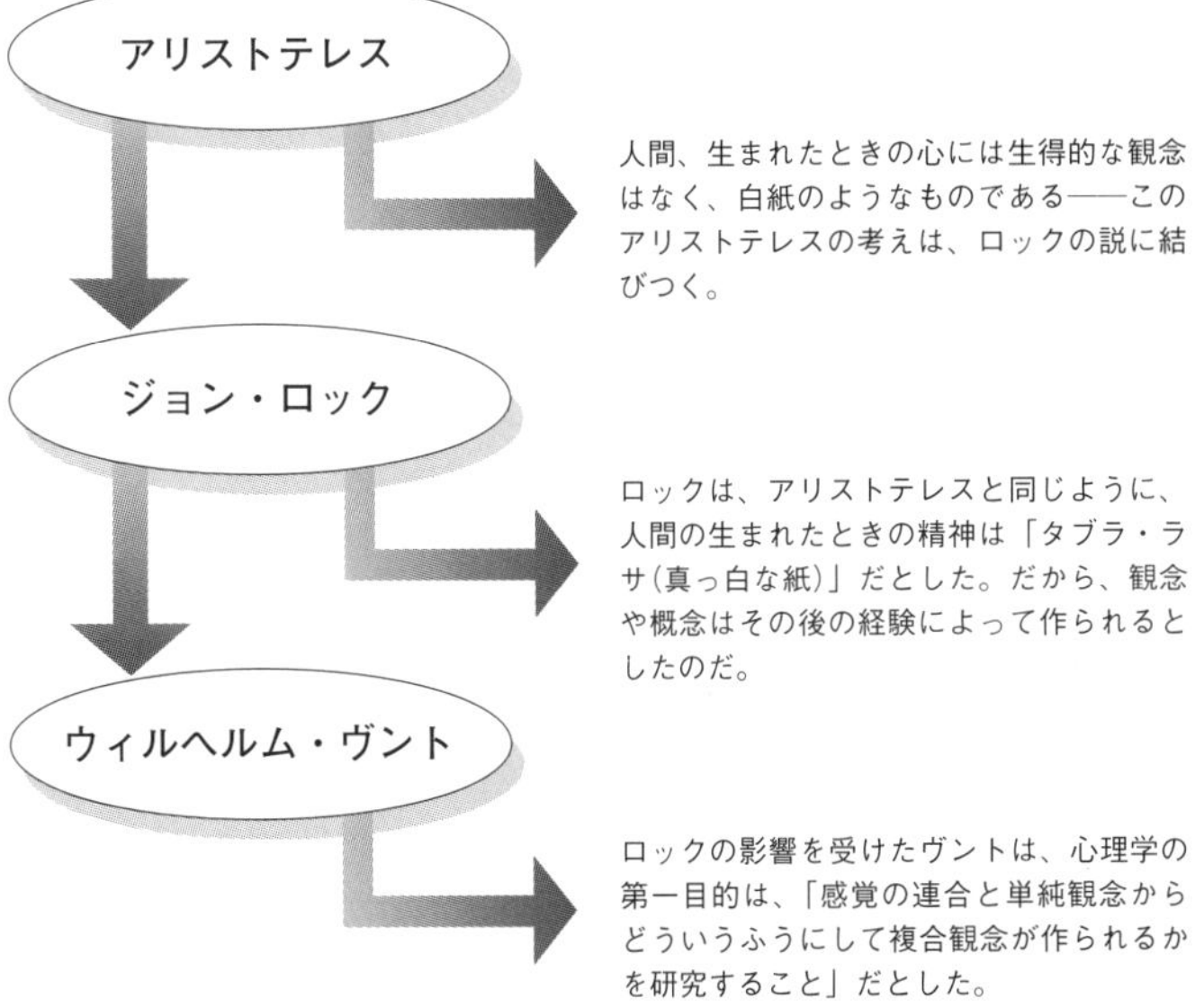
アリストテレス
人間、生まれたときの心には生得的な観念はなく、白紙のようなものである――このアリストテレスの考えは、ロックの説に結びつく。
ジョン・ロック
ロックは、アリストテレスと同じように、人間の生まれたときの精神は「タブラ・ラサ（真っ白な紙）」だとした。だから、観念や概念はその後の経験によって作られるとしたのだ。
ウィルヘルム・ヴント
ロックの影響を受けたヴントは、心理学の第一目的は、「感覚の連合と単純観念からどういうふうにして複合観念が作られるかを研究すること」だとした。

column

後年、民族心理学へ向かったヴント

ライプチヒ大学に世界初の心理学実験室を開設したことで「近代心理学の父」と称されるヴントだが、後年は、実験心理学から民族心理学へと向かった。民族心理学では個人の意識過程はほとんど扱わない。ヴントは、伝承文化の記録の利用、観察と比較などでこの分野に挑み、民族心理学を精神発達の視点から体系化しなおしたとされている。

しかし、それらの方法は中途半端だとする批判もある。ヴントが意識を扱う個人心理学をあきらめたのか、それとも個人心理学と民族心理学の統合を試みようとしたのかは不明である。

三行メモ

◆平行論◆心と身体（物）との間になんらかの因果関係を認めるのが相互作用説や随伴現象論だとすれば、両者の間に対応はあるが相関関係以上の因果関係はないとするのが平行論。近代心理学の多くはこの立場だった。

「心」とは、意識の〝働き〟なのか〝内容〟なのか

「近代心理学の父」といわれるのはヴントだが、その前に「心理学」(psychologia)という言葉を自身の著書に最初に使ったのがクリスティアン・ヴォルフ(一六七九〜一七五四)である。ドイツの哲学者だった彼はゴットフリート・ライプニッツ(一六四六〜一七一六)のノマド論の影響を受け、それを継承・発展させたといわれるが、その一方でノマド論を歪曲《わいきょく》したとする批判もある。ノマドとは単子のこと。動物も人間も神も、すべての万物はこの単子が集まってできているが、なかでも最高の結合は神であり、神は世界を創造した際、すべてを調和させせながら発展するよう心がけたという。これが予定調和説である。

ともかくヴォルフ思想の要点は、心の表象力がさまざまな心的過程を起こす可能性があるとし、心の働きをいくつかの実体能力に分類して記述したこと。ゆえに能力心理学ともいわれる。ヴォルフが心の働きのなかで重視したのは認識能力と欲求能力で、認識能力をさらに感覚能力、想像能力などに、欲求能力を快と不快に分けて論を展開した。

イマヌエル・カント(一七二四〜一八〇四)やヨハン・N・テーテンス(一七三六〜一八〇七)も、ヴォルフの影響を受けているとされ、テーテンスは心の働きを知性、感情、意志に分けて考えようとした。カントは、当初ヴォルフ支持者だったが、のちにヴォルフ思想は合理主義的独断論だとして批判に転じた。

この能力心理学を形を変えて扱うのが、フランツ・ブレンターノ(一八三八〜一九一七)の作用心理学である。彼は、意識の内容よりもその働き、すなわち作用を研究すべきだとした。この考えは弟子のカール・シュトゥンプ(一八四八〜一九三六)の機能心理学によって発展、マックス・ウェルトハイマー(一八八〇〜一九四三)らのゲシュタルト心理学に影響を与えた。

＊参考文献〈7・9・18・19・20・21・22・24・26・85〉

能力心理学から作用心理学へ

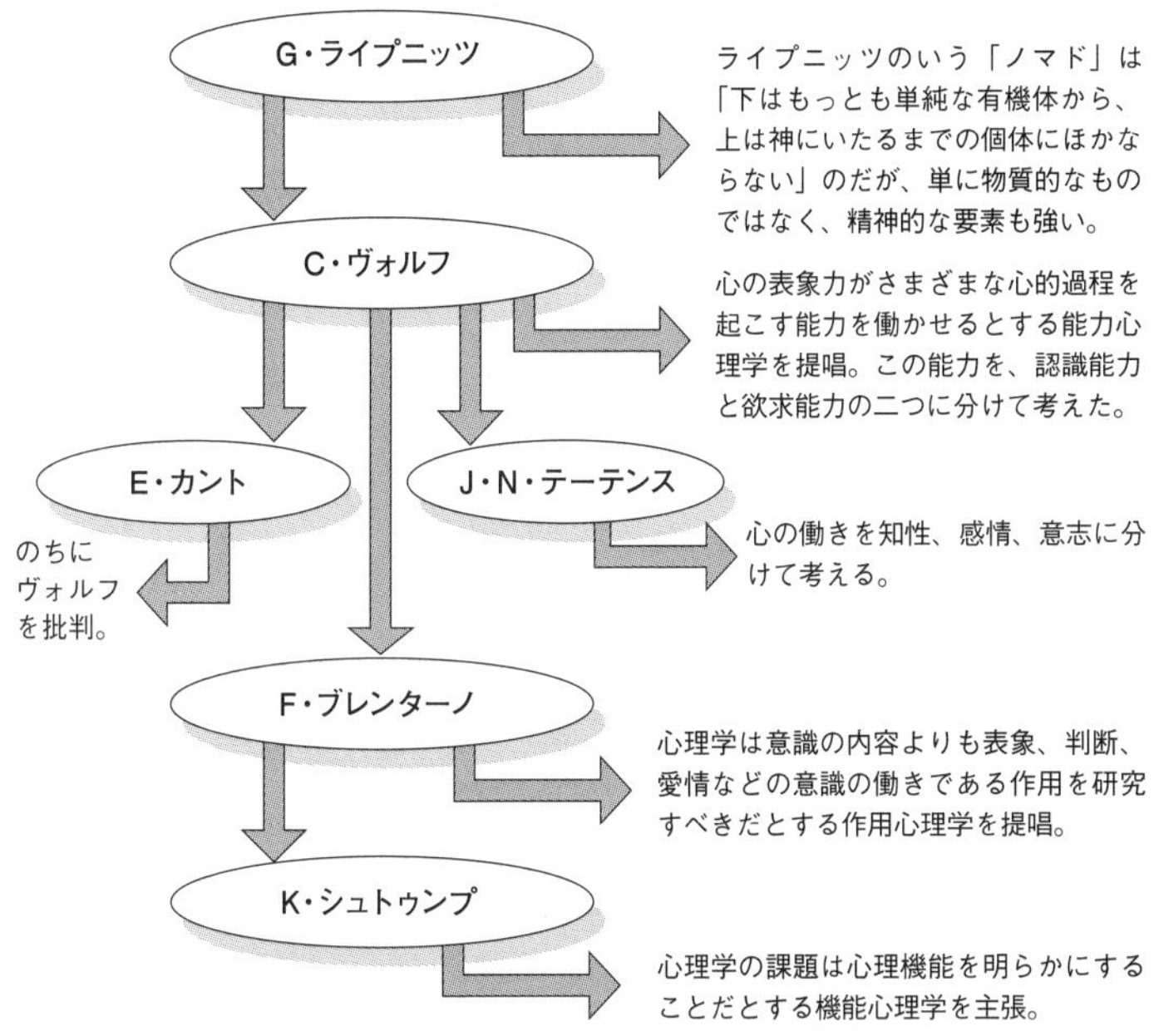
G・ライプニッツ
ライプニッツのいう「ノマド」は「下はもっとも単純な有機体から、上は神にいたるまでの個体にほかならない」のだが、単に物質的なものではなく、精神的な要素も強い。
C・ヴォルフ
心の表象力がさまざまな心的過程を起こす能力を働かせるとする能力心理学を提唱。この能力を、認識能力と欲求能力の二つに分けて考えた。
E・カント
のちにヴォルフを批判。
J・N・テーテンス
心の働きを知性、感情、意志に分けて考える。
F・ブレンターノ
心理学は意識の内容よりも表象、判断、愛情などの意識の働きである作用を研究すべきだとする作用心理学を提唱。
K・シュトゥンプ
心理学の課題は心理機能を明らかにすることだとする機能心理学を主張。

column
「近代のアリストテレス」独哲学の祖ライプニッツ

医学、言語学、国際法、採掘法、記号法などで独創的な研究を行なったライプニッツは「近代のアリストテレス」と称されるほどに多くの業績を残している。よく話題になるのは微積分法の発見で、歴史上ではニュートンにその名誉が与えられているが、ライプニッツの発見の公表が遅れたのである。天才の名をほしいままにし、順調に出世の階段をのぼったが、カントと同じく生涯独身で、孤独のうちに死を迎えた。彼の棺の上に刻まれていたのは、生前愛していた格言「一時間失われるごとに生涯の一部が破滅する」だった。

三行メモ **◆ニュートンの微積分法◆**ニュートンは自らが発見した万有引力の法則やケプラーの法則などを包摂して地上から宇宙に及ぶいっさいの自然現象を説明しようとしていた。その説明のために開発されたのが微積分法だった。

■「意識」とつながった「精神能力の働き」の解明へ

機能主義(機能的)心理学——プラグマティズムとの融合

機能主義心理学は、シュトゥンプの機能心理学とは別物である。心的活動の目的や意識の効用を解明することが心理学の重要な課題だとする立場である。注意、知覚、知能、意志、記憶などの「意識」とつながった精神能力の働き、つまり「機能」を研究しようということである。この機能主義の創始者というべき人物はウィリアム・ジェームズ(一八四二〜一九一〇)である。米国・ハーバード大学の教授で哲学者でもあったジェームズはプラグマティズム(実用主義)をも指導していた。プラグマティズムとリンクしていたのはダーウィンの進化論だった。

進化論の基本は「適者生存」、環境に対応して我が身を変えていくところにある。変化しないと生き残れない。つまり、機能主義は「適者生存」の論理を意識に応用している。意識も環境の影響を受け、変わっていくのは当たり前ではないか。ならば、その変化する意識の効用を考えたほうがいい。すなわち意識の実用的な生かし方を研究しようというのが、プラグマティズムと融合した機能主義の考え方だ。

ジェームズは、ヴントらの構成主義をなんの役にも立たない理論だと批判した。ジェームズの後継者にジョン・デューイ(一八五九〜一九五二)やジェイムス・エンジェル(一八六九〜一九四九)がいる。ジェームズの教え子であるエンジェルはヴントのもとで心理学を学んだが、シカゴ大学心理学教授に就任してから、同僚のデューイらと機能主義を唱えた。彼にとっての機能とは「持続し、繰り返し起こる傾性」のことで、心理学は、「心の傾性」を把握したうえで行動にいたるその実用性を示すことであるとした。行動全体は、行動を方向づける心的能力などと関連づけて記述される。このエンジェルの弟子が、のちに行動主義を唱えるジョン・B・ワトソン(一八七八〜一九五八)だ。

＊参考文献〈7・9・15・18・19・20・21・22・24・25〉

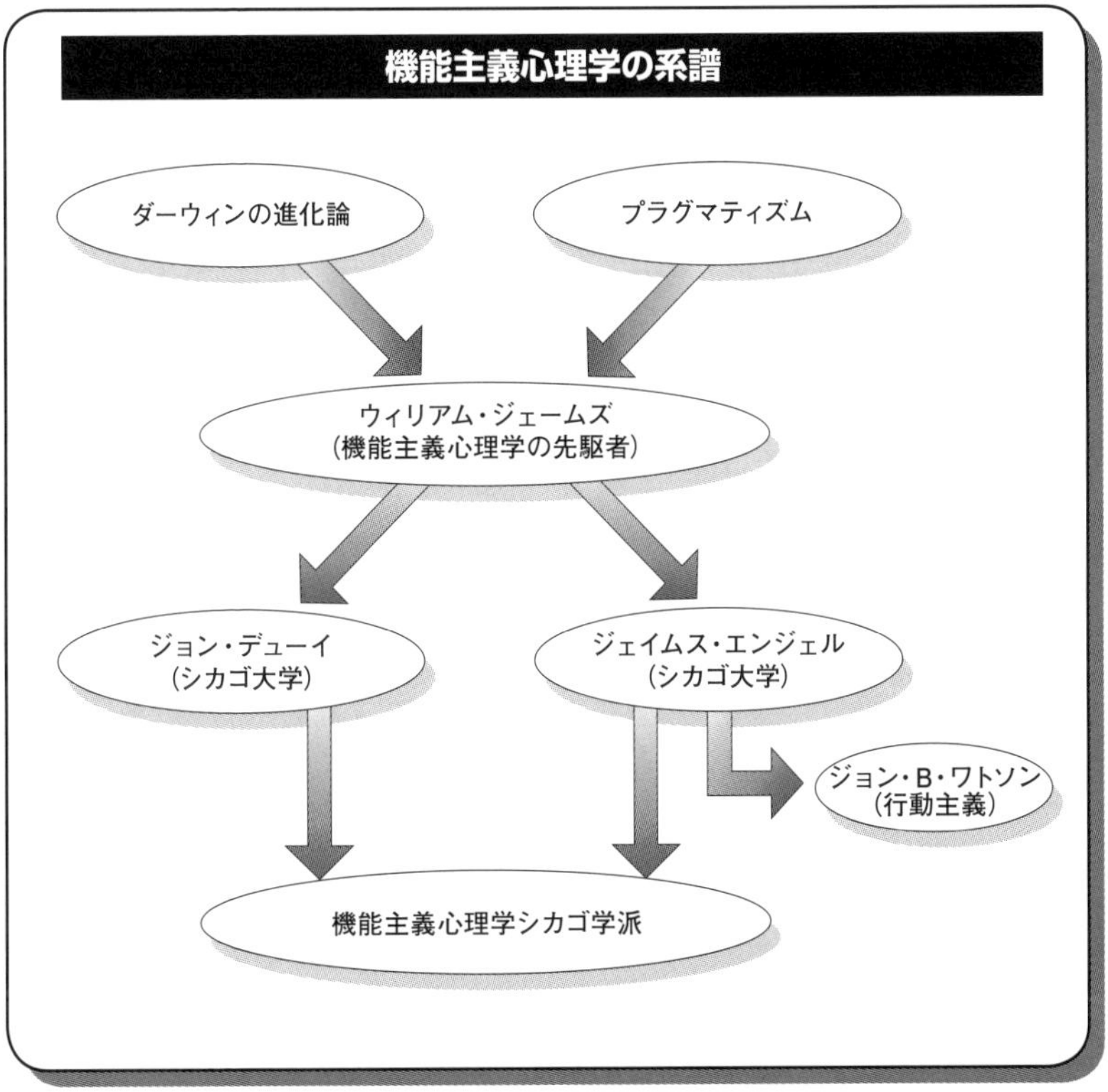
機能主義心理学の系譜
ダーウィンの進化論
プラグマティズム
ウィリアム・ジェームズ
(機能主義心理学の先駆者)
ジョン・デューイ
(シカゴ大学)
ジェイムス・エンジェル
(シカゴ大学)
ジョン・B・ワトソン
(行動主義)
機能主義心理学シカゴ学派

column

進化論が見逃したものと進化論に過剰反応した人

ダーウィンの進化論が見逃したものは何か。それは、「相互扶助」の考えではないかと指摘する研究者もいる。たとえば、食べ物を食べたあとのワニと、ワニの歯の掃除をしているチドリのような関係。ともかく、ダーウィンが自身の考えを発表した当時の反響はすごかった。過剰反応したのは、教会関係者だった。ある司教はダーウィン擁護者に対し、「お聞きしますが、あなたが類人猿とご親類だというのは、おじいさんのほうの関係からですか。それともおばあさんのほうからでしょうか」などと痛烈な皮肉を放っている。

三行メモ **◆もうひとりの進化論者◆**ダーウィンと同じ時期に「進化」「適者生存」の考えを持っていた人物がいる。A・R・ウォーレスである。焦ったダーウィンは共同での発表を持ちかける。それがのちの進化論につながる共同論文となった。

■ヴントが不可能だと考えた精神過程の解明目指す

ヴュルツブルク学派――キュルペの挑戦

ヴントが心理学の目的のように考えていた、感情などの直接経験としての要素を把握し、それらの要素が構成される際の一般法則の発見とは、いわば「精神」の研究だった。

しかし、ヴントはそこまで進めなかった。思考や判断などを含めた精神過程に関する実験は不可能だと考えたのだ。

ヴントが不可能だと考えた精神過程の研究を進めたのが弟子のオズワルド・キュルペ（一八六二～一九一五）だった。キュルペは、ドイツのライプチヒ大学でヴントの助手、講師を務めたあと、同じドイツのヴュルツブルク大学に移って心理学実験室を創設し、高次の精神過程について研究する。

キュルペの着目点は、精神は単なる要素の寄せ集めではなく、それらを総合する統覚能力を持つということだった。そして、実験によって立証したとされるのが、「無心像思考」。心的イメージや感覚を伴わずに生じる思考のことで、この思考の過程を説明するための重要な要因「意識態」の存在を主張した。

それまでの連合主義や実験心理学の考えでは、思考は感覚印象の残存である心的イメージや観念の連合でつくられるとされていたが、キュルペの主張はそれらとは異なるものだった。

意識態はある種の意識だが、確信を持てないグレーゾーンのような意識を指し、それなりに興味深いものだった。しかしそれ以上は進まなかった。

キュルペはヴュルツブルク大学で多くの後継者を指導し、そこに集まった研究者のグループはヴュルツブルク学派と呼ばれるようになった。しかし、一九二〇年に、カール・ビューラー（一八七九～一九六三）、ナルツィス・アッハ（一八七一～一九四六）らがほかに移って自然消滅した。

＊参考文献〈7・9・21・24〉

O・キュルペとヴュルツブルク学派

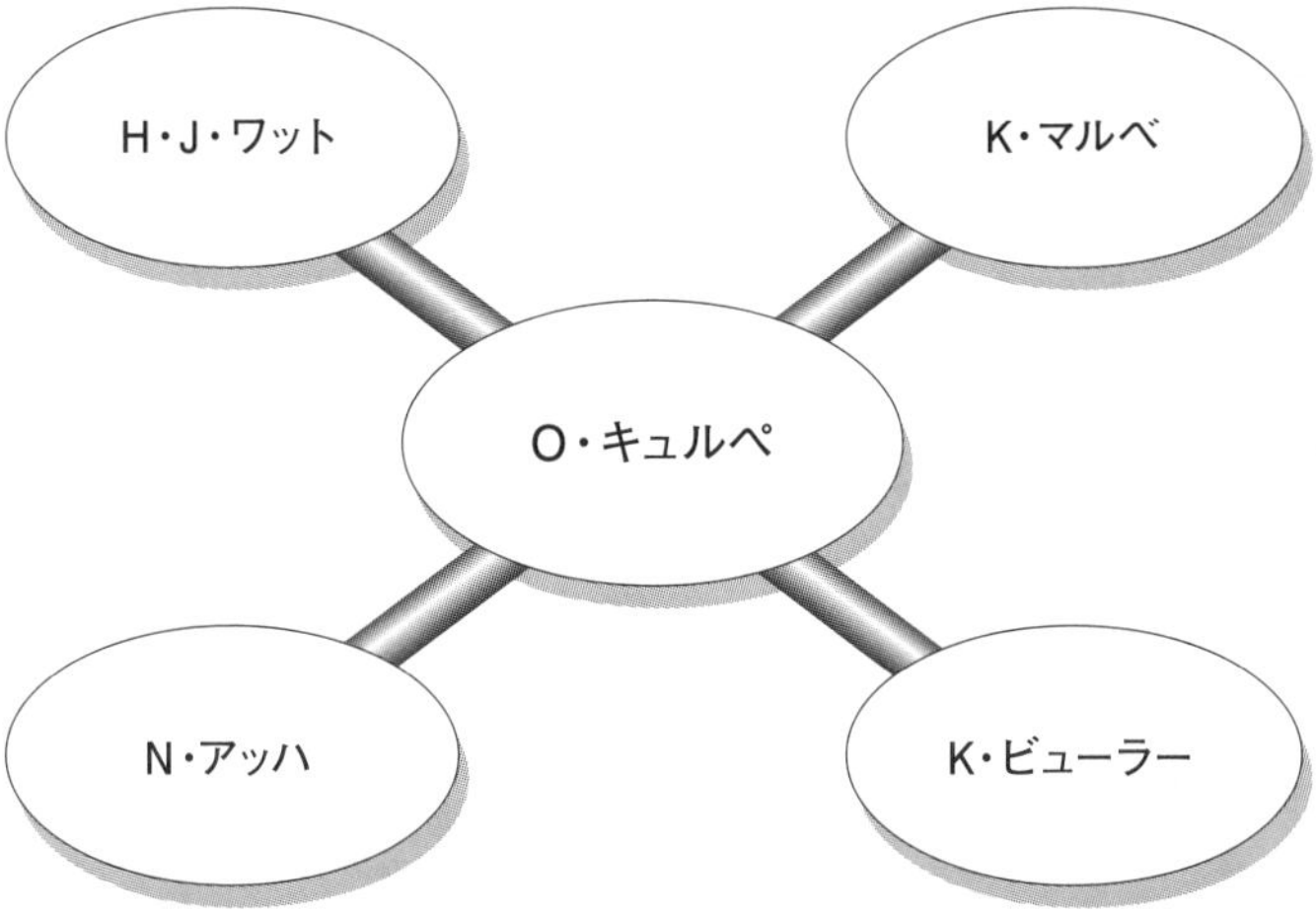
H・J・ワット
K・マルベ
O・キュルペ
N・アッハ
K・ビューラー

キュルペが開発した「組織的実験的内観法」を用いて思考および意志の研究を行なう。思考の決定要因としての「無心像的な意識性」の概念などを示す。

知覚や言語、思考過程を研究する。考え方は、ゲシュタルト理論に近いとされている。のちに、発達心理学に転じる。

column

生涯独身のカントが学生に語った言葉は？

規則正しい生活を送ったことで知られるカントだが、八十年の生涯を独身で通している。女性に興味がなかったわけではないようで、多分、内気な性格だったのだろう。そんな性格が災いしたのではないだろうが、生活面では不遇時代が長く、大学講師の職に就いたのは三十二歳のときで、講師時代はその後十五年も続いた。カントの講義も小さな声だったが、ユーモアを交えた話し方だったという。よく口にした言葉は「諸君は私から哲学を学びはしないだろう。だが、哲学することは学ぶだろう」だった。

三行メモ

◆ライプチヒ大学◆1409年創立で、ドイツでは1386年創立のハイデルベルク大学に次ぐ歴史を誇る。哲学者のニーチェ、作家のゲーテ、音楽家シューマンらが学び、日本からの留学生には森鷗外や物理学者の朝永振一郎らがいる。

■優先されるべきは「全体」か、それとも「部分」か

構成主義、行動主義、ゲシュタルト心理学

ヴントの弟子のひとりで、キュルペとは違う方向を目指したのがエドワード・ティチェナー（一八六七～一九二七）だった。彼は内観法を精緻《せいち》化させ、それによって得た感覚要素を組み合わせてもとの意識を構成する「構成心理学」を主張した。いずれにしても、ヴントの流れをくむことには変わりはない。これら構成主義、連合主義を大胆に批判したのが、ワトソンの行動主義やウェルトハイマーのゲシュタルト心理学だ。

構成主義はいわば意識を測定する心理学だが、ワトソンは意識測定は不可能だとし、研究対象にすべきなのは直接的な観察が可能な「行動」だとした。ワトソンが研究したのは、刺激（S）と反応（R）の関係におけるメカニズムの解明だった。

一方、ゲシュタルト心理学は「知覚と行動においては体制化された全体が、全体を構成する部分より優先する」と考える一派。構成主義は全体よりも部分を優先した。全体である知覚よりも、知覚を構成している部分である感覚を優先したのだ。対して、ゲシュタルト心理学派は簡単な感覚は主体者の意志の努力によって見出されるものだとした。

つまり、感覚自体が創造された実体であって知覚の単なる要素（部分）ではないというわけだ。だから、感覚を知覚の部分として研究するのではなく、それ自体を研究しなければならない。興味深いことに、この論理は行動主義批判にも当てはめられる。

行動主義は、学習のような「行動」という体制化された全体を、「条件反射」のような部分に分解して研究しているというのだ。学習を分解しても何もわからない。あるのは破壊だけである。破壊から全体を再生することはできない。壊したものをもう一度つなぎあわせるべきではないというのが、ゲシュタルト心理学派の主張である。

＊参考文献〈7・9・22・24〉

構成主義、行動主義、ゲシュタルト心理学

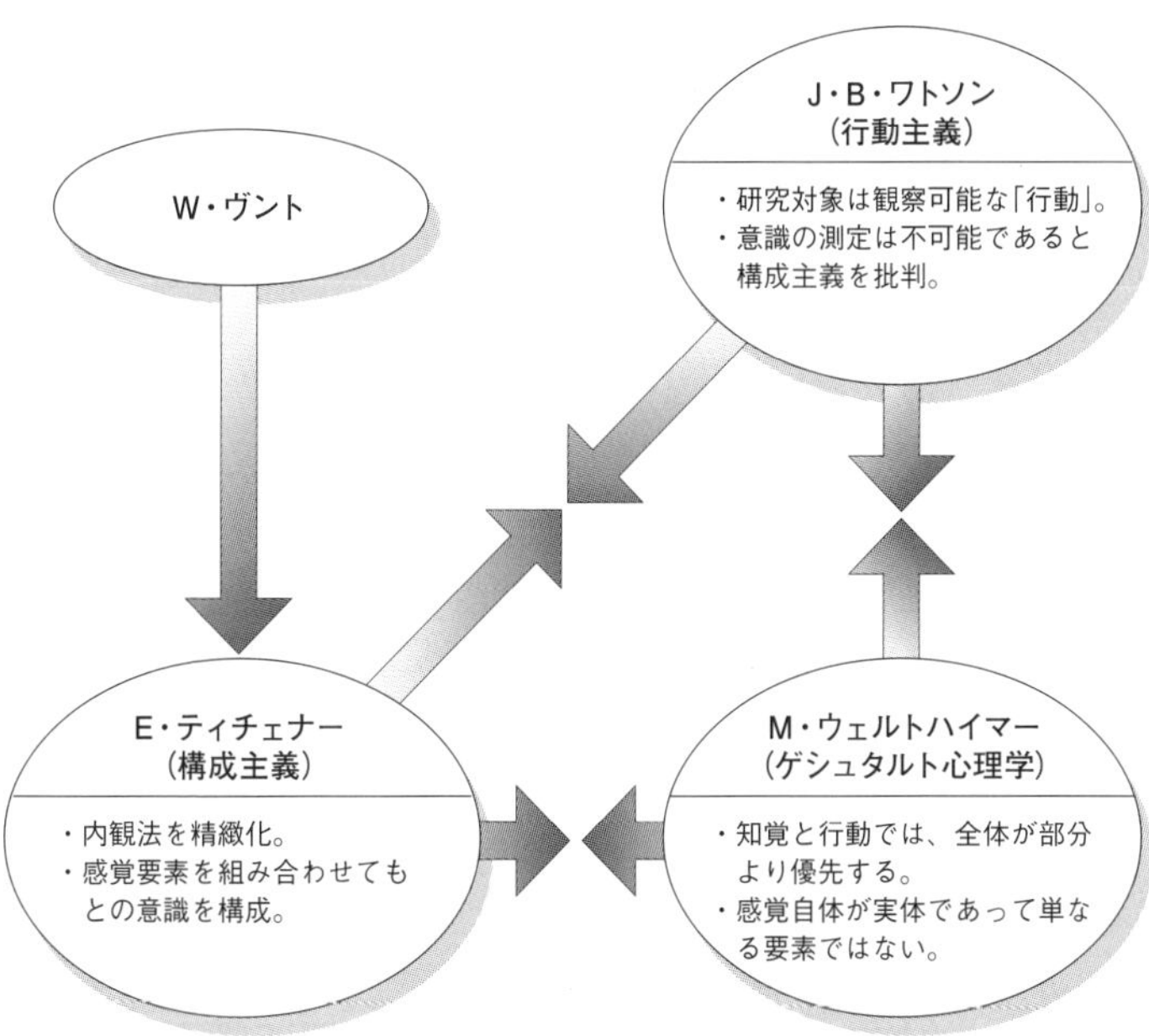
W・ヴント
J・B・ワトソン
（行動主義）
・研究対象は観察可能な「行動」。
・意識の測定は不可能であると構成主義を批判。
E・ティチェナー
（構成主義）
・内観法を精緻化。
・感覚要素を組み合わせてもとの意識を構成。
M・ウェルトハイマー
（ゲシュタルト心理学）
・知覚と行動では、全体が部分より優先する。
・感覚自体が実体であって単なる要素ではない。

column

認知心理学によって再評価されてきた内観法

構成主義の目的は、複合観念がどうして作られるかを解明することにあり、その道具として使われたのが内観法。訓練された被験者が自分自身の意識経験の過程を報告し、そのデータに基づいての分析が行なわれるのだが、そこに疑問が呈された。

つまり、データは意識の流れにそって報告されなければならないのだが、その多くは課題が遂行されたのちにそれまでの意識経験を想起する追観になってしまうというのだ。が、それらの批判を経て、そしてその後の認知心理学の進歩によって、内観法は再評価されてきている。

三行メモ

◆パヴロフの犬◆行動主義のワトソンがもっとも大きな影響を受けた人物のひとりにロシアの生理学者パヴロフがいる。古典的条件づけの研究で知られ、ある種の条件によってエサを与えなくても唾液を分泌するようになる犬の実験があまりにも有名。

■人間の本質は精神でも物質でもなく「生」そのもの

了解心理学——ディルタイの「生の哲学」

精神を個々の要素に分解し、それらの個々の要素の結合が精神だとする構成主義に反対し、「生を生そのもの」、つまり生の構造連関、作用連関から精神現象を了解する立場を主張したのが、ウィルヘルム・ディルタイ（一八三三〜一九一一）だった。

主張の基礎になっていたのは、生の内面的な直接体験。

ディルタイのいう了解とは、表現や記号などの情報を通じて「内的な精神過程を追体験し認識する作用」を指していた。ヘーゲルの理性主義・主知主義や、十九世紀後半に盛んになった自然科学の方法、いわゆる「実証主義」に異を唱えたディルタイは、生の客観化の問題から体験、表現、了解の構造を考えた。体験されたものが表現され、表現されたものが了解されるという構造だ。この構造から浮かんでくるのは、「生」の全体性である。

人間の精神生活は「部分から成り立っているのでもなければ、単純な要素に還元できるものでもなく、生きた構造をもった統一体」である。その統一体は外に向かって必ず何かを表現している。顔がその人の精神と肉体の秘密、さらには生活環境を表しているように。生を全体性としてとらえ、その全体性は表現されたものを手がかりとして理解していくべきだというのがディルタイの考え。根底にあるのは、「人間の本質は精神でも物質でもなく生なのだ」という思想である。

ディルタイの方法は、個人的了解の問題を超えて社会的状況や文化体系、歴史にまで広がっていく。逆説的にいえば、文化・社会・歴史のなかでの人間の生をどうとらえていくのかという方法論でもある。ディルタイの方法は「生の哲学」とも呼ばれ、芸術関係にも大きな影響を与えていった。有名な言葉は「自然を我々は説明し、心的過程を了解する」である。

＊参考文献〈7・9・21・22・26〉

ディルタイの生の哲学、了解心理学

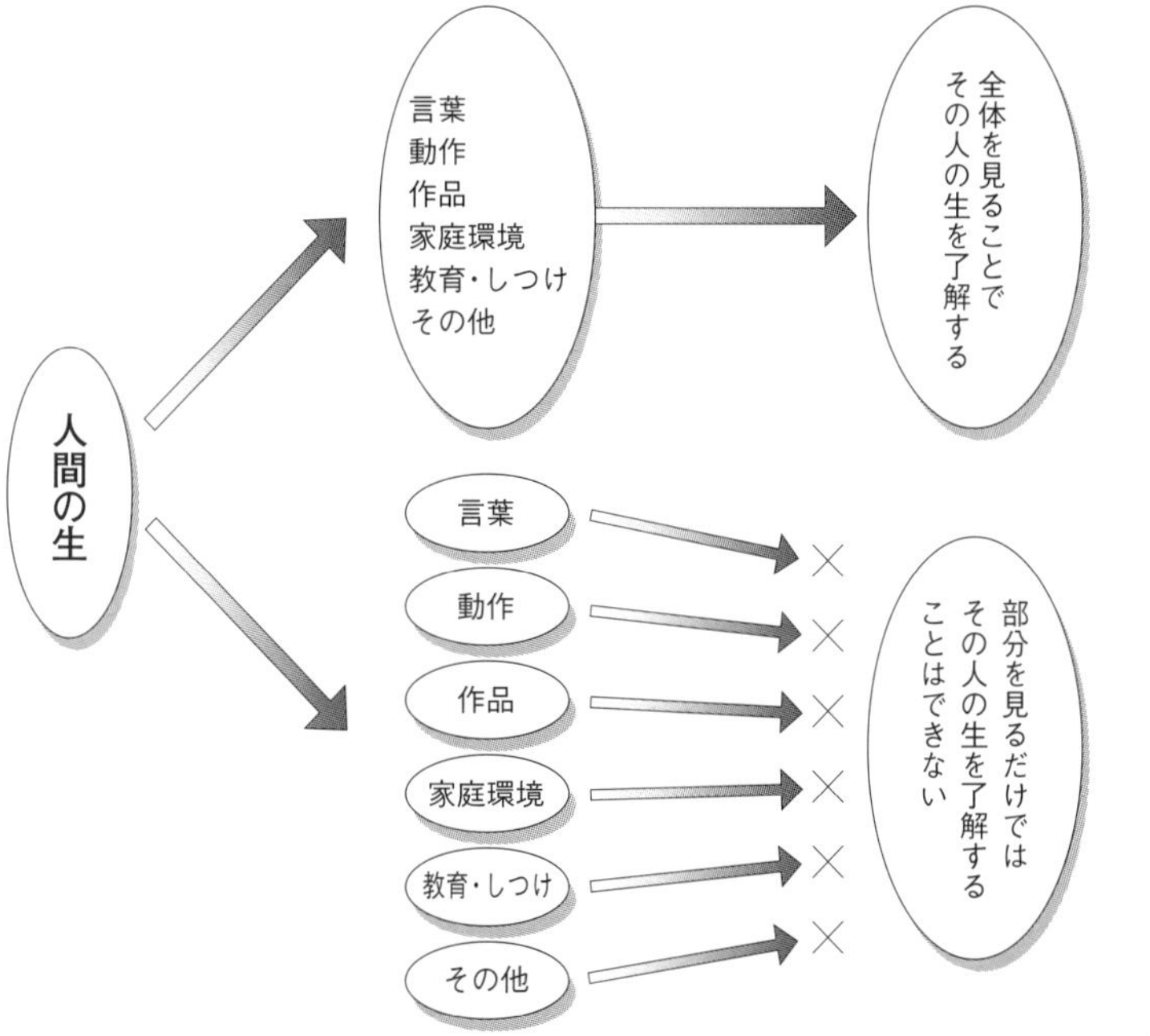
人間の生
言葉
動作
作品
家庭環境
教育・しつけ
その他
全体を見ることでその人の生を了解する
言葉
動作
作品
家庭環境
教育・しつけ
その他
×
×
×
×
×
×
部分を見るだけではその人の生を了解することはできない

column

もうひとつの「生の流れ」ベルクソンの創造的進化

ディルタイは「生」をひとつの流れと見ているが、同様の見方をした哲学者にアンリ・ベルクソンがいる。

ベルクソンはダーウィンの流れをくむハーバート・スペンサーの「人間や生物や社会や無機物などのすべての現象を観察すると、実在は進化するところのあるものとしか考えられない」という思想の影響を受け、生物は何か新しいものを作りながら変わっていくのだという「創造的進化」という考えにいたる。

これが、「生」を流れと見る「生の躍動」である。

三行メモ

◆実証主義◆事実を根拠にし、観察・実験によって理論を確かめていく立場。事実が経験によるものだとすれば、その思想源流はイギリス経験論のロックやヒューム、さらにはフランス啓蒙思想にまでさかのぼることができる。

■人間の本能的行動には基本的な感情が伴っている

本能論心理学——行動における動機づけの研究

心理学史のなかで、「本能」を最初に扱ったのはフロイトである。フロイトの手法は、二つの対立する本能から人間の行動を理解するものだった。行動の内発的な動機づけを本能に求めたのだ。しかし、特定の行動についての動機づけの分析はあまりやっていない。

その個別的な行動の動機づけを考えたのがウィリアム・マクドゥーガル（一八七一〜一九三八）だった。

マクドゥーガルは、すべての行動には目的があり、その目的に対応する動機づけが可能だとした。この考えは、人間は他の哺乳動物よりも多くの本能的衝動を持ち、しかも目的志向的だとしたウィリアム・ジェームズ（機能主義者）の主張を受け継いだものである。

本能的行動は、ある対象を知覚することによって生じた衝動に促されている。そしてそこにはその行動を意味づける感情が伴っている。

マクドゥーガルのいう行動は、単なる条件反射ではなく、人間が生得的に持っている目標追求の心理であり、身体傾向を指している。特定の対象にはそれに対応した感情があるから特定の本能的行動が起こるというわけだ。

興味深いのは、「感情」が認知や行動よりも本源的なものとして位置づけられ、固定的かつ不変だと考えられていること。

マクドゥーガルは、十二の基本本能（的行動）をリストアップし、それに対応した基本感情を提示した。たとえば、「逃走」という本能的行動の動機づけになっているのは「恐怖」という基本感情であり、「闘争」という基本本能にはその動機づけとして「怒り」という基本感情が伴っているというのだ。さらに「憎しみ」という感情は、「怒り」「恐怖」「嫌悪」という基本感情が組み合わされた二次的な感情だと見なされた。

＊参考文献〈7・9・21・22・24〉

基本本能と基本感情

■ 基本本能に結びついている基本感情（７例）

基本本能	逃　走	闘　争	拒　否	好　奇	誇　示	従　属	養　育
基本感情	恐　怖	怒　り	嫌　悪	驚　き	得　意	自己卑下	優しさ

■ 二次的感情を構成している基本感情の複合体

二次的感情	
憎しみ	怒　り　＋　恐　怖　＋　嫌　悪
軽蔑	怒　り　＋　嫌　悪
嫌忌	恐　怖　＋　嫌　悪
羨望	怒　り　＋　自己に対する否定的感情

column

感情の先駆的研究者は進化論のダーウィン

感情はその反応として顔面、姿勢、動作などに現れるが、この感情の先駆的研究者は興味深いことに進化論のダーウィンのようである。ダーウィンは、感情は進化の長い過程で起こった淘汰の産物だととらえ、人間を含む動物は、系統発生的に連続した、感情に固有の身体反応、生理反応だと考えている。

これ以降の感情の研究では、W・ジェームズ、C・ランゲが同時期に考えていた「感情の抹消説」、W・B・キャノンの「感情の中枢説」、S・トムキンスの「顔面フィードバック仮説」などがある。

三行メモ

◆**系統発生**◆生物の種族が地質時代を経て現在にいたるまでの間に少しずつ変わってきた過程をいう。ヘッケルが「個体発生は、その経過のなかに種族が経た発達の段階（系統発生）を繰り返す」といったことに始まる語とされている。

ようこそ、「無意識の館」へ

ポール・セザンヌ
(1839～1906)

人間に対する好き嫌いが激しく、自信家であると同時に小心者だったともいわれている。「不安」にさいなまれていた。

〈自画像〉
(1880～81年／パリ・印象派美術館蔵)

第4章

フロイトとフロイト以後の心理学

多方面に影響を与えたフロイト思想の多様さ

心理学史上におけるフロイトの位置は特異だ。フロイト以前の心理学者の多くは学究の徒というイメージが強いが、フロイトの場合はそんなイメージは薄い。

フロイト思想は多様なのである。「自我」と「性」、そしてのちには「生」と「死」という二つの対立する本能に着目して論を展開していることを考えると本能論心理学的である。この基本的本能から多くの派生物が存在しそれらの結合と離散を考えているのは要素主義的であり、独自で生み出した自由連想法を駆使して心のなかを探る試みは連合心理学の側面を持つ。さらに人格形成の総合コントロール機能を自我に求めているのは機能主義心理学でもある。

フロイト思想の多様さを作った背景は、開業医として日常的に患者に接してきた経験にあったと思われる。症状に悩む患者の治療に従事することで、それに基づいた緻密《ちみつ》な分析からの論理構築がその思想を幅広くかつ奥深いものにしているといえる。なかでももっとも大きな要素は、「無意識」を発見し体系化したことである。そのことでフロイトは心理学の幅を広げた。意識のほかにもうひとつの人間を動かしている大きな側面があるという考えは、病に悩む患者だけでなく、すべての人間に当てはめられる普遍性あるものだったからである。それが思想界や芸術界にも大きな影響を及ぼしていったことは自然な流れであった。

しかし、フロイト自身は多方面に影響を与えることに無頓着だったのではないか。芸術家がフロイト思想の影響を受けることと作品の出来映えは比例するものではない。芸術家がフロイト思想を意識した時点ですでに、無意識のエネルギーをなくすというジレンマに陥りはしまいか。それらしく装った作品ができたとしてもそれは、無意識のエネルギーがほとばしった作品ではないことは明らかである。

＊参考文献〈1・6・7・8・9・21・22・24・27・28・35〉

フロイト思想の多様性

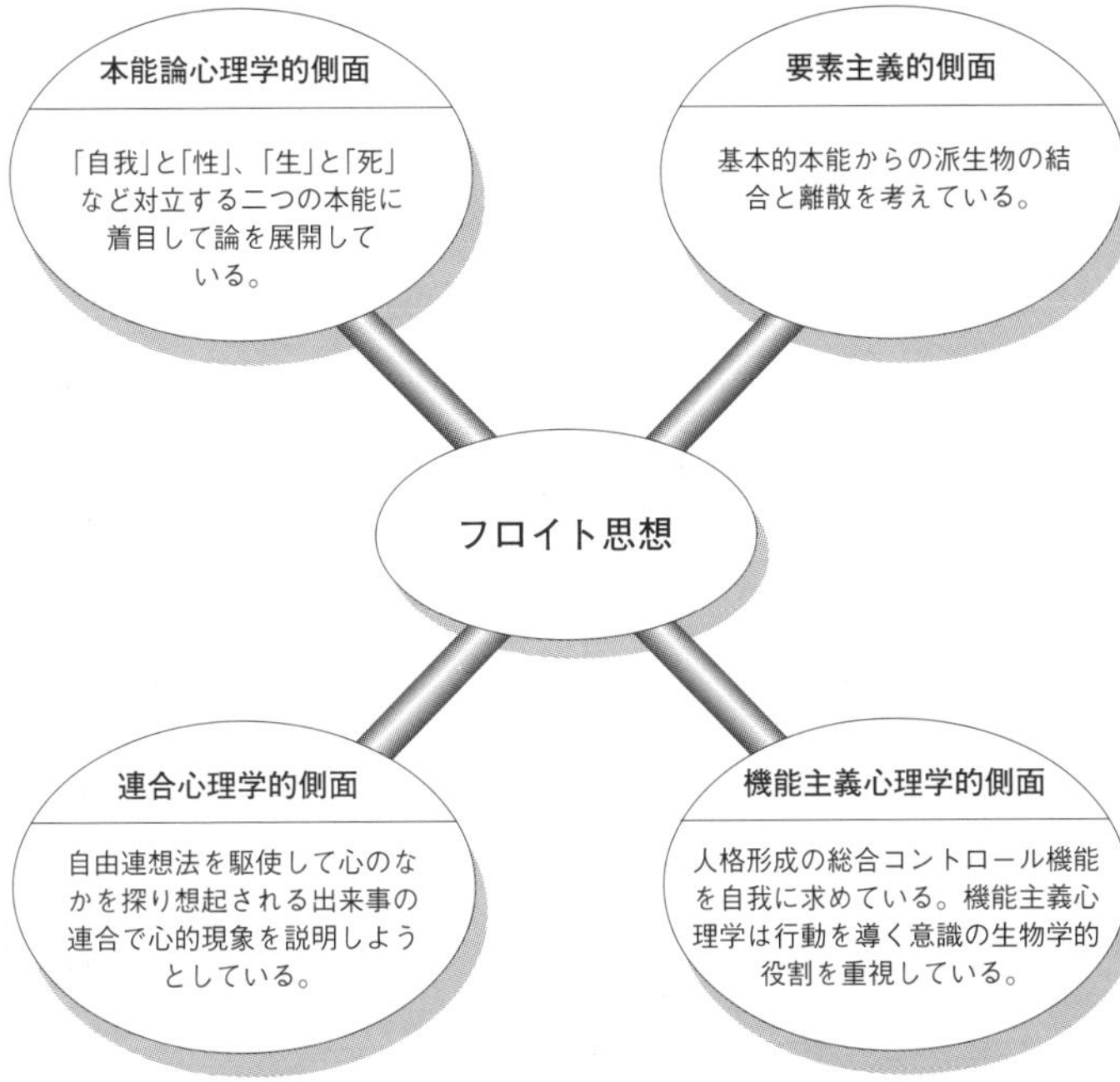
本能論心理学的側面
「自我」と「性」、「生」と「死」など対立する二つの本能に着目して論を展開している。
要素主義的側面
基本的本能からの派生物の結合と離散を考えている。
フロイト思想
連合心理学的側面
自由連想法を駆使して心のなかを探り想起される出来事の連合で心的現象を説明しようとしている。
機能主義心理学的側面
人格形成の総合コントロール機能を自我に求めている。機能主義心理学は行動を導く意識の生物学的役割を重視している。

column

フロイトと親しかったマンとツヴァイク

フロイトと親交のあった作家として知られているのは、トーマス・マンとシュテファン・ツヴァイクである。マンは代表作『魔の山』に重要な役割を果たす精神分析者を登場させているし、『幸福への意志』は精神分析的な作品だとされている。また、フロイト生誕記念講演では無意識理論を賞賛している。が、芸術作品を一様に無意識に還元してしまう決定論には違和感を覚えたようである。一方のツヴァイクはフロイトの伝記を書き、また『ある女の二十四時間』にエディプス・コンプレックスの理論を取り入れている。

三行メモ

◆フロイトが気に入っていた作家◆フロイトが最初に夢中になった作家はルートヴィッヒ・ベルン。14歳のとき彼の全集を贈り物にもらったが、青年時代の書物であとあとまで所蔵していたのはそれだけ。自由連想法のヒントはそこにある？

■死の直前まで続いた新発見と自説の修正

四期に大別できるフロイト思想の展開

フロイト理論は、フロイトの生涯のなかで新しい発見があるたびに修正され、そして付け加えられてきている。そこが、人間そのものに対する興味を最後まで失わなかったフロイトの執念を体現していると同時に、理論の難解さをも表しているのかもしれない。

シャリエは、そのフロイト思想の発展過程を次のように分けて分析している。

第一期／「ブロイアーとの協同研究」の時期で、一八九三年から九五年まで。『ヒステリー研究』に集約される内容が究明された時期で、フロイトが「無意識」の存在を確信した時期といっていいだろう。

第二期／「基本的諸発見」の時期に位置づけられる、一八九五年から一九〇五年まで。催眠療法を捨てたフロイトが独自に編み出した自由連想法に磨きをかけて抵抗や転移を発見し、防衛機制を「抑圧」と名づけたり、「夢の分析」を行なう充実の期間である。『夢の解釈』（一九〇〇）、『夢について』（一九〇一）、『日常生活の精神病理』（一九〇一）、『性に関する三つの論文』（一九〇五）などが出版され、初期のフロイト理論が体系化された時期に当たる。

第三期／「治療技法の探究」の時期で、一九〇五年から二〇年ごろまで。『トーテムとタブー』（一九一二）『精神分析入門』（一九一七）などが出版され、精神分析療法が円熟していった時期。「抵抗」や「転移」、多様な「リビドー」に関する研究が進んでいる。

第四期／「超心理学」が姿を現す時期。一九二〇年から三九年まで。『快感原則の彼岸』（一九二〇）、『集団心理と自我の分析』（一九二一）、『自我とエス』（一九二三）などが出版され、初期の発見に関する本能論、精神装置論などが修正されて超心理学的視点のなかに組み入れられていく。精神現象が、〈力動的見地〉〈経済的見地〉〈局所的見地〉から解釈される。

＊参考文献〈1・3・5・7・8・9・21〉

フロイトの超心理学における精神現象

精神現象

力動論的見地	経済論的見地	局所論的見地
さまざまな心理的力の葛藤を発達の立場からとらえる。リビドーが、口唇期、肛門期、男根期、潜伏期、性器期の各発達段階で、対象および人間と特殊な関係を結ぶという性発達仮説。	葛藤によって起こっているさまざまな心理的力を量的側面から考える。本能のエネルギーの強さは個人によって異なり、さらにその強さは人生の時期によって変化する。	精神(心的)装置の構造に関する見地。1923年、フロイトはそれまでの意識(前意識)＝無意識の対比を修正して、自我、超自我、エスの３機関論を提唱した。第２の局所論的見地だった。

column

フロイト思想を批判した実存哲学者ヤスパース

フロイト理論にはつねに反対者がつきまとったが、一貫してその立場にいたのは、精神病理学者にして実存哲学者でもあったカール・ヤスパースである。

ヤスパースは、フロイトの方法は精神生活の一切を了解するものだが、それは意味絶対化によるひとつの世界観の表現に過ぎないとした。了解関連と因果関連を混同しているというのだ。さらに精神分析は通俗心理学であり、その方法は宗派的だと非難をした。このヤスパースの批判と非難は、現在では多分に感情的であるという認識でほぼ一致している。

三行メモ **◆フロイト思想の展開◆**３期説もある。１期は無意識理論と性的病因説の成立した初期の1890年代。『精神分析入門』に代表される前期理論体系完成の1896～1917年の２期。３期は後期理論体系展開の1930～39年の時代。

■ユングの思想「分析心理学」〜タイプ論と集合的無意識

“無意識”を個人的無意識と集合的無意識に分けたユング

フロイトのもとを去った研究者のなかでもっとも影響力が強かったのはカール・グスタフ・ユング（一八七五〜一九六一）である。フロイトと別れてからのユングは、精神的苦闘期を経て独自の思想を提示する。そのひとつが「タイプ論」である。

ユングは、人間のタイプを「外向型」と「内向型」に分けて論じている。ユングによれば、外向型は、関心が外界の出来事に向かい、客体に積極的に働きかけ、「他者との関係を重視し、他者に対して敏感に反応し、たいていは他者に合わせようとするタイプ」。内向型は、関心が自分の内面に向かい、客体と距離を置こうとしがちで、他者からの影響を受けず、自分の基準で自分の主体性を守りたいタイプ。この二つのタイプを軸にして、それぞれが意識的にとる構えと無意識的にとる構えは正反対になるとしたユングは、そのうえで、「思考」「感情」「感覚」「直観」の四つの心的機能を組み合わせて計八タイプの人間像を提示した。たとえば、「内向的思考型」「外向的思考型」といったように。

こうしてユングは、このタイプ論を基本にして、文学、歴史、美学、宗教……等々、あらゆる分野における人間の心的対立構図をあざやかに読み解いていくのである。

またユングは、「無意識」を個人的無意識と集合的無意識の二つに分け、フロイトとは違う考えを提示した。個人的無意識はかつて意識されていた内容が抑圧されたものや強度不足のために感覚的痕跡になったものなどとした。コンプレックスはここに入る。集合的無意識は、個人的無意識の下層に位置する、人類に共通の心的基盤。神話や夢、未開人の心性などがこの範《はん》疇《ちゅう》にまとめられ、ユングはこの共通性を生み出す元のタイプの存在を想定した。それが、影、アニマ／アニムス、自己などの元型である。

＊参考文献〈1・4・8・9・29・30・31・32・34〉

ユングのタイプ論と精神構造図

■ユングが提示した心理的タイプの８類

外向型	心的機能	内向型
外向的思考型	思　考	内向的思考型
外向的感情型	感　情	内向的感情型
外向的感覚型	感　覚	内向的感覚型
外向的直観型	直　観	内向的直観型

ユングが提示したタイプの分け方はたしかにわかりやすいが、個人を一概にそう簡単に分けることはできない。内向か外向か、人間は双方有しているものであり、人それぞれに優勢なものもあれば劣勢なものもあるからである。ユング自身、内向的な感覚型と直観型について、「これらはいずれも内向的であって、その結果表現の能力や意志が比較的とぼしいので、適当な判断をくだすための手がかりをほとんど与えてくれない」としている。

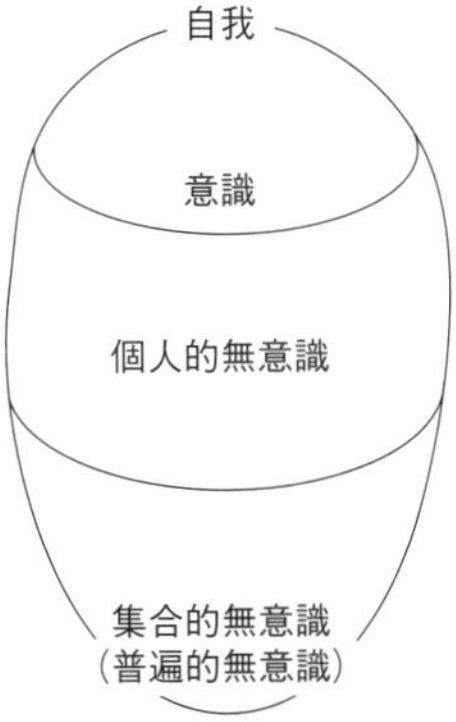

■ユングの意識・無意識構造

column
元型は人の心理機能の生物学的秩序

ユングは元型を「人の心理的機能の生物学的秩序」としている。たとえば、元型のひとつ「アニマ／アニムス」。アニマは男性の集合的無意識に潜む女性的なもので、アニムスは女性に潜む男性的なもの。男性は強さを求められる。しかし、それが強すぎると心的バランスを崩す。それにブレーキをかけるのが無意識の深層に潜むアニマである。

アニマのイメージは個人の成長に伴って変化する。最初は母親、次に娼婦、恋愛の対象としての女性、そして精神的な聖母マリア、最後にギリシア神話のアテネ像といった具合。

三行メモ
◆影◆自我は外からの要求を抑制する働きをしているが、その自我によって無意識層に閉じこめられているのが影。影は自我の影。影ゆえに自我とは反対の性質を持つ。影が表に顔を出すようになると多重人格の様相を呈してくる。

■フロイトとユング――出会いと決別①

異端児フロイトの擁護に回ったユングの純粋

フロイトとユング、精神分析学の巨人二人が、決定的な別れを告げることになるのは、一九一三年の第四回国際精神分析学会での互いの論の違いからだった。

出会いと別れ、意気投合と決裂、いつの時代にも繰り広げられる人間模様だが、それでもなんとかならなかったのかと思わざるを得ないのは、二人が人間の心理を読みとる一級の研究者だったからである。互いが互いの真相に潜む思いを理解しあっていたならば、二人の間も、精神分析という学問ももっと違う展開を見せていたのではなかったか。

それとも、研究の世界というのはそんな情緒的な要素の入りこむ余地のないものなのか。あるいは、一級の研究者といえども俗な人間のひとりにすぎないことが証明されたほんの一例にすぎないのだと納得すればいいのだろうか。

精神分析学はフロイトが切り開いた分野である。ユングがフロイトの『夢の解釈（夢判断）』をはじめて読んだのは一九〇〇年のことだった。しかし、このときは十分に理解できず、というより同感することができずに読書を中断した。それから三年後、再び同書を読みはじめ、「抑圧」の解釈に同感を覚える。さらに三年後、ユングは、フロイトから『神経症学小論集』を贈られて読み、ヒステリーの原因を主に性的なものに見ることを超え、それに限定するかに見える「性理論」を除けば、フロイト理論の多くに共感することができたのである。

当時、フロイトは心理学分野での異端児だった。ゆえに、伝統的な学会からの批判にさらされていた。そんなフロイトに接近することは、ユング自身の研究者としての立場を危うくすることを意味していた。ユングは危険をかえりみずにフロイト擁護に乗り出す。

長くは続かない蜜月時代の始まりだった。

＊参考文献〈6・8・30・32・33〉

精神分析の創始者フロイト

フロイト

フロイトの生家

ジークムント・フロイト（1856〜1939）

1856年、モラヴィアのフライベルクでドイツ語を話すユダヤ人の家に生まれる。59年にライプチヒに移ったのち、60年にウィーンへ移住する。73年、ウィーン大学医学部へ進学。76年、ブリュッケ教授の生理学研究所に入り、ブロイアーらと出会う。82年、マルタ・ベルナイスと婚約、生理学研究所を去る。85年、ウィーン大学医学部神経病理学の私講師に任命され、パリに留学、シャルコーに師事する。86年、ウィーンで開業し、婚約中のマルタと正式に結婚する。以降、1938年、ナチスの迫害を逃れるためイギリスに亡命するまでウィーンを拠点に、独自の理論構築とその思想の展開に没頭した。亡命の際に、経済的・政治的にフロイトを支えたのは、ナポレオンの弟リュシアンの曾孫に当たるマリー・ボナパルトだった。彼女は当時、ギリシア国王の弟と結婚していた。

column

脅しに屈しなかったユングのフロイト擁護

一九〇五年、ユングはチューリッヒ大学精神科の講師となり、指導医にも任じられた。そのユングが、一般医師向けの『ミュンヘン医学週報』に「フロイトのヒステリー学説」について書くのは翌年の〇六年。ドイツ精神医学会の一大勢力者のフロイト批判に対する反撃、フロイト擁護を展開したのだ。対して、ドイツ大学の二人の教授から、フロイト支持を続けるなら「学者としての道はふさがれるだろう」という忠告を受ける。しかし、ユングは屈しなかった。ユングいうところの自身の「第二の人格」の声に従ったのである。

三行メモ

◆国際精神分析学協会◆1910年に設立され、その初代会長にはフロイトの推薦によってユングが選出されている。この会の前身はフロイトのもとに集まっての勉強会「心理学水曜会」。最初のメンバーはアドラーら４人。02年秋のことだった。

ユングの集合的無意識を理解しなかったフロイト

一九〇七年二月、ユングは妻のエンマを伴ってウィーンにいるフロイトを訪ねる。ユングは二週間、ウィーンに滞在し、二人は十三時間ぶっ通して話し続けるなどして交流を深めた。その後も、折に触れ、互いが互いに会う機会を作った。

ユングがフロイトに近づいたのは、自分が研究するコンプレックスの概念が、フロイトの抑圧理論でうまく説明できるからである。ユングは、フロイトに会う前に、人間の心が自分自身の崩壊に直面したときにどんな反応を示すかに興味を覚え、実験的精神病理学の勉強を始めていた。そして、人間はなぜ「ある刺激語に反応できないのか」、また「ある刺激語に不適当な反応を示すのか」、その内なる仕組みを知りたいと考えていた。ユングの考えは、被験者の無意識のなかに潜んでいる「言語抑制」にいたる。ここからコンプレックスの概念を提唱するユングの「抑制」は、フロイトの「抑圧」に共通するが、性的外傷に限定するフロイトの「抑圧の対象」にはユングはどうしても賛成できなかったのである。抑圧の対象は、性的なもの以外にもある、それがユングの考えだった。それでも、大筋で互いを認めあった二人の交流はしばらく続いた。

そして一九〇九年、二人は招かれて米国のクラーク大学の創立記念大会で講演することになるのだが、船便を待つドイツ・ブレーメン滞在中に事件は起こった。その近くで、ある民族のミイラが保存されていることを知ったユングは、集合的無意識とも関連する人類学的興味から見学を希望するが、フロイトは嫌悪感を示し、「今、ユングがミイラに興味をもつのは自分（フロイト）の死を願っている証だ」としたのだ。

これ以降、二人の考えのズレが大きくなっていく。ユングは、夢のなかに存在する集合的無意識を理解しないフロイトのもとを去るよりなかったのである。

＊参考文献〈6・8・30・32・33〉

フロイトと決別したユング

ユング

ユングの生家

カール・グスタフ・ユング（1875～1961）

1875年、スイス・ケスヴィルに生まれる。祖父はバーゼル大学外科学教授、父は改革派の牧師でオリエント学者だった。79年、４歳のときに地下室に置かれた祭壇上の椅子に載せられた王冠、さらにその上に太い樹幹のような肉棒が立っている怖い夢を見る。95年、バーゼル大学医学部に入学。99年、大学生活の終わりごろに交霊現象に興味を持つ。1900年、クラフト・エビングの教科書を読んで精神医学を学ぶことを決心し、卒業後はブルグホェルツリの州立病院に就職し、E・ブロイラーのもとで助手として研究と診察に従事する。03年、エンマ・ラウシェンバッハと結婚、フロイトの『夢の解釈』を再度読みなおす。08年、第１回国際精神分析学会に参加。13年、性理論、とくにエディプス・コンプレックスについてフロイトとの考えの相違が決定的になる。これ以降、自己の心理学を「分析心理学」と呼び、精神分析学と区別する。

column

フロイトの不信を招いたユングの超心理学的説明

一九〇九年、ユングがフロイトの家を訪ねて歓談中に不思議な事象が起こっている。室内の本箱のなかで大きな炸裂音が響いたのである。二人は驚いて立ち上がった。そしてこのあと、この音に対する二人の見解が分かれる。ユングは超心理学的な「外在化効果」だと説明するが、フロイトはそれを受け入れなかった。ユングは自身の主張を譲らず、もう一度炸裂音が起こると予言し、そのとおりになった。しかし、この事件のことは二度と話題にならなかった。ユングは、後年この事件がフロイトの不信を引き起こしたとしている。

三行メモ

◆クラーク大学◆米国マサチューセッツ州にある大学。フロイトとユングが招待されたのは創立20周年での記念講演だった。フロイトはこのときの講演で、「われわれの努力が公式に認められたのはこれがはじめてです」と述べている。

■アドラーの個人心理学～無意識を想定していない理論

人間の行動の源泉を〝劣等感〟のなかに見出したアドラー

フロイトから去っていったもうひとりの重要な人物がアルフレッド・アドラー（一八七〇～一九三七）である。アドラーは、患者を寝椅子に寝かせて、分析家がその背後に位置する方法は用いなかったし、離れていく決定的な理由は、コンプレックスの概念でフロイトと意見が分かれたことだった。

フロイト思想で重要な位置を占めているのは無意識層にうごめく性欲で、それが人間の行動に大きな影響を与えているとしているが、アドラーは人間の行動の源泉を自我における劣等感だとした。

人間ひとりひとりはなんらかの劣等感を抱えており、その行動には劣等感を補おうとする傾向が見られる。これを「補償」と呼び、補償作用が生じるのは人間の心のなかに存在する優越感への憧れ、衝動的に有している権力への意志によるものだとした。そしてその衝動こそが人間を動かす根本的なものだとし、フロイトと対立した。

補償にはいくつかのパターンが考えられている。身体的欠陥、性格的欠陥など、劣等感のもとになっている欠陥そのものを克服しようとするパターン、欠陥と対照的な価値を実現しようとするパターン、劣等感のもとになっている価値そのものを否定するパターン、空想などに逃避するパターン、劣等感を覆い隠す装いをするパターン、優越感を充足させる欲求へと走るパターンなど。なかでもアドラーがもっとも重視したのは優越感を充足させる欲求、権力への意志だった。

アドラーの考えで特徴的なのは、無意識を想定していないことである。このことがフロイトとの別れを決定的なものにしている。また、神経症のとらえ方でも、意見が異なった。フロイトはその原因を過去の出来事に求めたのに対し、アドラーは未来志向的な観点からとらえている。

＊参考文献〈1・4・7・8・9・32・33〉

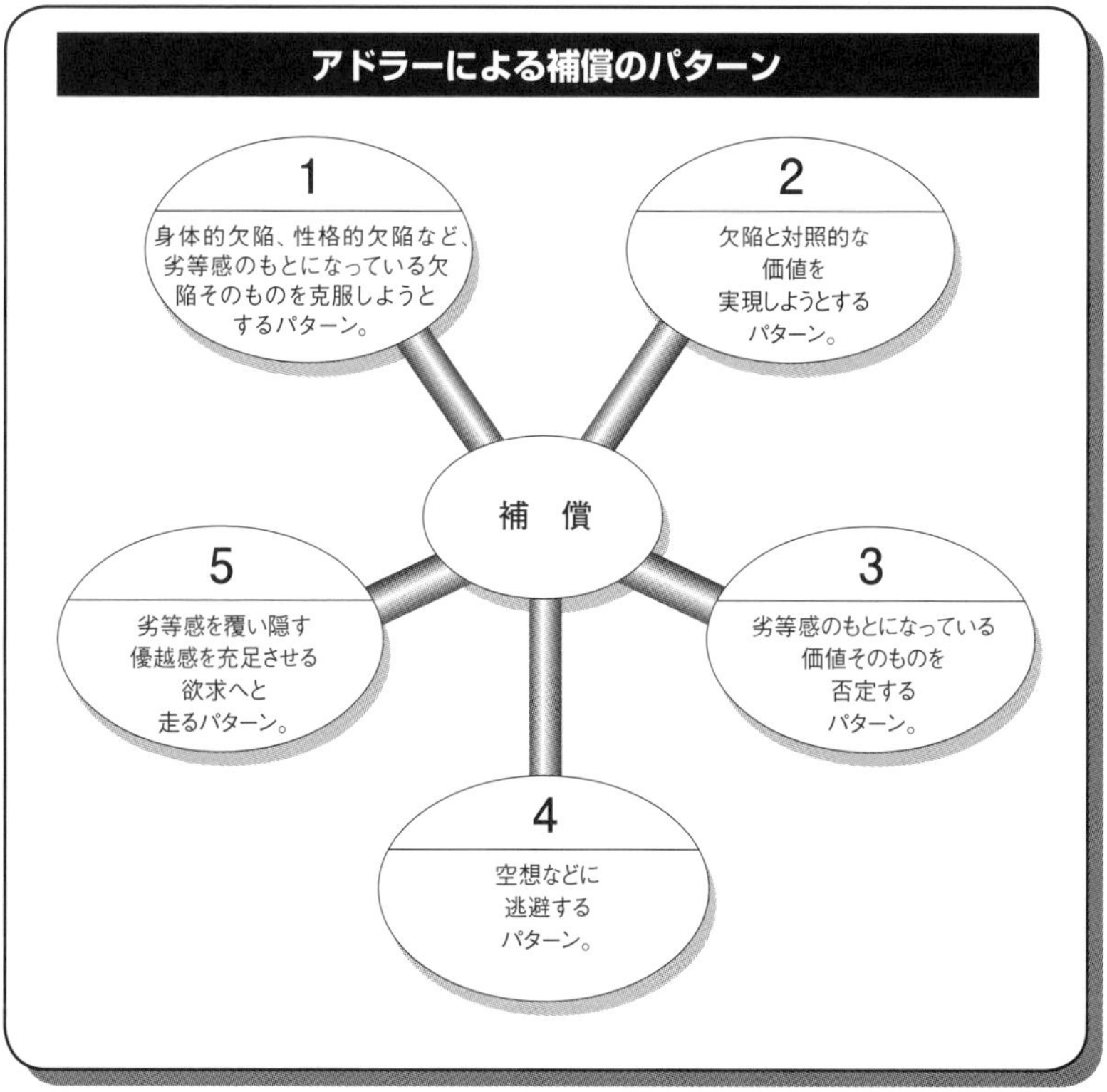
アドラーによる補償のパターン
補　償
1
身体的欠陥、性格的欠陥など、劣等感のもとになっている欠陥そのものを克服しようとするパターン。
2
欠陥と対照的な価値を実現しようとするパターン。
3
劣等感のもとになっている価値そのものを否定するパターン。
4
空想などに逃避するパターン。
5
劣等感を覆い隠す優越感を充足させる欲求へと走るパターン。

column
劣等感と補償から人間理解を進めたアドラー

劣等感にとらわれすぎているのではないかというのが、アドラーの神経症患者のとらえ方だ。逆にいえば、神経症患者は優越への欲求が強すぎるのではないかということ。だから、現実的に適切な目標設定ができない。治療するには、その劣等感の源泉を探り当て、幻想による誤った目標設定の仕方を改善させる再教育を行なうことだと考えている。アドラーが扱ったのは重症の患者ではなかったという指摘もあるが、アドラーの考えの基本は自我をどうとらえるかであって、それは新フロイト派に受け継がれている。

三行メモ
◆神経症◆扱いが難しい言葉になってきている。1777年、スコットランドの医師C・カレンによってはじめて使用された語。当時は中枢神経系のすべての疾患を含む概念として使用されていた。その後、定義は変化してきている(p186参照)。

■ベルリンの精神分析家たち〜アレキサンダー、フロム、ライヒら

精神分析の拠点ベルリンに集まった多彩な顔ぶれ

フロイトは後年イギリスに渡るまでその活動拠点をウィーンに置いていた。ウィーンには多くの研究者が訪れ、影響を受けた彼らがまた各地で精力的な活動を展開して、精神分析は徐々に広がっていった。

ベルリンもそんな拠点のひとつで、この地での中心人物はカール・アブラハム（一八七七〜一九二五）だった。アブラハムがフロイトと直接会うのは一九〇七年だが、それ以前にも手紙のやりとりを行なっており、会ってからの二人は終生変わらない友情、同志・師弟関係を続けている。そのアブラハムのいるベルリンに集まった人物にはカレン・ホーナイ（一八八五〜一九五二）、ゲオルク・ジンメル（一八五八〜一九一八）、メラニー・クライン（一八八二〜一九六〇）、フランツ・アレキサンダー（一八九一〜一九六四）、エーリッヒ・フロム（一九〇〇〜八〇）、ウィルヘルム・ライヒ（一八九七〜一九五七）、シュルツ・ヘンケ（一八九二〜一九五三）らがいる。彼らはその後大きく二つの方向に分かれていく。

ひとつは、フロイト理論の根幹に位置する生物学見地を保持したうえで精神発達レベルに関心を持ち、早期乳幼児期の母子関係に関する洞察を深めていく方向。この方向にはアブラハムやクラインらがいる。クラインはイギリスに渡って「対象関係論」を提示した。

もうひとつは、フロイトの生物学見地を批判して社会的・文化的要因を重視していく方向。これには、のちにアメリカに渡って新フロイト派を形成するフロムやホーナイらがいる。

そのほかに、ライヒは精神分析と唯物弁証法の統合を模索し、アレキサンダーは精神身体医学の創始者として名をなしている。いずれにしても、一時期のベルリンには、フロイトのいるウィーンより豊富な人材が集まっていたのは間違いないようである。

＊参考文献〈8・9・21・22・34〉

ベルリンにいた精神分析家たちのその後

ベルリンにいた精神分析家たち

- ■カール・アブラハム（ベルリンで核になっていた精神分析家）
- ■カレン・ホーナイ → アメリカに渡り新フロイト派を結成。
- ■ゲオルク・ジンメル → 精神分析が唯物弁証法的であることを指摘。生物学主義も批判。
- ■メラニー・クライン → イギリスに渡り、対象関係論を樹立。
- ■フランツ・アレキサンダー → アメリカに渡り、精神新対医学を創始。
- ■エーリッヒ・フロム → アメリカに渡り新フロイト派を結成。
- ■ウィルヘルム・ライヒ → 精神分析と唯物弁証法の統合を模索。のちにアメリカに亡命。
- ■シュルツ・ヘンケ → ベルリンで新精神分析派を結成する。

column

ナチスの影響を受けた ジンメルらベルリン学派

一九二〇年、アブラハムらは、分析治療の実施と分析医教育のためのベルリン精神分析学会付属研究所を創設しているが、この機関の二代目所長に選ばれたのがジンメル。

ジンメルは、マルクス思想に関心が強く、フロイト思想を再検討しての精神分析と唯物弁証法との統合を目指したが、ナチス政権の横暴によって挫折する。ジンメルは連行されて刑務所に放りこまれ、ライヒは亡命する。ただひとり迫害を逃れたヘンケがその後、新精神分析学派を形成し、ベルリンでの精神分析の灯をともし続ける。

三行メモ

◆唯物弁証法◆弁証法は元来は問答術というほどの意味だったが、ヘーゲルが認識と存在における発展形式ととらえた。このヘーゲルを批判して観念より物質を優先させたのがマルクスで、彼の弁証法を唯物弁証法という。

■フロイト理論に異を唱え社会的・文化的要因を重視

新フロイト派——新大陸で立ち上がった精神分析

精神分析はヨーロッパ大陸から海を渡ってアメリカでも盛んになったが、新フロイト派はこのアメリカで、一九三〇年代から四〇年代に活躍した研究者たちを指す。エーリッヒ・フロム、カレン・ホーナイ、ハリー・スタック・サリヴァン（一八九二〜一九四九）らだが、彼らはリビドー万能のフロイト理論に異を唱え、社会的・文化的要因を重視した。

フロムは人間の行動を、社会構造との関係でとらえようとした。フロムの社会構造は資本主義体制を指していたが、そのなかでの人間の行動は内的欲求と外的な要求、すなわち社会的な要請との妥協から発達していく性質を有しているとした。

ホーナイは、神経症発症の素地は、フロイトのいう幼児性欲や去勢不安ではなく、環境や対人関係が大きな比重を占めているとした。フロイトの考えでは男性がペニスを持ち女性は持っていないという生物学的な違いが、男女の心理に影響を及ぼし、男性は去勢不安、女性はペニス羨望《せんぼう》を持つよう運命づけられ、幼児性欲はこの去勢不安による抑圧が神経症の素地になるとした。対してホーナイは去勢不安やペニス羨望を持つ心理は社会的な要因が大きいと考え、神経症発生の素地もそのことが影響しているとしたのだった。

サリヴァンは一貫して人間関係の持つ意義を重視し、人間行動の理解は人間関係のなかでしか得られないとしている。このことからサリヴァンの考えは「対人関係論」とも呼ばれる。サリヴァンは人間の基本的な欲求を、睡眠、飲食、性欲など身体的な満足を求める「満足への欲求」と、自分の存在が社会的に容認されたいという心理的・文化的・社会的欲求である「安全への欲求」との二つに分けて論じている。

フロイト思想の生物学的側面に異を唱えているのである。

＊参考文献〈1・4・7・8・9・34〉

新フロイト派の理論

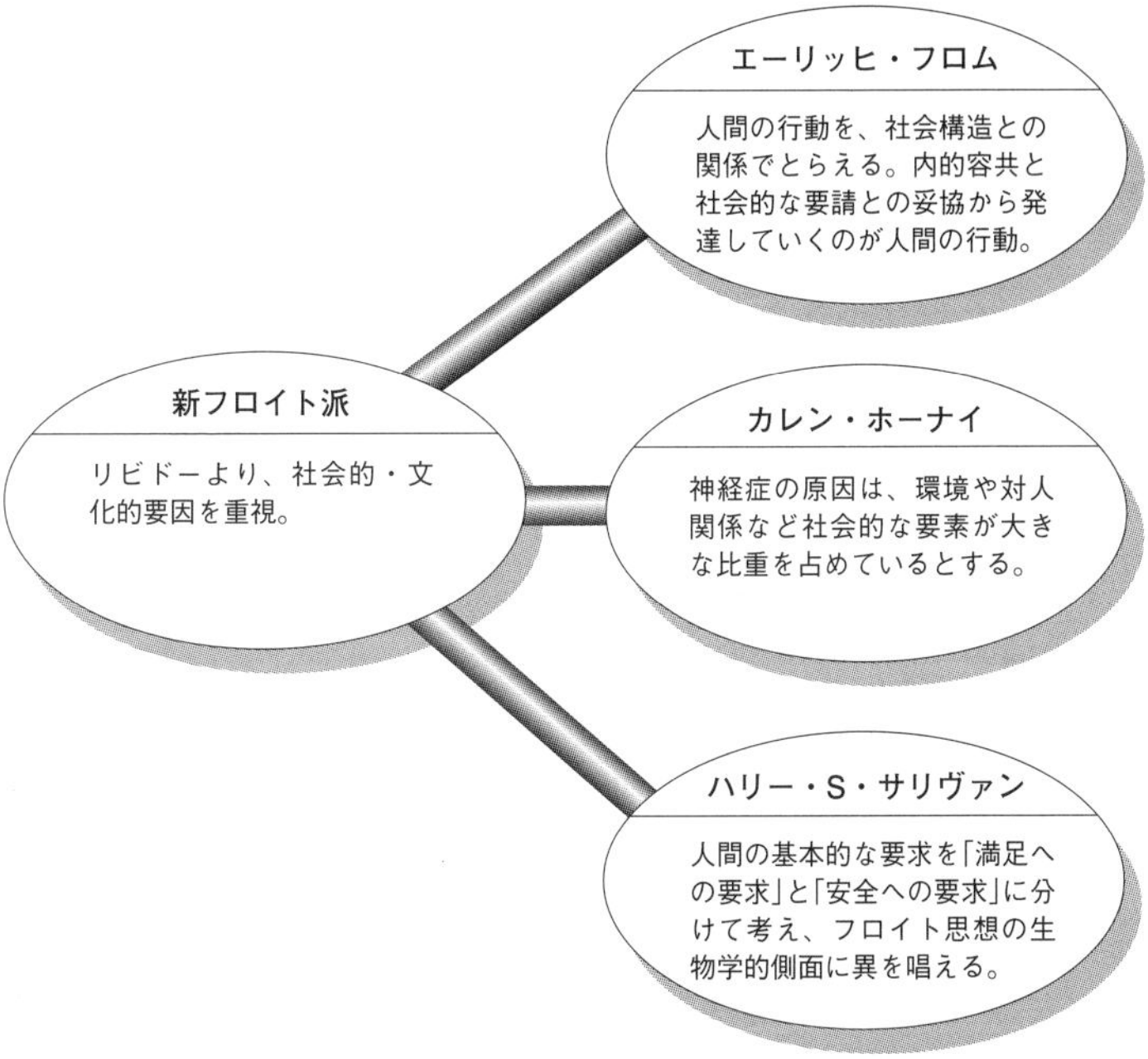
新フロイト派
リビドーより、社会的・文化的要因を重視。
エーリッヒ・フロム
人間の行動を、社会構造との関係でとらえる。内的容共と社会的な要請との妥協から発達していくのが人間の行動。
カレン・ホーナイ
神経症の原因は、環境や対人関係など社会的な要素が大きな比重を占めているとする。
ハリー・S・サリヴァン
人間の基本的な要求を「満足への要求」と「安全への要求」に分けて考え、フロイト思想の生物学的側面に異を唱える。

column

ダーウィニズムではない フロムの実存的人間理解

フロイトがダーウィンの進化論の影響を受けていたことはよく知られている。そこにあるのは人間も動物も本能的衝動に支配されているという論理。しかし、フロムはこれに異を唱え、動物の本能と人間の衝動を区別する。人間はホモ・サピエンスなのだから、本能に支配された動物とは同じに論ずるべきではないというのだ。人間は生まれながらにして人間になろうとする衝動を持っているのであり、それは理性と愛によって発達させるという。つながっているのは自意識。フロムは人間の可能性を信じようとしていた。

三行メモ

◆リビドー◆本来は「欲望」を意味するラテン語だが、精神分析学では性欲動を意味する精神（心的）エネルギーをさす。フロイトは性欲動という生得的な精神エネルギーをリビドーと名づけ、これによって心的活動を説明しようとした。

■乳幼児の心性を研究対象にしたが、意見が対立する

フロイト理論を受け継いだアンナとクライン

アンナ・フロイト（一八九五～一九八二）は精神分析の創始者フロイトの末娘である。同時に、父の忠実な後継者としても知られる。父の自我理論を発展させ、自我心理学の確立に貢献、未整理だった防衛機制という概念を明確化したのもアンナだ。早い時期から子どもの情緒障害の治療に関心を示し、環境とそれに対する幼児の適応の関係を重視して研究を深めた。

たとえば、防衛は、内的衝動を抑圧し加工するというのがフロイト理論だが、アンナはそれだけでなく、環境に対する適応様式でもあるという新しい考えを提示した。この考えは、ハインツ・ハルトマンらが自我心理学の確立に向かう際の道標のような働きをすることになった。彼女は、正常な子どもの情緒発達を詳細に調べることをベースにして、不幸な環境で育った子どもが情緒発達面でどのような影響を受けるかを明らかにした。

一方のメラニー・クライン（一八八二～一九六〇）はフロイトの著作を読んで啓発され、一九二一年からベルリンのアブラハムのもとで精神分析治療活動を続けている。このときの体験が彼女をもって幼児（〇～二歳）の心性に目を向けさせることになる。着目したのは、小さな遊具を使って語る子どもの物語だ。この物語のなかに空想、願望、不安が隠されていることに気づいたのだ。つまり、フロイトが自由連想法で明らかにした無意識の世界が、遊具で遊びながら伝える物語のなかに隠されており、それを解きほぐせば治療効果が向上するというのだ。一九二五年、イギリスに渡ったクラインは、幼児の心的な精神世界を科学的に活写することに腐心する。幼児が母親のイメージを形づくっていくプロセスの複雑な心理を解き明かそうとしたのである。彼女の理論は「対象関係論」と呼ばれることになる。

＊参考文献〈1・2・3・8・9〉

フロイト思想の継承者

正統派精神分析医

アンナ・フロイト

- 防衛機制の概念を明確化
- 自我心理学を確立
- 環境に対する適応様式の視点を開く
- クラインとは違った形で幼児心性を解き明かす

メラニー・クライン

- いち早く幼児心性に着目する
- 自由連想法の考えを遊具に適用する
- 幼児心性解明のポイントを攻撃衝動に求める
- 後年、攻撃衝動を「羨望」概念に置き換える

column

フロイトの伝記を書いたアーネスト・ジョーンズ

クラインをイギリスに呼んだのは、一九一三年創設の精神分析学協会ロンドン支部会長、のちに国際精神分析学会会長にも就任したジョーンズ。伝記『フロイトの生涯』の著者だ。同書の「初版の序言」には「目的はフロイトの通俗的な伝記にあるのではない。そういうのはすでに何種類か書かれているが、重大な歪曲や虚偽を含んでいる。

この書物の目的は単にまだ知りうる間のフロイトの生涯の主要な事実を記録することと彼の個性と生涯の体験を、彼の思想の発展に関係づけようという試みである」とある。

三行メモ

◆情緒emotion◆exit（出口）とmotion（運動）の合成短縮形。感情や情動と同じに考える場合もある。快・不快と興奮・冷静の二つの次元がある。古代ギリシア人は、情緒が出現すると、一時的に肉体から出ていくと考えていた。

「アイデンティティ」の概念を提示した自我心理学

自我心理学には二つの大きな流れがある。意識心理学的自我心理学と精神分析学的自我心理学である。フロイトの影響を受けているのはいうまでもなく後者で、精神装置の三部品であるエス、自我、超自我のうちの自我の働きを重視する立場だ。ハインツ・ハルトマン（一八九四～一九七〇）や、エリック・H・エリクソン（一九〇二～九四）らが代表格である。

フロイト理論は、葛藤による防衛の心理学だったが、ハルトマンは自律性をもった適応機能にも注目し、葛藤外領域の自我を自律性自我として一次的なものと二次的なものに分けた。一次的自律性自我は、葛藤外で成熟してきたもので知覚、思考、運動、言語、知能などを含み、二次的自律性自我は、最初は防衛機能として発達しのちに獲得されたもので、性格などがこれに含まれる。ハルトマンは、一次的自律性自我は肯定的な情報交流を通して形成され、二次的なものは否定的な情報とのせめぎあいのなかで発達し形成されるとした。

エリクソンは「アイデンティティ」の概念を提示したことで知られるが、このアイデンティティを確立できないままの青年のその保留状態を「モラトリアム」と名づけたのも彼である。その思想の背景は、彼が育った環境にあるのではないかと見られている。

父親の顔を知らない彼は、幼いころにデンマーク系の母親がドイツ人医師と再婚したため、地域のドイツ人社会のなかでユダヤ人として扱われ、ユダヤ人学校では北欧系の容貌のせいで異教徒として扱われた。そして家庭では、養子の我が身は家族のなかに溶けこむことができなかった。

そんな彼が精神分析に目覚めるのは、十八歳から二十八歳まで続いた放浪生活を終えてからである。指導したのはアンナ・フロイトだった。

＊参考文献〈1・3・7・8・9〉

ハルトマンの「自我装置」

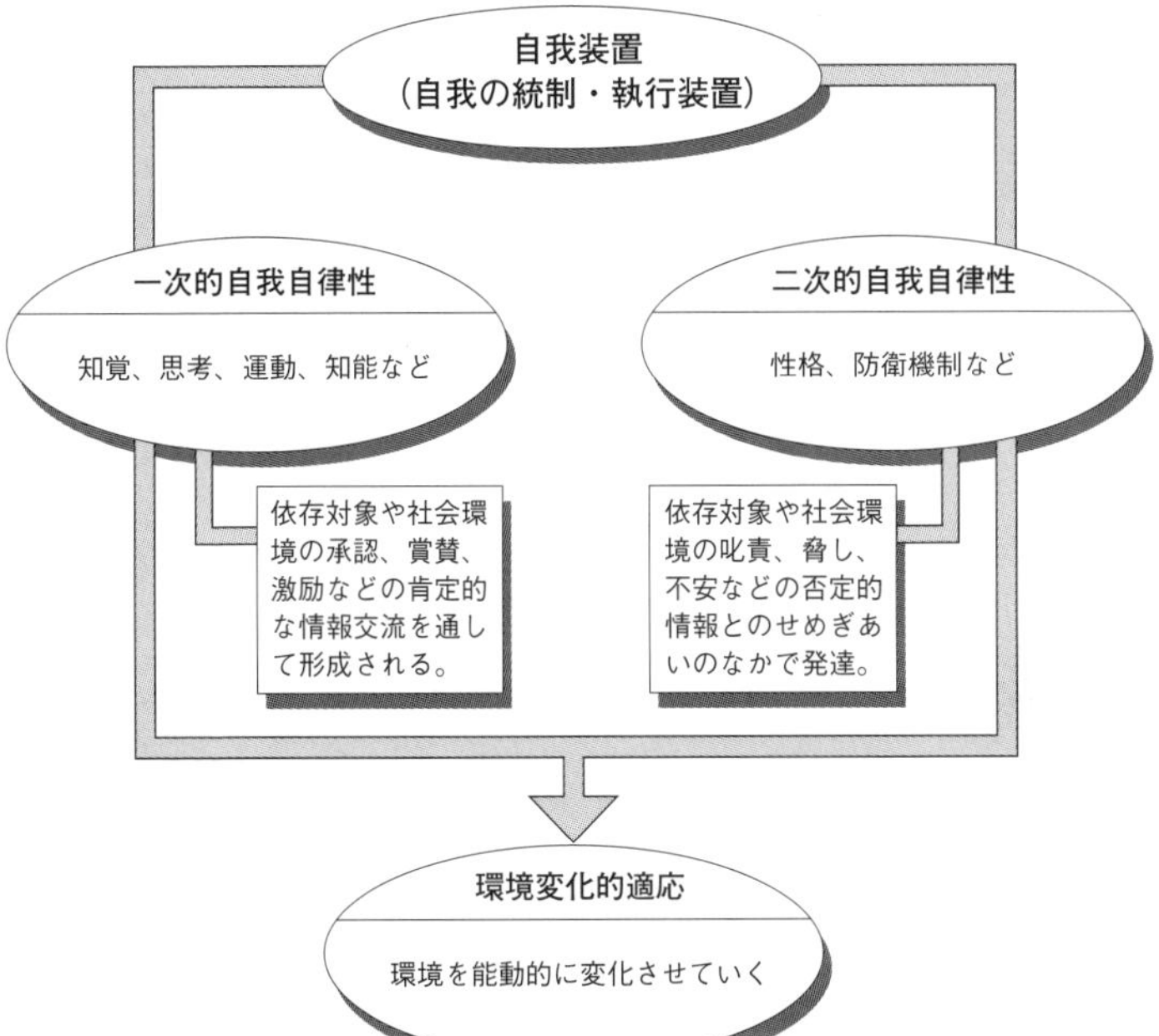
自我装置
（自我の統制・執行装置）
一次的自我自律性
知覚、思考、運動、知能など
二次的自我自律性
性格、防衛機制など
依存対象や社会環境の承認、賞賛、激励などの肯定的な情報交流を通して形成される。
依存対象や社会環境の叱責、脅し、不安などの否定的情報とのせめぎあいのなかで発達。
環境変化的適応
環境を能動的に変化させていく

column

モラトリアム人間は経済成長時代の申し子？

モラトリアムはもともとは経済用語で債務支払いの猶予を意味した。これを青年期の心理特質を表すのに用いたのがエリクソンで、一人前の社会人としての責任と義務を負うにいたるまでの猶予期間とした。

この期間を経て自立した人間に成長しなければいけないのだが、小此木啓吾は、かつて、自立するのをいやがっているかに見える無気力青年が増えてきた社会状況を見据えて、そのような青年たちのことを「モラトリアム人間」と名づけた。一時は流行語にもなった言葉だが、経済成長時代の申し子だったのか。

三行メモ

◆意識心理学◆字のごとく、意識を研究対象とする心理学。もっとも、心理学はすべて意識にかかわっているが、とくに意識の構成要素を明示して説明しようとしている。ということは無意識を扱わないことにつながる？

新行動主義——〝行動〟の解明から〝意識〟の解明へ

第3章で紹介したワトソンの行動主義をベースに独自の理論を展開した人たちがいる。クラーク・ハル、エドワード・トールマン、エドウィン・ガスリー、バラス・スキナーらで、彼らは新行動主義と総称された。

行動主義が刺激（S）と反応（R）の二つの要素から人間の行動を解明しようとしたのに対し、新行動主義は二つの要素の間に介在する「思考」をも考察の対象にしようとした。この考えに先立つ提示を行なっているのが、アメリカの機能主義心理学者ロバート・ウッドワース（一八六九〜一九六二）である。ウッドワースは、刺激と反応の間に生活体（O）を介在させ、生活体の要因でもある判断、習慣、要求などをも行動要素としてとらえ、S‐O‐R説を提示した。環境刺激が同じだったとしても、生活体の状況が違えばその反応も違ってくるというのが彼の考えだった。彼は、反応は、刺激と生活体の二要因の関数で表されるとして、R＝f（S、O）とした。また、外部から操作可能な先駆条件変数の扱いについても論を進めている。

このウッドワースの考えに影響を受け、それを発展させているのがトールマンの仲介変数や、ハルの仮説構成体である。しかし、二人の考えは、認知論的な立場と行動理論的な立場との違いから多くの論争が展開された。

また、スキナー箱といわれる実験箱の開発で名を成したスキナーは仲介変数を認めず、ワトソンの考えを忠実に引き継いだガスリーは、学習は刺激と反応の結合で成立するが、学習の実態は複雑なのでその完成には多くの訓練が必要だとした。そもそも行動主義とは、客観的に目に見える行動の観察とその理論化をめざしてスタートしたはずなのだが、新行動主義までくると客観的にはとらえにくい人間の意識を問題にしようとしていることにならないか。

＊参考文献〈7・8・9・22・24〉

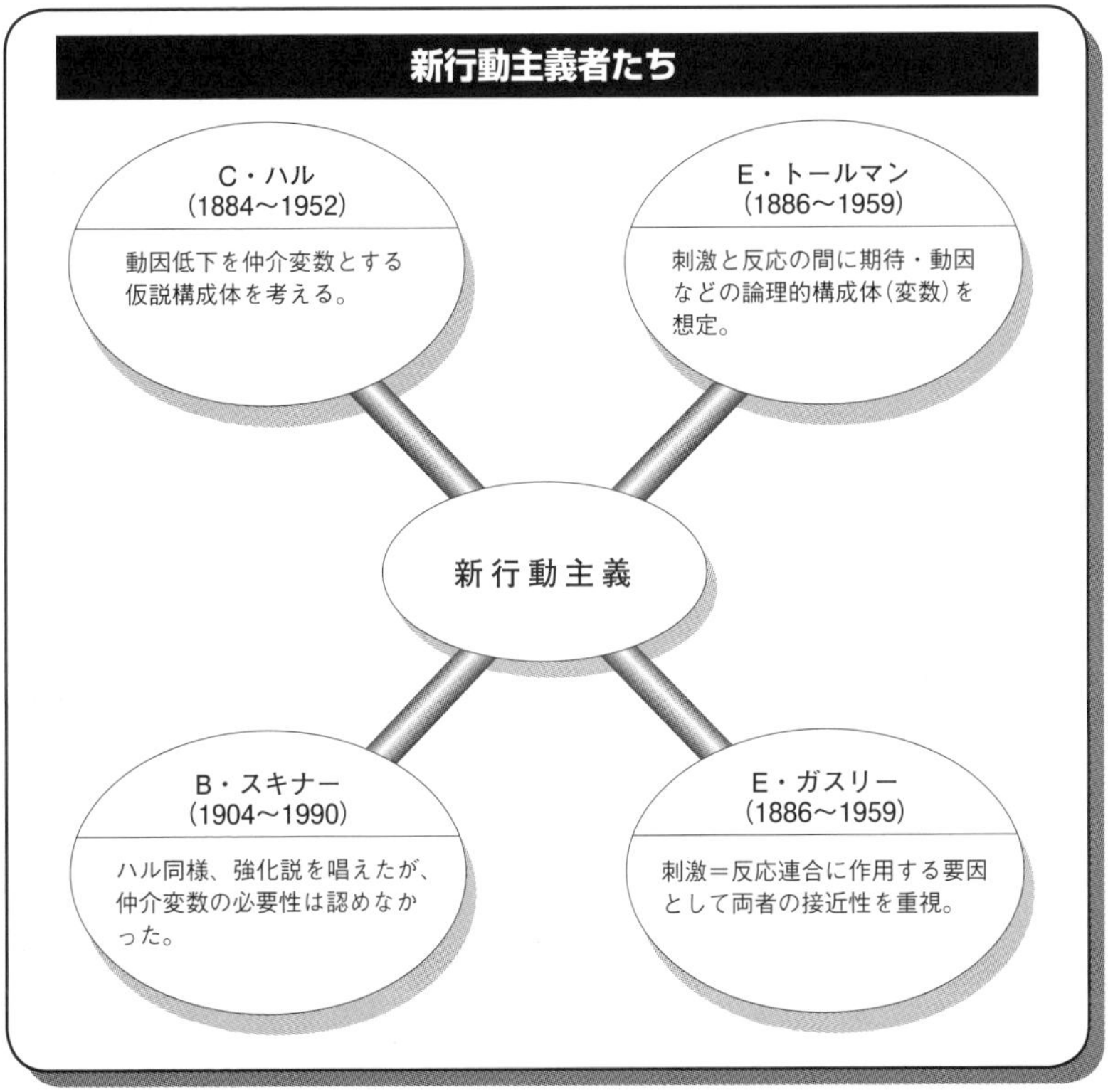
新行動主義者たち
C・ハル
(1884〜1952)
動因低下を仲介変数とする仮説構成体を考える。
E・トールマン
(1886〜1959)
刺激と反応の間に期待・動因などの論理的構成体(変数)を想定。
新行動主義
B・スキナー
(1904〜1990)
ハル同様、強化説を唱えたが、仲介変数の必要性は認めなかった。
E・ガスリー
(1886〜1959)
刺激＝反応連合に作用する要因として両者の接近性を重視。

column

行動研究の第一人者たちが一様に重要視した「学習」

行動研究の第一人者たちが、人間の行動を説明するうえで一様に重要視したのが「学習」。学習とは、「経験の結果として行動傾向に多かれ少なかれ永続的な変化」を起こさせること。

つまり、人間の生活のなかではそれらはいたるところで見つけられる。自転車に乗ることもピアノを弾くこともそう。最初は乗れないで転んでしまう自転車も、失敗を繰り返して経験の範囲を広げることでやがて乗れるようになる。こうして習得された自転車乗りは、完全に確立された学習行動として生涯忘れることのない第二の天性になる。

三行メモ

◆生活体◆有機体のこと。有機体は単細胞、あらゆる植物、ネズミ、サルおよび人間を含む。分野によって語が使い分けられている。心理学では人間をさす場合に有機体、生活体を使い、医学では生体、生物学では生物を使う。

■認知心理学～知覚・記憶・学習・思考

認知心理学――高度処理システムとしての〝心〟

行動主義のブラックボックスは、刺激と反応の間に介在するはずの「人間の思考」だった。新行動主義はその思考に関係するメカニズムの解明に迫ったが成功しなかった。ただし、トールマンの目的的行動主義は、認知論的な立場に立つ主張だった。

思考をとらえようとすると、その先に見えてくるのは「認知」の問題。認知とは認識とほぼ同意で、知覚、記憶、学習、思考を含む。この認知に関する心的メカニズムを解明しようとする心理学が認知心理学である。

一九五〇年代後半以降、人間を一種の高次情報処理システムとみなし、その観点から心的活動を理解しようとする研究が活発になってきているが、人間の認知を情報処理過程のひとつとしてとらえる立場を明確にしたのは、アメリカの心理学者エリック・ナイサー（一九二八～）だった。彼は一九六七年、著書『認知心理学』で、そのことを提示した。

彼によれば認知とは「感覚器に入力された情報が変換、整理・単純化され、表現を与えられ、記憶に貯蔵され、必要に応じて再生、利用されるすべての過程と関係する」ことだとしている。さらに彼は、外界からの関連情報なしで起こる心的イメージや幻覚なども認知に関係するとしている。

また、情報処理システムとしての人間の処理能力の研究は、系列的処理の考えから、多くの機能が相互に影響しあう並列処理、さらには並列処理と分散処理を加えた理論へと発展してきている。

認知心理学のかたわらを併走してきているのは脳科学、神経科学、認知科学である。今後はこれらとの連携がさらに強くなっていくだろう。

しかし、それらの方向で追究されるのはメカニズムが主体であって、おそらく、心の本質には行き着けないのだろう。

＊参考文献〈7・9・21・22・24〉

人間は高度処理システムのひとつ

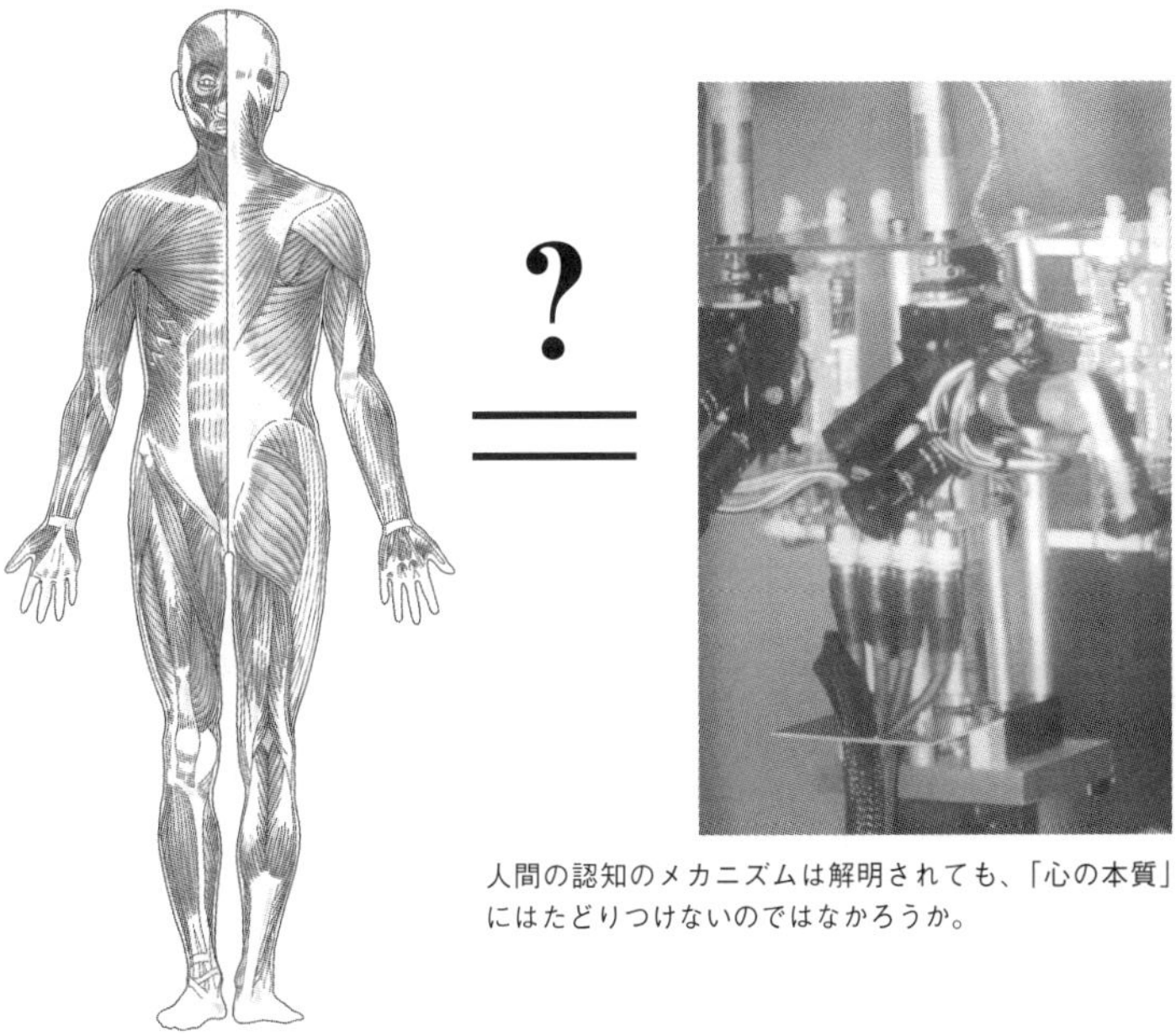

人間の認知のメカニズムは解明されても、「心の本質」にはたどりつけないのではなかろうか。

column

認識論から生まれたピアジェの認知発達理論

児童心理学者ジャン・ピアジェの認知発達理論は、子どもの思考が大人のそれとは違うことを前提にしている。たとえば手に持っている石を地面に落としたとき、大人は重力などの物理学原理で説明する。しかし、四、五歳ごろの子どもは落ちた石をひとりぼっちになったさびしい石と考えるかもしれない、というふうに。この考えに対し、子どもがひとりで知識を獲得する「孤独な科学者」のようだと反論し、子どもの認知発達には、親や他者を含む社会機構のなかでの活動に参加することが重要だと主張する研究者もいる。

三行メモ

◆幻覚◆対象のない知覚のこと。感覚様相によって幻視、幻聴、幻嗅、体感幻覚などに区別される。また、実在感の明確な真性幻覚と実在感の弱い偽幻覚とにも区別される。偽幻覚は体験する人の主観では表象と区別できない程度。

ようこそ、「無意識の館」へ

グスタフ・クリムト
（1862〜1918）

ウィーン生まれのクリムトは、フロイト
と同時期をウィーンで過ごしている。

〈ベートーヴェン・フリーズ（第１壁画）幸福への願い〉
（1902年／ウィーン・オーストリア美術館蔵）

第5章●深層心理から見た「生と死」

深層心理に存在する「生の本能」「死の本能」

フロイトの後年の思想に「生の本能」「死の本能」がある。対立概念である。そもそも、生物学上の本能とは「各動物の種に固有な、遺伝的に決定されたプログラムによって発現し、環境や学習によって変化しない」ものとなっている。精神分析学上では「衝動」「欲求」「要求」などが適切だという意見もある。「生の本能」は生きたいという欲求、「死の本能」は死にたいという欲求だ。

人間を含む生物は無機物から生まれている。だから、本質的にその無機物に戻りたいという欲求を持っているというのだ。人間は生まれたときから死へのプログラムが組みこまれている。現存在である人間を「死への存在」だとしたハイデガーの思想と似ていなくはないだろう（Ｐ118）。

誕生してまだ若いうちは「生の本能」のほうが強い。年をとると「死の本能」が強くなってくる。健康を害した高齢者が自暴自棄になって自分の身を守ろうとしない生活態度をとっているかに見える場合があるが、そんな自壊行為をも、フロイトは「死の本能」の表れだと考えた。

若いときには弱いはずの「死の本能」がときに顔を出すことがある。それは、自身に向かわず、他人を傷つける方向に向かう。第一次世界大戦を目《ま》の当たりにしてショックを受けたフロイトは、その戦争行為を「死の本能」が解き放たれた集団神経症だと分析した。正常な精神状態では二つの本能は協和しているが、精神障害ではその協和関係が崩れているというのだ。

フロイトのこの思想には賛否両論がある。心理学者の多くから、空想的でメルヘンチックだと見られている。しかし、それはどうか。近年の生物学上の研究進化は、その根幹の部分でフロイト思想に近い方向に動いているように思える面もある。

＊参考文献〈3・6・7・8・9・36・37〉

死者を送る葬送儀礼

死者を送る葬送儀礼生者は現世に未練を残した死者を恐れた？

仏教研究者・インド哲学者の渡辺照宏は、人間が死者を丁重に葬ってきた儀礼の最大の理由、送る側の心理のなかで大きな要素を占めていたのは、「死霊が生きているものに対して害を加えはしまいかという恐怖」だったという。この恐怖が儀礼の方法にも影響を与えた。出棺のとき、特別の出口を設けるのは、悪霊が再び戻ってこないようにするためであり、墓地までの道を遠回りして行くのもこの類。また死者に特別な食物を供えるのは生きているものの分に手を付けさせないように考えたのが起源だとされている。死者は現世に未練を残している。それが、残った生者が心の奥に持っていた思いだったのだろうか。

column

日本最初の火葬は道昭の遺命から

日本で最初に火葬が行なわれたのは、七〇〇年、法相宗の僧侶・道昭の遺言によるその実践だとされている。当初の火葬は権力者層に広まり、七〇三年の持統、七〇七年に文武、七二一年に元明、七四八年に元正といった具合に、天皇、上皇たちが火葬に付されている。

民間に広まっていくのは鎌倉時代ごろからで、地方を遍歴した聖、上人らの活躍によるが、その先鞭をつけたのは、路上に捨てられていた死体を火葬にして南無阿弥陀仏を唱えた十世紀の空也らとされている。

三行メモ

◆空也（くうや）◆「こうや」ともいう。平安中期の僧で、民間浄土教の始祖。生誕地・出身ともはっきりしない。阿弥陀念仏を唱えながら諸国を巡歴。橋をかけ、井戸を掘るなどして民間と結びついて伝道教化につとめた。

エピクロス――生きている限り死は存在しない

「生と死」は人間にとって永遠のテーマである。もし、経験論にそって何かを語るとすれば、「生」については語れても、「死」そのものを語ることはできないだろう。理由は簡単だ。死は経験できないからである。

正確にいえば、死んでしまえばその経験を語る主体がなくなっているからである。だが、想像力を駆使して「死について」なら語ることはできる。むしろ、多くの人間が語ってきた。人間には、この世に生を享《う》けた瞬間から「死」がつきまとう。私たちはいつか必ず死ぬことはわかっている。しかし、心のどこかで死にたくないとも思っている。死にたくないのに「死」に向かうというのは恐怖である。人間はこの恐怖と闘う存在でもある。闘い方はさまざまである。しかも、生が旺盛なときは闘っている感覚は持てない。

ギリシアの哲人エピクロス（前三四二～前二七〇）はこう言った。「死はわれわれにとっては無である。われわれが生きている限り死は存在しない。死が存在する限りわれわれはもはや無い」と。エピクロスは快楽主義者といわれた。この場合の快楽は肉体的・瞬間的享楽を貪ることを好む快楽の意味ではない。精神的な快楽である。心の持ち方である。

たとえば性欲・食欲を最小限に抑え、つまらないものに心を奪われなければ真の快楽は得られるという。禁欲的だ。その先にあるのは今この瞬間の現実を受け入れるという態度。この場合、その現実に置かれている人間にとって良い状態ではないことを意味している。

つまり、人間が自分が不幸な状態に陥ったとき、その状態から逃れる手段として確立する思想のひとつが「現実を受け入れる」ということである。そしてそれがすべてになることもある。エピクロスのよく知られている言葉は「われにパンと水さえあれば、神と幸福を競うことができる」である。

＊参考文献〈16・17・23・38〉

エピクロスの快楽主義

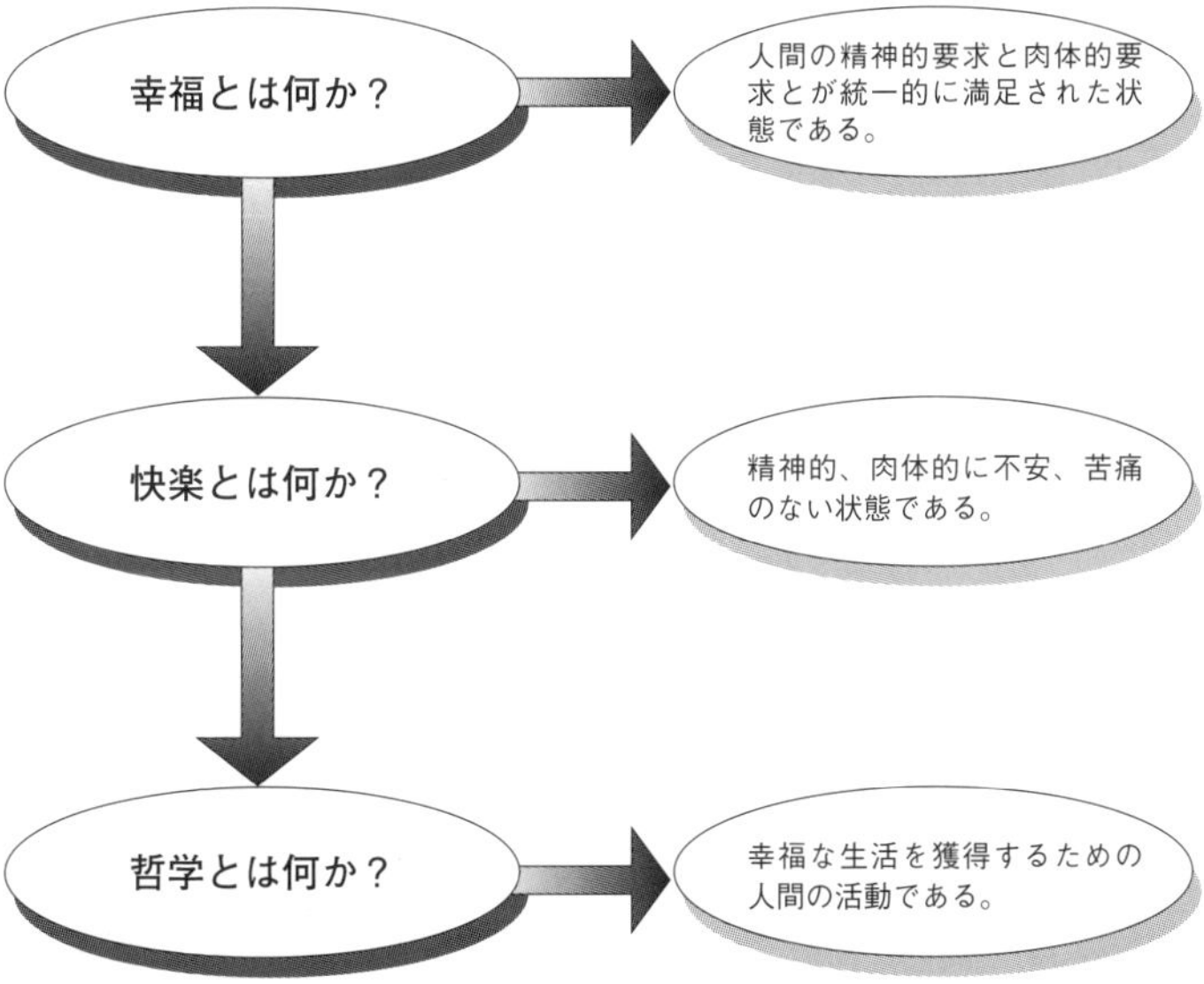
幸福とは何か？
人間の精神的要求と肉体的要求とが統一的に満足された状態である。
快楽とは何か？
精神的、肉体的に不安、苦痛のない状態である。
哲学とは何か？
幸福な生活を獲得するための人間の活動である。

column

屈辱的な時代に生まれたエピクロスの快楽主義

エピクロスが「快楽説」を唱えたころのギリシアは、マケドニアのアレクサンダーによって征服されて植民地化していた。誇り高いギリシアの人々にとっては屈辱的な現実だったがどうすることもできない。そこに登場してきたのが、現実を肯定するというエピクロスの「快楽説」だった。

人々はこの説を歓迎した。自分たちの気持ちに合っていたからである。エピクロスはアテナイに学校を開き、娼婦にも入学を許可した。組織的な学校に娼婦を入学させた最初の人が、このエピクロスである。

三行メモ

◆経験論◆われわれの概念と観念のすべては経験に由来するという説。経験を積み重ねることで判断力が強化され観念ができあがる。有名な経験論者にアリストテレスとジョン・ロックがいる。経験論の反対が生得論である。

■「死に至る病」に見る絶望の実存哲学

キルケゴール――〝死〟という希望すらない絶望の境地

実存哲学の祖といわれるセーレン・キルケゴール（一八一三〜五五）の人間としての悩みは深かった。大学では神学や哲学を学んだが、彼の悩みはいっこうに解決しなかった。両親には秘密があった。父は、熱心なクリスチャンでありながら愛欲に負けて家政婦と関係をもち子どもをもうけた。その子どもこそ、キルケゴール自身にほかならない。キルケゴールの六人の兄はすべて父と前妻との間にもうけられた子どもたちだった。秘密を持ちながら平然と神に祈りを捧げる両親にキルケゴールの不信が募っていた。

悩み深いキルケゴールの前にひとりの女性が現れる。十六歳のオールセンである。彼女にはすでに婚約者がいた。しかし、彼女を愛したキルケゴールは婚約を破棄させ、自身が彼女の婚約者となる。キルケゴール二十八歳のときである。ここからキルケゴールの悩みはさらに深まる。自分は彼女にふさわしい人間なのか、彼女を幸福にできるだろうか。彼女は熱心なクリスチャンである。しかし、自分は神に疑いをもっている。心の底から神に祈りを捧げることはできない。両親の秘密を彼女に打ち明けることはできない。自分の神経症的な性格も問題だ。このままでは自分は彼女を幸福にすることはできない。キルケゴールはとうとう婚約を破棄する。自分の気持ちに正直に動いたのである。

しかし世間の目から見れば、女性をもてあそびそして捨てたひどい人間の行為である。キルケゴールは「あれか、これか」と悩む。神がその手でこの世界を造ったのなら自分は神に闘いを挑むべきか、それとも神を信じ神の懐に抱かれるべきか。キルケゴールは神の前にすべてを投げ出す。キルケゴールの悩みは人間的すぎる悩みであり、彼の哲学は人間が悩みや不安からどうすれば脱せるかを示唆《しさ》している哲学である。

彼のいう「死に至る病」とは「絶望」のことである。

＊参考文献〈20・21・38・39〉

キルケゴールの「死に至る病」絶望の構造

S・A・キルケゴール（1813〜1855）

1813年、コペンハーゲン生まれ。1835年にギーレライに旅して実存哲学の萌芽といわれる手記を書く。当時、圧倒的な影響力を誇っていたヘーゲル的思弁に対し、自己の主体的なあり方、つまり実存の追究を生涯問題とする。代表作に『あれか、これか』『おそれとおののき』『不安の概念』『死に至る病』『キリスト教の修練』などがある。

死ぬ希望さえも残されていない「絶望」

キルケゴールにおける絶望はただちに肉体的な死を意味するものではなかった。「死」以上の苦しみのなかでの「生」の続行だった。キルケゴールは、その絶望について「横たわって死と闘いながら、しかも死ぬことができない、死病に取りつかれたものの状態によく似たところがある」とし、「死という最後の希望さえも残されないほど希望を失っている」状態だとしている。だから、生きるより方法がない。絶望の境地に立つ人間は、必然的に死と対峙せざるを得なくなり、そのことによって生きる意味を獲得するのである。

column

ヘーゲルの思弁を批判、実存哲学者キルケゴール

キルケゴールが生きた時代、人気を博していた哲学者はシェリングやヘーゲルである。キルケゴールは二人の思想を研究したが、自分の悩みや不安を解決する方法は何も示唆されていなかった。

とくに「神が自分の意志どおりにこの世界を実現していく」というヘーゲルの思想には疑問を覚えた。もしそうならば、この世界は自分を苦しめるためにあるだけではないか。キルケゴールが神に闘いを挑むべきかどうかを悩んだ背景にはヘーゲルのこの思想があった。

三行メモ

◆実存哲学◆実存とは真実の人間存在、すなわち本来の自己のあり方という意味。したがって実存哲学とは、人が人として生きていくうえでの不安や悩みに対して正面から取り組み、それを解決していこうとする哲学ということになる。

■「人間は死へ向かっている存在」〜逆説的な生の論理

ハイデガー——〝死〟を意識する＝〝生〟を生きること

生と死について、キルケゴールが追究したことをより論理的に体系化したのがマルティン・ハイデガー（一八八九〜一九七六）である。

ハイデガーは現存在、すなわち人間を「死への存在」とした。人間は自分の意志で生まれてきたのではなく、この世に投げ出されて生を受けたのだとするハイデガーの現存在「死への存在」とは、「今は生きているがいつかは死ぬ」ということではなく、「いつかはそうなる」と考えるとき、現存在は死に先んじて与えられているということを意味している。そして、死は現存在にとって追い越せない可能性としてある。

つまり、人間は「死」を背負っている存在、生に連続する死に引き渡されている存在だというのだ。人間はその死を真剣に考え、死と本当に対決しようとしているのかというのが、ハイデガーの問いである。

この世界は「物の世界」と「人の世界」で成り立っている。二つの世界を日常的に生きているわれわれは、目の前の些細《ささい》な現実に目を奪われて本来の自己を見失っている。本来の自己とは、責任と決断を持つ自己である。人間は、死へ向かっている存在だということを体験すれば、存在は有限性であり、時間だということがわかる。人間はその死を考えようとせずに逃避しているように見える。なぜなのか。死こそが人間の不安の根源だからである。ゆえに、不安を取り除き本来の自己を取り戻すためには「死の問題」と取り組まなければならないというのだ。

この問題は誰かが助けてくれるというものではない。現存在としての人間がひとりで引き受けなければならない。ハイデガーの思想には逆説的な意味が含まれる。死と向きあうことは生のきっかけである。死は存在の可能性を示している。すなわち、与えられた生を精一杯生きよという可能性なのではないだろうか。

＊参考文献〈12・18・19・20・21・38〉

人間が生きるためのハイデガー「死の哲学」

マルティン・ハイデガー（1889〜1976）

1889年、ドイツ・バーデンのメスキルヒに生まれる。父は聖マルティン教会の管理人だった。1907年、フライブルクのギムナジウム在学中にフランツ・ブレンターノの学位論文『アリストテレスによる存在者の多様な意味について』を読み、存在に対する問いが目覚める。はじめはH・リッケルトに学び、フライブルク大学の私講師になってからはエドムント・フッサールの現象学の指導を受ける。その後、現象学から離れ独自の思索を重ねて、37歳のときに『存在と時間』を刊行する。献辞にはフッサールの名が記されていた。他の著書に『形而上学とは何か』『技術と転回』『根拠の本質について』などがある。

ハイデガーが1933年から34年にかけて総長を務めたフライブルク大学の１号館。「真理は諸君を自由にする」と書かれている。

column

不幸な時代を生きた存在論哲学者ハイデガー

ハイデガーは不幸な時代を生きている。第二次世界大戦前のドイツはヒトラーが主導していた特異な政権だった。ハイデガーはナチスへの協力を誓ってフライブルク大学の総長に就任する。

フライブルク大学はハイデガーの母校で、かつて現象学の創始者フッサールから講義を受けた大学である。就任演説は『ドイツ大学の自己主張』と題され、強調されたのは、国民の三つの奉仕（国防奉仕、知識奉仕、労働奉仕）だった。しかし、ドイツは敗れた。そしてハイデガーは祖国を追われる。

三行メモ

◆フッサール◆エドムント・フッサール（1859〜1938）は、ウィーン大学でブレンターノの講義を聴いて哲学に目覚めた。ブレンターノのいう記述心理学に依拠しつつも、主観の心理的作用に依存しないイデアの存在を確信したのである。

サルトル――生と死、いずれも不条理だ

人間の心のなかに宿っている「不安」。この不安をどう克服するか、何によって打ち克つか。キルケゴールはキリスト教に、ニーチェは超人的な意志、権力への意志に。そしてハイデガーは、本来的な自己に立ち返る「良心」にそれを求めた。

では、ジャン＝ポール・サルトル（一九〇五～一九八〇）はどうだったのか。サルトルも実存哲学を説いたが、生と死を関連づけることに反対した。サルトルは「われわれは生まれたことが不条理なら、われわれが死ぬことも不条理だ」として現実と闘うことを説いた。サルトルは第二次世界大戦の勃発と同時に召集され戦闘に参加し、ドイツ軍にとらわれての収容所生活も経験している。

サルトルが見た現実は美しいものではなく、汚辱にまみれた醜い現実である。世の中に渦巻いている不正、不義、偽善、欺瞞《ぎまん》……。人間は往々にしてそれらの醜い現実から目を逸らし、見て見ぬふりをする。なぜ、そういう態度をとるのか。自分のなかにもうごめいている同様の醜さを知るのが怖いからである。自分自身が不安になるからである。だから逃げようとする。しかし、その逃走は必ず挫折する。やましさを抱えているからである。

サルトルはいう、現実を直視し、それと闘えと。闘えば責任感が生まれてくる。責任感は自分を成長させると同時に他人と協力するという連帯感を生み出す。その連帯感が不安に打ち克つ糧《かて》になるはずである。

死と対決してこそ人間はよりよく生きられると考えたのはキルケゴールだが、キルケゴールの場合は単独者としての闘い、個人主義的な色彩が強かった。しかし、サルトルの場合はその闘いを人と人との連帯感にまで広げている。まさに「実存はヒューマニズムなり」の思想である。

＊参考文献〈20・21・22・38・40〉

実存哲学者たち

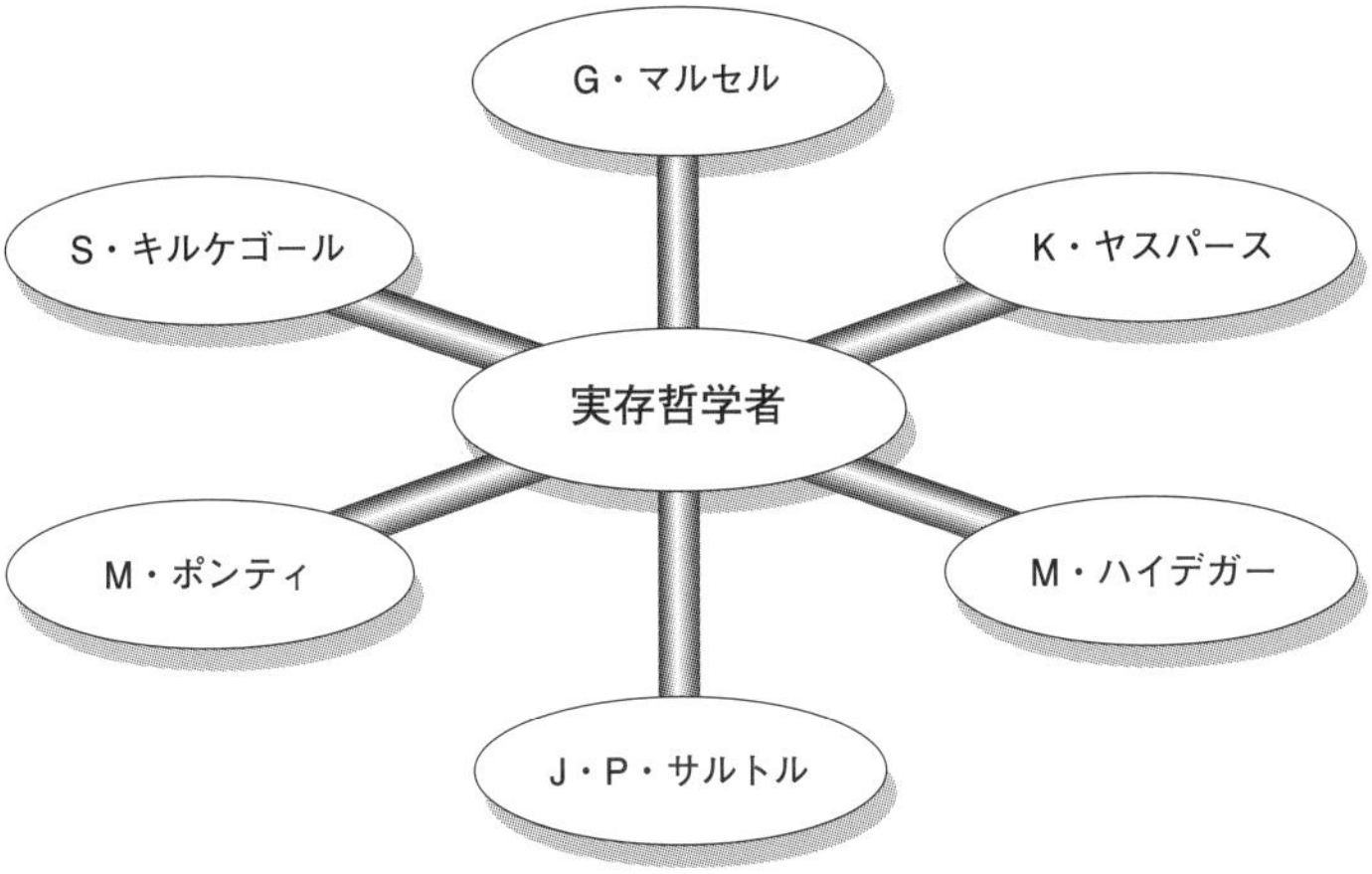
G・マルセル
S・キルケゴール
K・ヤスパース
実存哲学者
M・ポンティ
M・ハイデガー
J・P・サルトル

「実存哲学」を標榜したのはヤスパースだけ

実存という言葉が哲学史上に登場してきた理由は、それまでの哲学が人間そのものから離れた形而上学的なものになってしまっていたことに対する反省からだ。一般に、実存哲学者としては、キルケゴール、ヤスパース、マルセル、ハイデガー、サルトル、メルロ・ポンティらがあげられるが、厳密な意味で実存哲学を標榜したのはヤスパースだけである。ハイデガーは自身の立場を「現象学的存在論」に位置づけ、サルトルらは文学上の主張を含め「実存主義」とした。

column

パリで反ナチス運動に身を投じていたサルトル

第二次世界大戦中、ドイツ軍にとらえられたサルトルだったが、その半年後に脱出、その後はドイツ軍占領下のパリで反ナチスの抵抗運動に身を投じて終戦を迎えている。

サルトルは多才で、哲学はハイデガーの影響を受けていたが、文芸評論、小説、戯曲などでも多くの作品を残している。小説『嘔吐』『自由への道』、戯曲『蠅』『悪魔と神』などが知られるが、哲学書では一九四二年に刊行された『存在と無』が大きな話題になった。そのなかの言葉「実存は本質に先立つ」は、多くの人々に愛唱された。

三行メモ

◆サルトルの妻◆シモーヌ・ド・ボーヴォワールである。パリの富裕な家庭に育ち、エコール・ノルマルに入ってサルトルと知りあう。実存主義の共鳴者・協力者で、女性の主体性獲得を説いた『第二の性』は世界的な反響を呼んだ。

死は単なる自然現象？ 生のみを意識した孔子

ヨーロッパの思想を理解するには、まずはギリシア思想とキリスト教思想を知らなければならないとされ、同様に日本の思想関係の中核を理解するにはまず儒教と仏教を押さえなければならないとされている。

この四つの思想に関係する重要人物を古い順に並べると孔子《こうし》（前五五一～前四七九）、ソクラテス（前四七〇～前三九九）、仏陀《ぶっだ》（前四六三～前三八三）、キリストになる。もっとくわしくいうと、最初のギリシア哲学者タレスが死んだとき、孔子は六歳で、「同じ川の水に二度と浸かることはできない」の万物流転説を唱えたヘラクレイトス（前五四〇ごろ～？）はこの孔子より十一歳年下である。

この、意外にも古い時代を生きた孔子が説いたのが儒教で彼の代表作は『論語』。その教えのひとつが「志士・仁人は生を求めてもって仁を害するなく、身を殺してもって仁を成すあり」で、「仁ある人は我が身がかわいいからといって人の道を捨てるようなことはせず、我が身を殺しても人の道を守る」という意味。

孔子はプラトンと同じように、有徳者が政治を行なうべきだとした。有徳者とは、仁・知・勇を備えた人間。仁は人間らしさ、知は合理性、勇は実行力である。

孔子思想の根幹を成しているのは、「命が惜しいばかりに人の道を踏み外すのではなく、我が身を殺しても人の道を守れ」と説く仁である。では、「わが身を惜しむな」というその孔子は人間の生死をどうとらえていたのか。孔子は「未だ生を知らず、いずくんぞ死を知らん」としている。「まだ、生きている人間の道さえ知らない者が、どうして人間の死のことがわかろうか。死を知らんとする前にまず生を知れ」という意味。

孔子の関心は人間の「生」にあって、「死」にはなかったようである。「死」は単なる自然現象のようにしかとらえられていないということなのだろう。

＊参考文献〈16・17・38・41・42〉

徳川幕府における儒教

儒教の開祖・孔子

湯島聖堂

元禄３年(1690)、徳川幕府５代将軍綱吉の時代に創建された。幕藩体制の理論的根拠を儒教に求めた幕府は、とくに朱子学を奨励し官学とし、その倫理によって思想的統一を図った。その思想確立に尽力したのが林羅山(1583〜1657)。聖堂は、その羅山が私邸内に建てていた孔子廟を移築して創建された。寛政９年(1797)にはここに幕府直轄学校「昌平坂学問所」は開設されている。

column

生者も眠れば死者に接続する

ユニークな人物が揃っているギリシアの哲人のなかでもひときわ異彩を放っているがヘラクレイトスである。彼は万物は流転してやまないのだという「無常」を説いたが、なぜ、変化してやまないのか。変化の法則が世界を支配しているからである。だから「太陽は日ごと新しい」ともいう。世界を無常のままとらえる思想はヘーゲルの弁証法につながり、マルクスの唯物弁証法に向かう。生成されたものは必ず消滅する。ヘラクレイトスはいう、「生者も眠れば死者に接続する」と。本当にユニークな哲人であったようだ。

三行メモ

◆朱子学◆四書によって孔子・孟子の精神を把握しようとする儒学の一派。日本へは鎌倉時代に五山の僧によって伝えられ、江戸初期に林羅山がその一部のみを都合よく取り入れ、幕府の思想・教育の基幹として利用した。

■静観思索から導かれた諸行無常の世界観

避けられぬ死を〝無視〟することで生死を超越した仏陀

孔子は死については深くは考えなかったが、深く考えすぎたのが仏陀《ぶっだ》だった。仏陀の悟りは、仏陀にとって死から逃れる究極の方法だったのだろう。仏陀の中核思想は苦諦《くたい》、集諦《じったい》、滅諦《めったい》、道諦《どうたい》の四《し》つから成る四聖諦《しょうたい》。聖諦とはもっとも優れた真理を意味する。

苦諦は「凡夫の生存は苦なり」という人間存在の苦悩、集諦は「種々の苦悩は煩悩《ぼんのう》とくに渇愛」によるとする苦の生起原因、滅諦は「苦を滅した涅槃《ねはん》が解脱《げだつ》の理想境だ」とする苦の超克、道諦は苦の超克にいたる道。

そして、この四諦を認識したうえで苦の滅に導く具体敵な修道法が八聖道とされている。八聖道とは、「正見」「正思」「正語」「正業」「正命」「正精進」「正念」「正定」のことをいい、快楽主義と苦行主義を避けた中道を説いている。

そもそも仏陀が四門出遊し修行の旅に出るのは、人間の有限性、生老病死に不安を感じ、その見きわめをしたかったからだ。

最初、自らに苦行を課したが悟りは開けなかった。そこで苦行をやめ、静観思索の生活に入る。そこで得た答えは、諸行無常《しょぎょうむじょう》。すなわち、いかなる存在も生滅変化するというもので、しかもあらゆる生存は「苦」で「死」は避けられないという結論。

ではどうすればいいか。仏陀が出した結論は死を無視すること。仏陀の思想は、この無視の論理を説いたものにほかならない。実存哲学者のマルティン・ハイデガーは死を意識せよと説いた。無視することも十分に意識することも凡人には難しい。それでも死の恐怖は確実にやってくる。

仏陀の思想に影響を受けた哲学者のひとりにショーペンハウエルがいる。彼は、死の恐怖をすみやかに取り除く方法として「自殺」を主張した（P144）。

＊参考文献〈41・42・43・44・86〉

仏陀（釈尊）の入滅

涅槃に入った仏陀

出家後６年間の苦行にもかかわらず「いかに生きるべきか」の回答が得られなかった仏陀は苦行を捨て、ブッダガヤーの菩提樹の下で40日間坐禅瞑想してついに悟りを開く。35歳のときである。その後は活発な布教活動を展開し、その範囲はインド・アーリアンの全域に及んだ。最後の遊行教化の旅はマガダ国パータリプッタの近くで、途中病に倒れ、クシナガラのほとりの沙羅の林のなかで入滅した。80年の生涯だった。

column

諸々の現象は移ろいゆく 怠らず努めるがよい

苦行をやめ坐禅瞑想して悟りを開いた仏陀が、その最初の教えを、ヴァラナシの鹿野苑において五人の比丘に向かってはじめて説く。これを初転法輪という。仏陀の説いた四諦の「諦」の「あきらめる」の語源は「明きらめる」で、真理を明らかにしていくこと。ゆえに、四諦とは四つの真理のことになる。仏陀の諸行無常は、かのギリシアの哲人ヘラクレイトスの「万物は流転してやまない」に似ているが、仏陀入滅の際の最期の言葉は「では、別れを告げよう。諸々の現象は移ろいゆく。怠らず努めるがよい」だったという。

三行メモ

◆仏教の世界観◆よく知られている「いろは歌」は仏教の世界観を表したものだとされている。「色は匂へど散りぬるを、我が世たれぞ常ならむ。有為の奥山今日越えて、浅き夢みじ酔ひもせず」。七五調四句になっている。

■島尾敏雄『出発はついに訪れず』〜死を覚悟しての生

生死をもてあそぶ戦争が芸術に刻むトラウマ

人間を無理矢理生死の狭間に投げこむのが戦争である。しかもそれは、相手を殺さなければこちらが殺されるという不条理を強《し》いる。それゆえにその場に投げこまれた人間は強烈な精神的ショックを受ける。そのショックは永遠に消え去ることはない。

島《しま》尾《お》敏《とし》雄《お》（一九一七〜八六）の『出発は遂に訪れず』の主人公は五十二名の特攻兵を指揮する隊長で、自らも魚雷艇を操作して敵艦に突っこむのが最後の任務。しかし、主人公はこの三日間で死を巡る四つの局面を体験することになる。「強制されての死」「延期されての死」「責任を問われての死」「自分で判断しなければならない死」である。死ぬことが決められその覚悟もできていたのにそれが遂行できないで待たされ、敗戦によって「死」が遠ざかり「生」がほのかに見えてきたかと思えたのだが、その生死が自分の判断によって微妙に変わることを知って揺れ動き、いつの間にか気持ちが『生』のほうに傾いていたかとかと思えば、最後には責任を問われる死が目の前に立ちはだかってくるという、心理的に過酷な物語である。

たとえば「延期されての死」。「こころにもからだにも死装束」をまとって発進の合図を待っているにもかかわらず、いつまでも命令が出ない。「恐怖は小きざみに引き延ばされ、下手なブレーキのような不快な断続するショック」を与えられながら死に向かっているような心理状況に陥れられてしまうのである。

個人の力ではどうにもならない大きな力によって人間の「生死」がもてあそばれる。こういう体験はトラウマとしてあとあとまで残る。戦争体験者はその大小にかかわらずなんらかのトラウマを引きずっている。そして、彼らが小説や詩にそれを持ちこもうとするのは、無意識のうちにそのトラウマから逃れようとしているひとつの表れなのではないだろうか。

＊参考文献〈45〉

島尾敏雄の戦争体験

島尾敏雄（1917〜86）

1917年（大正６）、横浜に生まれる。その後神戸に移住。40年（昭和15）、九州帝大法文学部に入学。翌年、分科に入学しなおし、東洋史を専攻。43年10月、海軍予備学生を志願。44年２月、第１回魚雷艇学生となり、海軍水雷学校などで訓練を受ける。５月に特攻要員に決まる。10月、第18震洋隊（184名）指揮官となり、奄美諸島加計呂麻島呑ノ浦に基地を設営して待機。45年８月、敗戦。９月、特攻兵だけ加計呂麻島を脱け出て佐世保で解員。神戸の父のもとに帰る。

column

不老長寿の薬を求めて。秦の始皇帝と徐福伝説

中国最初の統一国家の初代皇帝、秦の始皇帝。権力をほしいままにし、思うことはなんでもできた。しかし、人間、誰でも年をとる。死すべき運命にある。皇帝はこの運命を素直に受け入れることができなかった。生き続けたい。権力を手放したくない。不老長寿の薬がほしい。

そんな皇帝に近づいたのが徐福。薬は東方の彼方にある。たくみな言葉で船を作らせ、徐福は東を目指した。着いた先は日本。徐福は日本に住み、皇帝のもとには戻らなかった。日本の各地に五十近い徐福伝説が残っている。

三行メモ

◆『死の棘』◆島尾敏雄の長編小説。夫の浮気を疑う神経症的な性格の妻との濃密な心理的葛藤を描いた私小説。作品は1990年に岸部一徳・松坂慶子主演で映画化され、カンヌ国際映画祭審査員特別賞を受賞している。

■石原吉郎『望郷と海』～人間の死ではない「死」

〝生〟をやめた死、至福の食事中に餓死する不条理

人間が自分の目の前で理不尽に死んでいくのを見たとき、人の心の奥底に何が起こるのだろう。詩人・石《いし》原吉郎《はらよしろう》（一九一五～七七）は、旧ソ連の強制収容所で魂を揺さぶられる人間の死を目《ま》の当たりにした。『望郷と海』のなかの「確認されない死のなかで」にそのときの状況と詩人の思いが克明に記されている。

そのひとつは、食事中に不意に居眠りしはじめた男に驚いた石原が、その体を揺さぶってみると男はすでに死んでいたという「死」だ。収容所での生活のなかで唯一至福の時は食事である。その至福の時を中断して男はまさに餓死したのである。石原は直感的に思った、「これはもう、一人の人間の死ではない」と。

人間が栄養失調し、餓死する過程は、「フランクルが指摘する通り、栄養の絶対的な欠乏のもとで、文字どおり生命が自己の蛋白質《たんぱくしつ》を、さいげんもなく食いつぶして行く過程である。それが食いつぶされたとき、彼は生きることをやめる」。詩人は、餓死した人間の死を、死んだのではなく、生きることをやめたのだと規定した。

強制収容所のなかでは「確かなものは何ひとつ未来になかった」。いつかは死ぬということだけが確実であったが、自分を安堵させていたのは「すくなくとも、今は生きている」という事実をかろうじて確かめられていたからにすぎない。死は確実にやってくる。詩人は思う、「死は、人間の側からは、あくまでも理不尽なもの」だと。この認識が、「死」を一般的な死から単独な死へと導く。人間は数の番号で死すのではなく、名前のある単独者として死すのである。詩人は記す、「生においても、死においても、ついに単独であること。それがいっさいの発想の起点である」と。

ここには戦争体験者がその死の体験を論理によって乗り越えようとする心の痛みがにじみ出ている。

＊参考文献〈46〉

死者が眠る墓

特別な意味を持っていた人間の「死」

人間が死者を葬る儀式を作り出したのはいつごろからなのだろう。イラクのシャニダール洞窟遺跡で見つかったネアンデルタール人（約13万～３万年前）の人骨化石の周りに花粉の化石が集中していた。このことから、彼らは、死者に花を手向けたのではないかという説が出されたことがある。異説もあるが、興味深い。動物のなかで、死者を丁重に葬る儀式を持っているのは人間だけである。それが過剰になって、生前の権力の象徴のようになってしまったのが巨大な墓である。代表的なのはエジプトのピラミッドだ。日本でも４世紀から７世紀にかけて被葬者が大王だという象徴の墓が数多く作られた。それが古墳である。いずれにしても、死、そして死者は、人間に特別の感情を抱かせるものであったことは間違いないようである。写真は、日本最大の全長486mの仁徳天皇陵古墳（桜井市）。

column

イザナギ・イザナミ神話は死生観が未成熟のまま

『古事記』に見えるイザナギ・イザナミ神話は、死んだイザナミの姿をもう一度見たくて、イザナギが黄泉の国に赴く話。イザナギは、見てはならないという約束を破って、身体にウジがたかっているイザナミの姿を図らずものぞき見てしまう。そこにはかつての美しいイザナミの姿はない。怖くなったイザナギはそこから逃げかえる。古代人の死生観が現れている。生者と死者の世界は観念上では連続しているが、現実の世界はそうではないという諦念。その諦念の形式化がこの物語なのだが、残念ながら未成熟なのである。

三行メモ

◆石原吉郎◆1915年、静岡県伊豆に生まれる。38年、東京外語大学（旧制）卒業。30年、応召。45年、ソ連軍に抑留され、49年に重労働25年の判決を受ける。53年、特赦により帰還、詩作を始める。77年、心不全で死去。

ようこそ、「無意識の館」へ

ヒエロニムス・ボッス
（1450ごろ〜1516）

じつは、生年がはっきりとはわかっていない謎の画家である。

〈十字架を担うキリスト〉
（1515〜16年／ベルギー・ガン美術館蔵）

第6章●自殺の構造と深層心理

■自殺は個人の意志か？　それとも社会の意志か？

人間の深層心理の複雑化と自殺者増加の関係

警察庁の統計資料によると、この十一年間、日本の自殺人口は三万人超で推移しており、平成二十年度でのその数は三万二二四九人で、このうち男性が二万二八三一人で全体の七〇・八％を占める。年齢別では、「五十歳代」が六三六三人で全体の一九・七％を占め、次いで「六十歳代」「四十歳代」「三十歳代」の順で、この順位は前年と同じ。職業別は、「無職者」が一万八二七九人で全体の五六・七％を占め、「被雇用者・勤め人」（二七・九％）「自営業・家族従事者」（九・九％）「学生・生徒等」（三％）と続き、この順位も前年と同じ。

自殺の原因は、「健康問題」が半数近くで、「経済・生活問題」「家庭問題」「勤務問題」「男女問題」「学校問題」と続いている。しかし三十歳代～五十歳代では「経済・生活問題」が最上位にくる。

ただ、認識しておかなければならないのは、死はひとりひとりの死であって統計ではないということ。したがって、原因も当事者の心理状況もひとりひとり違ってくる。その意味をもって、自殺者が増えている傾向は、ひとりひとりの深層心理が複雑化しているというのっぴきならない状況を表していることになる。

では、自殺とは何か。フランスの社会学者エミール・デュルケム（一八五八～一九一七）は「当事者自身によってなされた積極的あるいは間接的に生ずる一切の死」とした。興味深いのは、自殺の要因は時代と社会によって変動するが、デュルケムは社会学者としての立場から、自殺は個人の意志ではなく社会の意志としてとらえ、人を自殺にいたらしめる原因は社会の政治的・道徳的組織にあると考えていることだ。先に触れた統計はたしかにそういう側面も否定できないことを示している。しかし、そこだけに還元してしまうと個人の心理現象が曖昧《あいまい》になってしまうおそれがある。

＊参考文献〈9・21・47・48〉

年間3万人を超える自殺者数

■男女別・年齢別自殺者数(平成20年度)

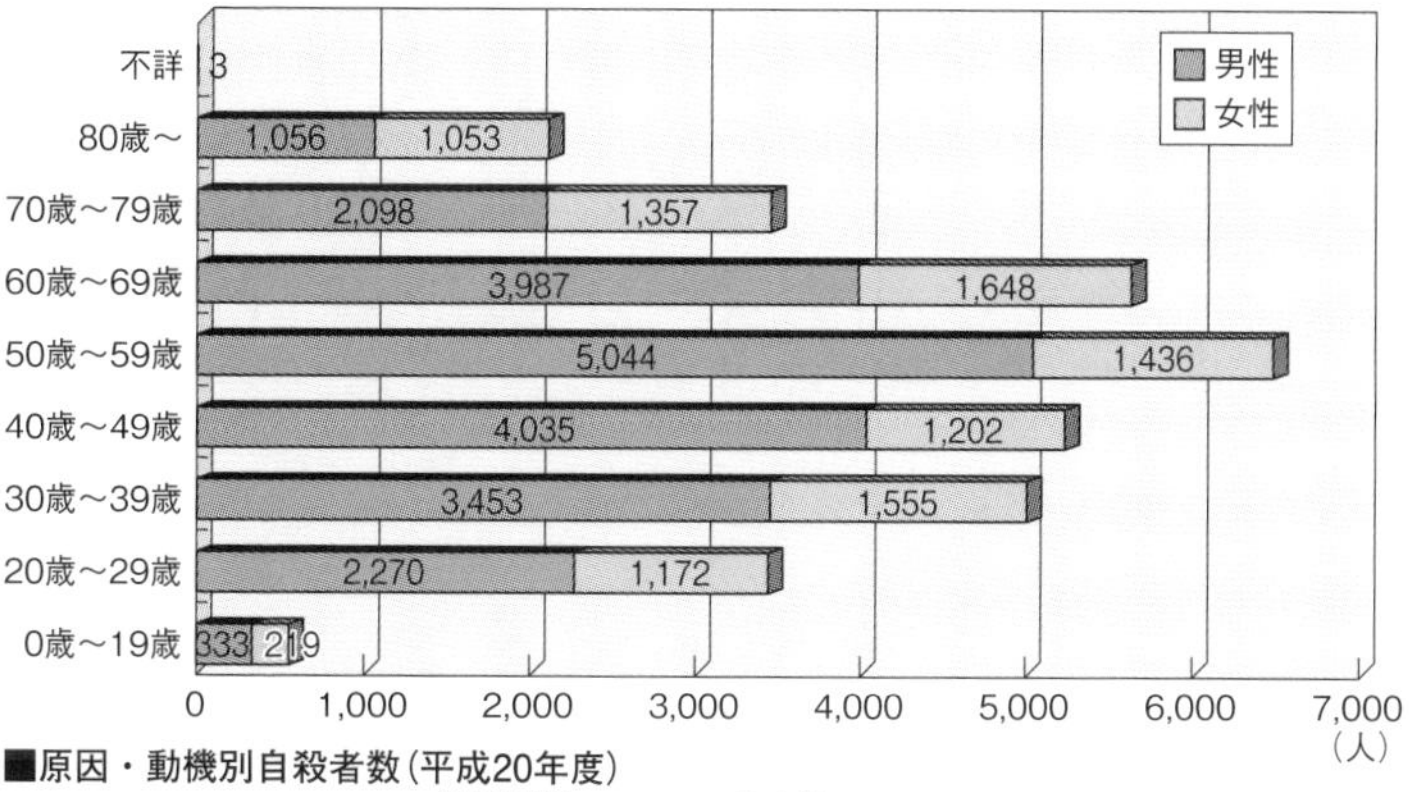
男性
女性
不詳 3
80歳～ 1,056 1,053
70歳～79歳 2,098 1,357
60歳～69歳 3,987 1,648
50歳～59歳 5,044 1,436
40歳～49歳 4,035 1,202
30歳～39歳 3,453 1,555
20歳～29歳 2,270 1,172
0歳～19歳 333 219
0
1,000
2,000
3,000
4,000
5,000
6,000
7,000
(人)

■原因・動機別自殺者数(平成20年度)

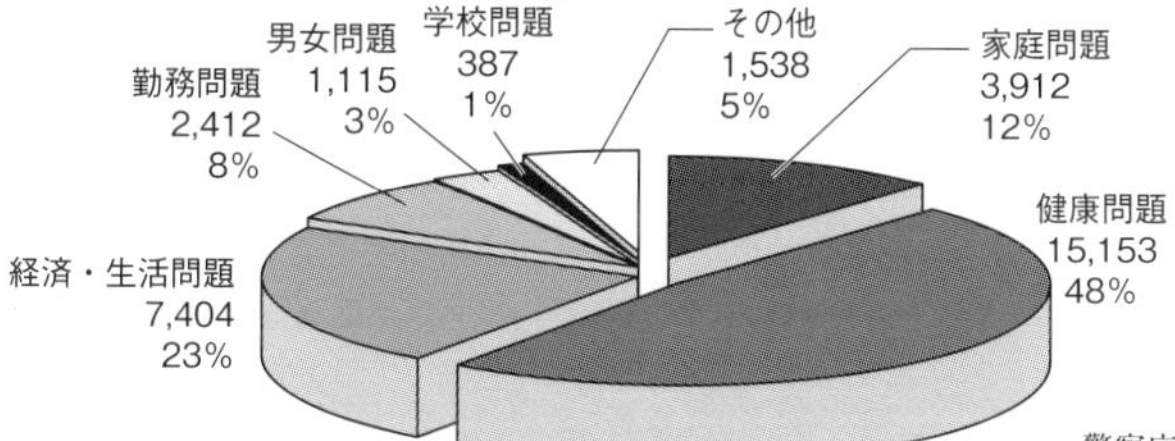
男女問題 1,115 3%
学校問題 387 1%
その他 1,538 5%
家庭問題 3,912 12%
勤務問題 2,412 8%
健康問題 15,153 48%
経済・生活問題 7,404 23%

警察庁統計資料より

column

自殺者数が物語る 農・林・漁業の現状

警察庁発表による自殺者数の統計で気になるところがある。職業別自殺者のなかの「自営業・家族従事者」三三〇六人のうち、「農・林・漁業」が七一七人でもっとも多いこと。その自殺原因を見ると、家庭問題では「家族の将来悲観」、健康問題では「うつ病」などによるものが深くかかわっている。かつて、日本の一次産業の根幹部分を支えてきた職業で、さらにまた、最近の地球環境・食料自給問題などから再度の見直しが叫ばれている分野でもあるが、自殺者数やその原因から置かれている現状を垣間見ることができる。

三行メモ

◆自殺は伝染病か◆フランスで自殺が増大したとき、それは「伝染病」だと考えた人間がいた。問題のすり替えだったが、「もしこれと精力的に闘う対策をとらなければ、今に大変なことになるであろう」という指摘は当たっていた。

■「自殺者の三つの願望」と「自殺にいたるプロセス」

自殺にいたる心理に潜む積極的な〝攻撃性〟

心理学者は「自殺」をどう考えたか。アメリカの精神分析学者カール・メニンガー（一八九三〜一九九〇）は、フロイトの「死の本能」を発展させて、「殺害願望に直結する一次的攻撃性」「被殺害願望に結晶する一次的攻撃性の変形」「死の願望に結晶する二次的動機に起因するもの」と解釈した。これがメニンガーのいう、いわゆる「殺したい願望」「殺されたい願望」「死にたい願望」である。

殺したい願望は敵意と憎しみの感情である。殺されたい願望は殺したい願望を外に向けられずに内に向かって自分を責める罪悪感である。死にたい願望は、葛藤、抑うつ、苦悩などが長く続いたのちに結晶してくる願望である。自殺は、生きる意欲、生活意欲の単なる減退ではなく、その行為の内部には積極的な攻撃性が潜んでいるというわけである。

非精神分析学的自殺論を展開したのが、G・M・ダビドソンだった。彼は、自殺にいたるプロセスを次のように解釈した。

「人が自殺を企てているときには、自分がなしうる手段の限界に達していて、しかも自分の目標を失っている。そのような緊急事態では、意識の領域が狭められていて、生命そのものにも無頓着になり、抑うつ的となり、行動を統御できなくなる。そして、欲することをやめ、空想にふけり、精神的に不健康なものに対して正常な自動的拒否をすることができなくなってしまうのである」。

自殺にいたる心理過程を図式で示したのはピーター・E・シフネオス（一九二〇〜二〇〇八）らである。内的因子、外的因子によって徐々に追いつめられていくプロセスの図式は、蟻地獄を見ているようで不気味である。

＊参考文献〈8・9・21・47・48〉

シフネオスの模型図

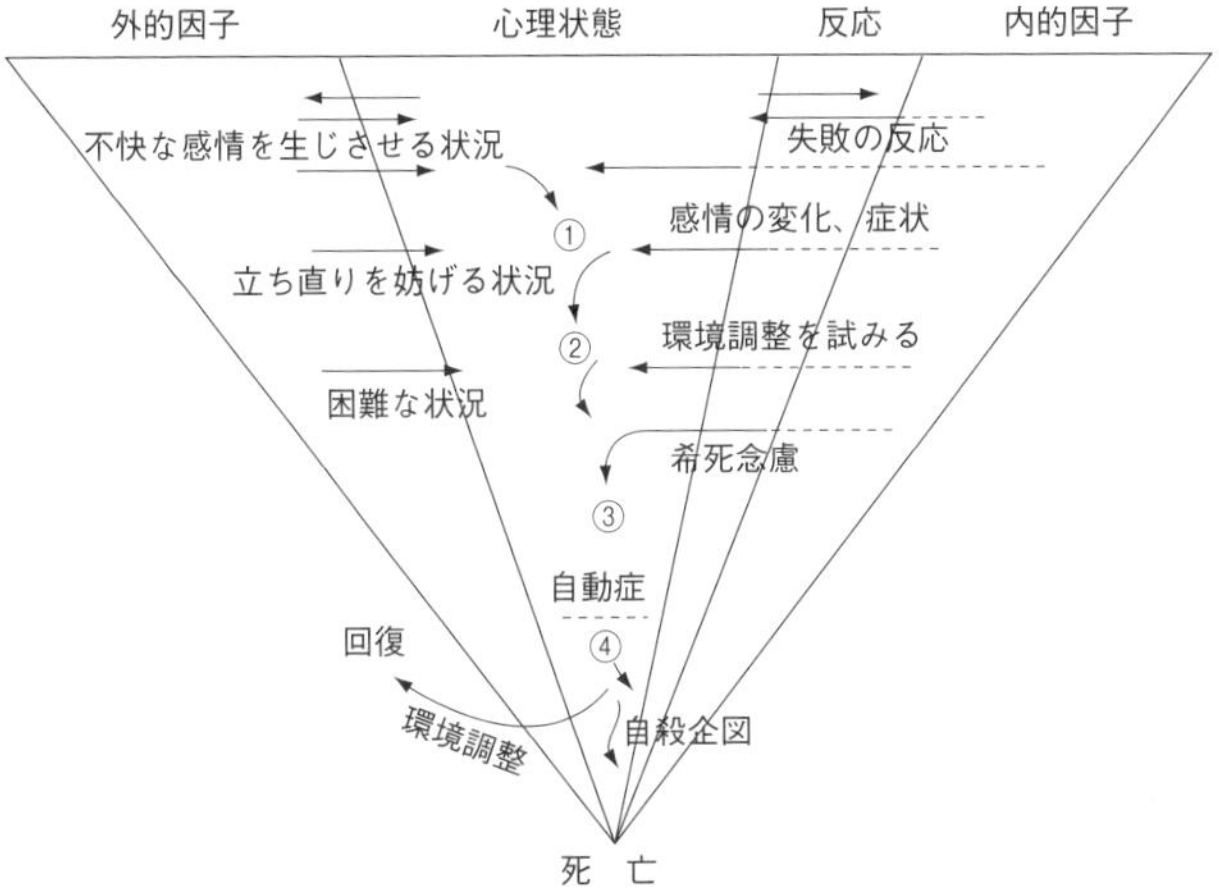
外的因子
心理状態
反応
内的因子
不快な感情を生じさせる状況
失敗の反応
①
感情の変化、症状
立ち直りを妨げる状況
②
環境調整を試みる
困難な状況
希死念慮
③
自動症
回復
④
環境調整
自殺企図
死　亡

心理的に追いこまれていく自殺

①は、個人が立ち直ろうと努力する状態だが、環境がそれを妨害すると②に追いこまれる。②は感情的変化のためにさまざまな病的症状が発現し、困難の多い環境が持続すると希死念慮が生じて③の状態に移る。③の状態では、どんなに努力しても環境の圧力が巨大に感じられて自分の努力が微力でつまらないものに思えてくる。ここから何かのきっかけ、因子が働いて④の状態にいたって自殺が決行される。

column

まず不安、焦燥が生じる。ズビッチャーの心理機制

F・ズビッチャーが考えた自殺への心理過程は、こんな具合だ。

まず第一段階として正常機能の低下、自我水準の低下による不安、焦燥、興奮、被害妄想が生ずる。続いて一般的な否定の状態、周囲に追いつめられた抑制の状態になる。そして第二段階には攻撃の状態になり、この状態が内に向かったときに、絶望や爆発性をもって自殺行為が実現される。ただし、場合によっては短絡反応、非現実への逃避といった形式を取る場合もあるという。

三行メモ

◆妄想◆誤った固定観念。その観念とは違う客観的な情報を与えられても、現実に即して変えることができないで抵抗する。被害妄想のほかに罪業妄想、貧困妄想、関係妄想、誇大妄想など。精神病性障害と結びつけられる傾向がある。

■自我の狭小、自罰反応、死を美化する非現実への逃避

リンゲルの「自殺前の心理機制」三つの傾向

自殺前の心理機制の三つの傾向を提示したのはアーウィン・リンゲル（一九二一〜九四）だった。

第一の傾向は自我の狭小。いわゆる心理的エネルギーの低下、自我水準の低下などで、その主な原因として三つ考えられている。ひとつは、劣等感、無力感、不安感などで示される「自我拡大力の喪失」。二つ目は、「発展の停止」。この状況では、力動的な発展性がなくなり、人格の成長も停止してしまう。考えが堂々巡りをしてその環から逃れられなくなってしまう。もうひとつは「退行」である。万事に対して積極性がなくなり、生活が受動的になる。行動は消極的で他人の働きかけを待つ状態になる。

第二の傾向は、自罰反応の状態。近親者などに対する敵意が、近親者であるがゆえにそのまま相手に向けられないために、その攻撃性が反転して自分を責める態度になる。

第三の傾向は非現実への逃避。どのような自殺でも、攻撃性と同じように現実の世界から空想の世界へ逃れようとする逃避機制が働いている。攻撃機制はその攻撃を向けるべき対象に向けることができずに自分自身に向けてしまうのだが、逃避機制では、抑圧されていた欲求が空想のなかに変形していく。死に対して憧れを持ったり美化したりするのだ。この状態の自殺を「憧れ自殺」ともいう。若い人の自殺に見られる傾向のひとつだ。また、現実世界では満たされなかった欲求を死後の世界で成就させようとする感傷的な自殺の場合もある。

しかし、傾向や過程の分析はひとつの指標であり、絶対的なものではない。自殺は個人の自殺であり、最終的には個人が決するもので、ショーペンハウエルも指摘しているように、皮肉なことに決行者がその体験を永遠に語れない構造のなかにあるからである。

＊参考文献〈9・38・47・48〉

リンゲルによる自殺前の三つの心理機制

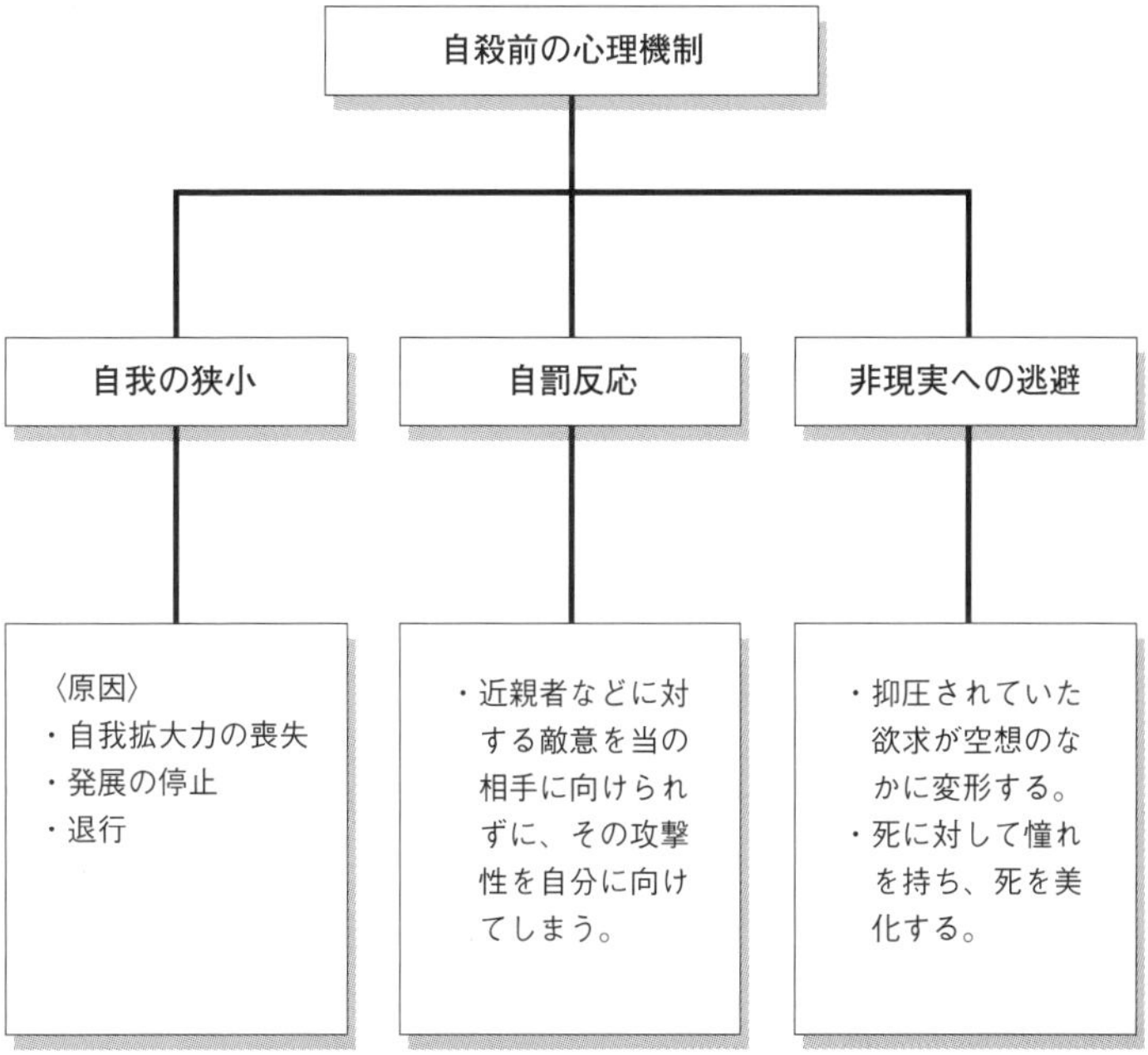
自殺前の心理機制
自我の狭小
自罰反応
非現実への逃避
〈原因〉
・自我拡大力の喪失
・発展の停止
・退行
・近親者などに対する敵意を当の相手に向けられずに、その攻撃性を自分に向けてしまう。
・抑圧されていた欲求が空想のなかに変形する。
・死に対して憧れを持ち、死を美化する。

column

純粋な人間ほど悩み深い危険な時期「青年期」

一九〇三年（明治三十六）、当時一高生だった青年・藤村操が日光華厳の滝に身を投げて自殺した事件は、大きな社会的話題になったと伝えられている。

行為に対する反応は大きく二つに分かれた。ひとつは、残されていた遺書の内容などから、彼が純粋に真理「万有の真相」を追究していたことがわかり哲学的自殺としてとらえられたこと。

もうひとつは、真理の追究から「不可解」を感じたのなら、それでもなお生きるべきだと否定的にとらえられたこと。青年期は自殺者統計からも危険な年代であることは間違いない。

三行メモ

◆ショーペンハウエルの言葉◆「死に際して人は自分の個性をあたかも古い着物を脱ぎ棄てるように棄て去るべきであろう。そうしていま、蒙をひらかれて、その代わりに新しいもっと立派なものを受取ることに喜びを感ずるべきであろう」。

■悲壮感なき確信的行為の意味するものは何か？

古代ギリシアの哲人たちが発見した「自殺という特権」

自殺は、地上界で生きる生物のなかで人間のみに与えられた特権だったのか。古代ギリシアの哲学者たちは、その発見に狂喜したようである。残されている資料のなかで、最初に自殺した哲学者はエンペドクレス（前四九〇ごろ〜前四三〇ごろ）で、エトナ山の火口に身を投じて死んだと伝えられる。自殺の理由は自分を神にまで高めるためだったとか。ストア派の創始者ゼノン（前三三六〜前二六四）はつまずいて足の骨を折った。彼は大地を拳で叩いて「今行くところだ、どうしてそう、わたしを呼び立てるのか」といい、その場で自分の息をとめて死んだという。エピクロス派の詩人ルクティウス（前九四〜前五五）は媚薬《びやく》に毒されて自殺したとされている。

皇帝ネロの家庭教師をつとめたセネカ（前四〜六五）は命じられて自殺した。ローマを焼き、キリスト教徒を虐殺《ぎゃくさつ》するなどの乱行が絶えないネロに愛想を尽かしたセネカは、ネロの暗殺計画に関与し、それがばれてしまうのである。本来は死刑のはずだったが、それまでの功績が考慮されて自殺となり、腕の血管を断ち、毒をあおって死んだ。

あのギリシアの哲人ソクラテス（前四七〇〜前三九九）も立派な自殺だった。神々を信じず青年たちをたぶらかしたというほとんど言いがかりのような罪でアテナイの裁判にかけられたソクラテスは死刑をいい渡される。

投獄された牢から逃げ出すことは簡単だったが、それを拒否したソクラテスは自ら毒杯をあおって死ぬのである。悪妻といわれたクサンティッペに「あなたは不当に殺されようとしているのですね」と問いかけられたソクラテスは、皮肉屋らしくこう答えている。

「それならお前は、ぼくが正当に殺されることを望んでいたのかね」。

＊参考文献〈16・17・20・50〉

ソクラテスとセネカの自殺

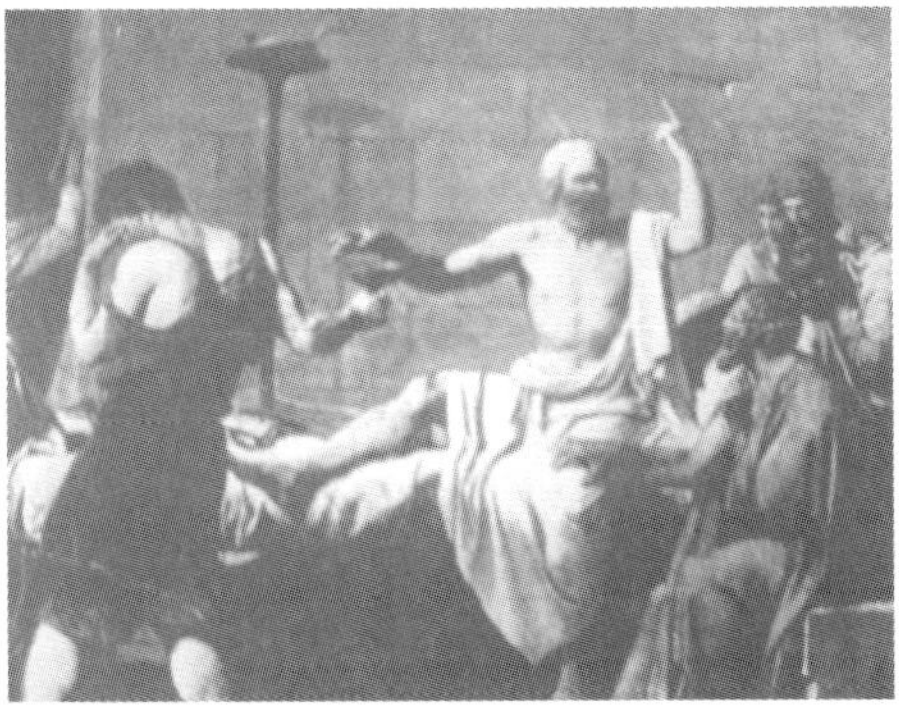

ソクラテスの死

「地下ならびに天上の事象を探究し、悪事を曲げて善事となし、かつ他人にもこれらのことを教授する」などの訴状で裁判にかけられたソクラテスだが、501人のアテナイ市民からなる陪審員の評決は281対220で有罪。刑の裁定では361対140で死刑だった。ソクラテスはその後、自ら毒杯をあおったが、最期に残した言葉は「アスピオクレスに鶏をお供えしておいてくれ」。アスピオクレスとは医の神。

セネカの死

セネカの死は壮絶だった。苦しんだ死だった。皇帝ネロの暗殺計画がばれて死刑をいい渡され、自ら死ぬ羽目に陥ったのだが、最初に試みたのは腕の血管を切り裂いて死ぬこと。しかし、なかなか死ぬことができず、結局はソクラテスと同じように毒杯をあおった。

column

最善の生を送る方法は死者たちと交わること？

ゼノンはアテナイにやってきたとき、神にうかがいを立てた、「最善の生を送るには何をしたらいいか」と。神の答えは「死者たちと交わるならば」だった。意味がよくわからない。ゼノンは推察して今は亡き先人たちの書物を読みあさった。その結果、ゼノンは人生の目的を「自然と一致和合して生きること」だとした。

これは「徳に従って生きること」。自然が我々を導いて徳へと向かわせるからであると。この徳を、ゼノンの弟子たちは、自然（理性）と一致している魂の状態のことだとした。

三行メモ

◆もうひとりのゼノン◆エレアのゼノンのこと。アリス問答法の発見者。悪口をいわれて怒った。ゼノン曰く、「もし僕が悪口を言われながら、なんでもないふりをしているなら、誉められたときにだって、それに気づかないことになろうよ」。

自殺を否定する心理は人間的か、それとも政治的か？

ソクラテスは自殺をしたが、彼の考えでは自殺を否定的にとらえていた。自殺は神の掟《おきて》に背くからというのだが、この考えの先駆者はピュタゴラス（前五八〇ごろ～前四九〇ごろ）である。ソクラテスの弟子プラトンも師の考えを受け継いでいたが、不治の病に冒されている病人や苦痛に耐えられない拘束状態に置かれている人の場合は許されるという態度をとっていた。

ソクラテス、プラトンと並ぶギリシア三哲人のひとりアリストテレスは、厳しい自殺否定論者だった。彼は、自殺は国家に対する不正だとし、罰則が必要だとした。同時に、道徳面からは卑怯な行為だと非難している。

中世に入って、自殺罪悪論を展開したのはアウグスティヌス（三五四～四三〇）だった。キリスト教の教義のなかに、自殺禁止を持ちこんだのがこのアウグスティヌスである。モーゼの「十戒」のひとつ、「汝殺すなかれ」を根拠にして自殺邪悪説を展開し、キリスト教の自殺禁止・自殺罪悪観の方向を決定づけた。キリスト教の本来の教義のなかには自殺の禁制はなかったのである。

『聖書』のなかに自殺の禁制はない――この事実に、近世に入って着目したのは、哲学者アルトゥール・ショーペンハウエル（一七八八～一八六〇）だった。彼は、死の恐怖を取り除く方法として自殺を取り上げたが、自殺肯定論者だったわけではない。自殺の肯定・否定を超えた論を展開したのだ。

仏教の影響をも受けていた彼は、解脱して死を超える最上の方法は自殺だと考えたが、それは同時に「現存在と人間の認識とが死によってどのような変容を蒙るか」という、答えのない実験と質問でもあった。なぜなら、「肝腎の解答をききとるべきはずの意識の同一性を、この実験は殺してしまう」からである。

＊参考文献〈5・17・20・21・49〉

アウグスティヌスとショーペンハウエル

二人が残した美しい言葉

『聖書』問題で、時代を超越して関係する羽目になったアウグスティヌスとショーペンハウエル。対照的な性格の二人だが、ともに美しい言葉を残している。アウグスティヌス曰く「人間を自由にする神の恩寵の助力なしに、自分だけの力で人間が正しく生きようとするとき、人間は罪に打ちのめされる。しかし人間は自由意志によって、この自由にする解放者を信じ恩寵を受け入れることができる」。ショーペンハウエル曰く「たしかに生は夢なのであって、死はまた目覚めである」「死は我々にとってまったく新しい見慣れぬ状態への移行と見なされるべきものではなく、むしろそれはもともと我々自身のものであった根源的状態への復帰にほかならぬものと考えられるべきなのである、──人生とはかかる根源的状態へのひとつの小さなエピソードにすぎなかった」。

column

フロイトが推理したモーセ「エジプト人説」

ユダヤ民族最大の指導者で、立法者かつ精神的支柱であるモーセ。紀元前十三世紀ごろ、エジプトで奴隷的待遇で苦しんでいたユダヤ人を解放し、現在のパレスチナ地方に導いた人物である。当然、ユダヤ人でなければいけないのだが、フロイトは『人間モーセと一神教』で、ユダヤ人説を展開した。

紀元前十四世紀ごろ、エジプトの歴史のなかに突如現れては消えていった一神教信仰。この事実とイスラエル宗教史のなかに繰り返し登場するモーセ伝説に強迫神経症の防衛機制を組み合わせての推理だった。

三行メモ

◆『ミケランジェロのモーセ像』◆1901年にローマを訪れたフロイトが、この像を見て感動し、書いた論文。旧約聖書とは違う解釈を試みて仕上げたミケランジェロの大胆な意図をフロイトなりに分析した内容になっている。

芥川龍之介の「ボンヤリした不安」に見る深層心理

昭和二年七月二十四日、流行作家で鬼才の芥川龍《あくたがわりゅう》之介《のすけ》が自殺を遂げた枕もとには四通の遺書とともに原稿『ある旧友へ送る手記』が残されていた。

書き出しはこんな具合だ。

「たれもまだ自殺者自身の心理をありのまゝ書いたものはない　それは自殺者の自尊心やあるひは彼れ自身に対する心理的興味の不足によるものであろう　僕は君に送る最後の手紙の中にはっきりこの心理を伝へたいと思って居る」

芥川はさらに、たいていの自殺者には「複雑な動機」がからんでいるが、「僕の場合はただボンヤリした不安である」「何か僕の将来に対するボンヤリした不安である」と記している。これが、数多くの議論を巻き起こしてきた「ボンヤリした不安」である。

自殺の動機については神経衰弱、ノイローゼ、女性関係説など、さまざま取り上げられてきた。しかし、そうした動機を死に結びつけるのは短絡的すぎる。

死に場所、方法、自殺に踏み出すためのスプリング・ボード「女性の存在」をほのめかしながら、結局はひとりで死ぬほうが一容易だと結論づけ、そして最後には、「自然の美しいのは僕の末期の眼に映るからである」「僕はだれよりも見、愛しかつ又理解した」「それだけ苦しみを感じた内にも僕には満足である」と記す冷静さの奥底に流れていた思いはなんだったのだろう。

原稿には〈付記〉がある。その最後に記されているのが次の一文である。

「君はあの菩提樹の下に「エトナのエンペドクレス」を論じ合った二十年前を覚江て居やう僕はあの時代には自ら神にしたい一人であった〈完〉」

動機のヒントはこの〈付記〉にある。

芥川の自殺は一種の「憧れ自殺」だったのかもしれない。

＊参考文献〈17・51・52・53・54〉

芥川龍之介の遺書

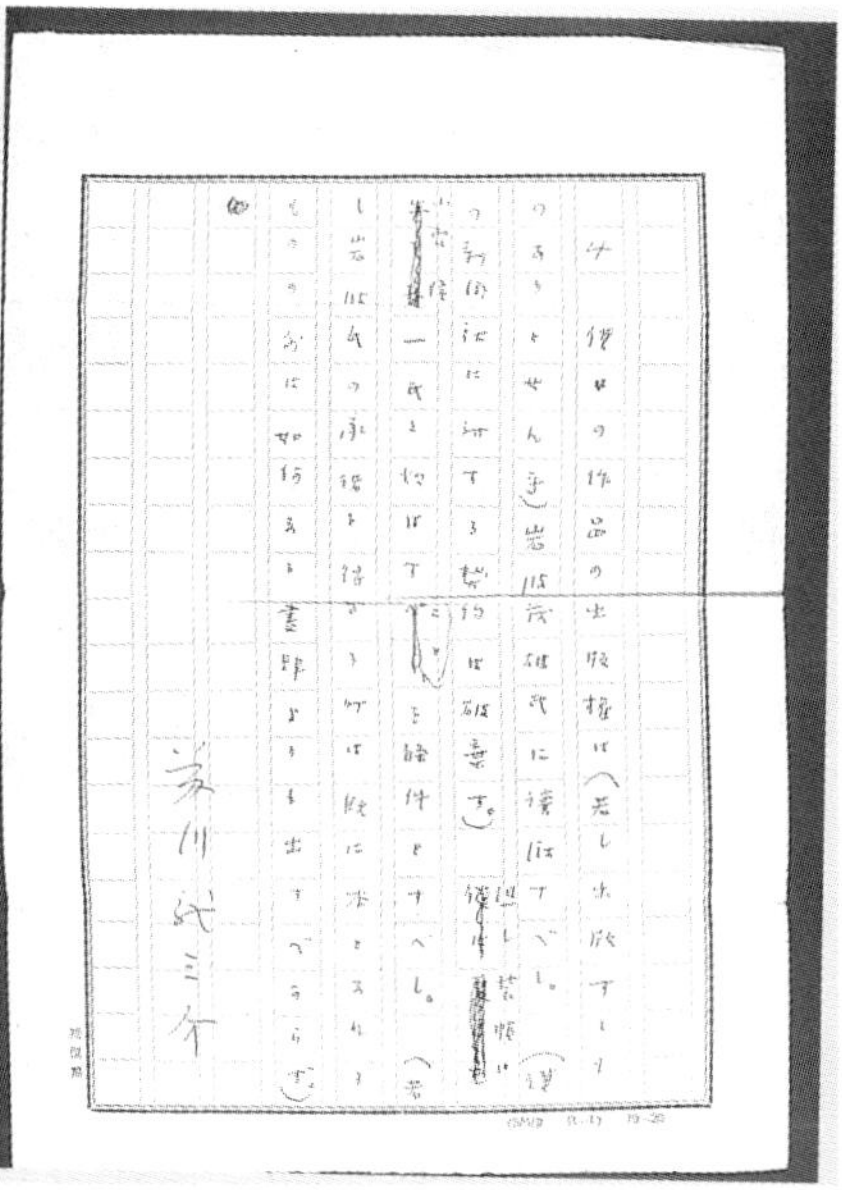

大正10年3月ごろ

見つかった直筆遺書

芥川龍之介が自殺したとき、枕もとには４通の遺書が残されていたが、200字詰め原稿用紙に書かれたその直筆の遺書が2008年７月、遺族宅で発見され、日本近代文学館に寄贈された。内訳は、妻宛２通、子ども（３人）宛１通、菊池寛宛１通だった。

column

激しい罪悪観と喪失感 フロイトの自殺企図

自殺を企図する大きな要因のひとつに近親者の喪失があげられる。とくに、年老いてからの配偶者の死は生き残った者の心を萎えさせるようである。

冷徹な科学者に見えるフロイトもじつは、自殺企図の寸前まで精神的に追いこまれた時期があったことが、ある研究者によって推測されている。きっかけは父親の死。良くも悪くも特別な感情を抱いていた父親との死別に、激しい罪悪感と喪失感に悩まされたのだという。また、青春時代の一時期にも、死の観念にとりつかれていた、と。まだ謎の多い人物である。

三行メモ

◆映画「羅生門」◆第12回ヴェネチア映画祭グランプリ、第24回アカデミー外国語映画賞受賞。出演、三船敏郎、京マチ子、森雅之ほか。監督は黒澤明。原作は芥川龍之介の「藪の中」。舞台は平安時代。“本当に真実は「藪の中」であること”が描かれている。

心優しいがゆえ自身に向けられる自壊行為

ボンヤリした不安は一般的には神経症の特徴のひとつだが、それだけでは自殺には直結しない。そのほかに別の要因がなければならない。リンゲルは、神経症の自殺前の心理機制として三つの傾向をあげたが（P136）、そのひとつが「非現実への逃避」である。自殺は、人間が持つ攻撃性が自身に向けられた自壊行為だが、逃避は満たされない欲求を空想のなかで変形させる。この変形が自殺を美化させるのである。

芥川の原稿には、マインレンデルに関する記述もある。マインレンデルとは、広津和郎《ひろつかずお》によればショーペンハウエルの弟子で自殺を賛美してそれを実践した若い哲学者。広津は、芥川の性格について、〈議論して人を負かしても、「自分が負けた」と思ってゐた人〉〈病的な程臆病な良心の持主だった〉と記している。

芥川は、本来は外の対象に向かわせるべき攻撃性をそうすることができずに自身に向けたのである。それが自壊行為だ。しかし、そうするには文学者としてのそれなりの「美しい理由」が必要だったのではないか。空想への逃避である。それが「エトナのエンペドクレス」にほかならない。エンペドクレスはギリシアの哲学者だが、ディオゲネス・ラエルティオスによれば、詩や医術にも優れた才を発揮して、苦しむ人々を数多く救ったため〈神〉と崇められていたという。

エンペドクレスはその評価を確実にするためにエトナ山の火口に身を投げて死んだというのだ。神になろうとしたのである。こんな言葉を残している。「この私は、もはや死すべき者としてではなく、不死なる神として、あなた方の間を歩いているのだ」ボンヤリした不安のなかで醸成されていた芥川の自壊行為は、二十年の歳月をかけて自身の空想のなかで「神」になることで完結したのではないだろうか。

＊参考文献〈17・51・52・53・54・55〉

三島由紀夫と川端康成の自殺

大作家の相次ぐ自殺

1970年11月25日、当時人気作家だった三島由紀夫が市ヶ谷の自衛隊敷地内で割腹自殺を遂げた。バルコニーから隊員に向かってクーデター決起の檄を飛ばしたのちの自殺だった。本当にクーデターを考えていたのか。それとも、死ぬための演出的行為だったのか。今となっては永遠の謎である。それから約１年半後の72年４月16日、今度はノーベル賞作家・川端康成がガス自殺した。川端は、三島の才能を見抜き引き上げた人物である。しかし、三島は、川端がノーベル文学賞を受賞したとき激しく嫉妬したと伝えられている。二人の深層心理も謎のままである。

column

自殺幇助小説？ 高橋たか子『誘惑者』

舞台は京都。自殺現場は三原山の火口。彼女たちは三人組で、このうち二人が一カ月の時間をおいて決行する。二人目は主人公が少女の身体を押して火口に落とす。物語のなかに「夢」の話が出てくる。これに関連して著者はユングの影響を認め、「あたしの視野が、なんか無限大に開けたような気がしました」とし、少女に「死ぬというのはね、潜在意識のなかに入っていくようなものよ。意識は有限だけど、潜在意識は無限だわ。無限で命に充ち充ちてる。そこを支配しているもののことを、神という」と語らせている。

三行メモ

◆モデルは澁澤龍彥？◆『誘惑者』のなかに悪魔学を究める人物が登場する。主人公の少女は三原山からの帰りに鎌倉のその作家の自宅を訪問する。奇妙な人物たちが集まっての奇妙な言動。人物のモデルは澁澤龍彥といわれている。

■太宰治の自殺❶～上昇指向の定型に対する反逆の論理

太宰治の入水に見る「下降への指向」の心理

作家太宰治《だざいおさむ》の遺体が玉川上水で発見されたのは昭和二十三年四月二十九日のことだが、入水は十三日深更から十四日早暁までの間と推定されている。心中だった。それ以前に、太宰は四回の自殺を図っている。五回の自殺企図をいつ行なっていたかは定かではないが、未遂を繰り返していることから判断すると確信犯的である。

文芸評論家の奥野健男《おくのたけお》は、太宰の文学を「強烈な下降への指向」だとした。

下降指向とは何か。奥野は次のように記している。

> 自己の欠如感覚を、――不完全なものから完全なものへ、劣者を優者へ、混乱から調和へ、人物から神へと、――自己完成、あるいは立身出世などにより埋めようとする、長い支配秩序により馴致《じゅんち》され形成された人間の上昇指向の定型に対する、反逆の論理である。

フロイトのもとを去ったアドラーは、人間の生きるバイタリティーを劣等感からくる補償に求めた（P96）。肉体的に欠陥を持っていたり精神的に負い目を感じている者は、そのことを補い、あるいは覆い隠そうとして権力志向になるというのだ。太宰の下降指向は、行動的にはこれとは逆のケースなのかもしれない。しかし、精神的には補償と共通する。自身が特権的位置にいるということが太宰にとっては負い目に感じられたという意味において。

貧困のなかで育った者はそのときの飢えをバネにして成り上がろうとする。太宰は生まれたときから恵まれていた。だから、上昇指向を持つ必要はなかった。しかし、その分だけ上昇指向に走る人間の行動が虚飾に塗り固められているように見えた。そんな世の中をソツなく渡っていくことに太宰は抵抗を覚えたのではなかったか。その抵抗は外の世界を打ち破る抵抗ではなく、自身に跳ね返ってくる抵抗だったのだ。

＊参考文献〈47・48・51・56〉

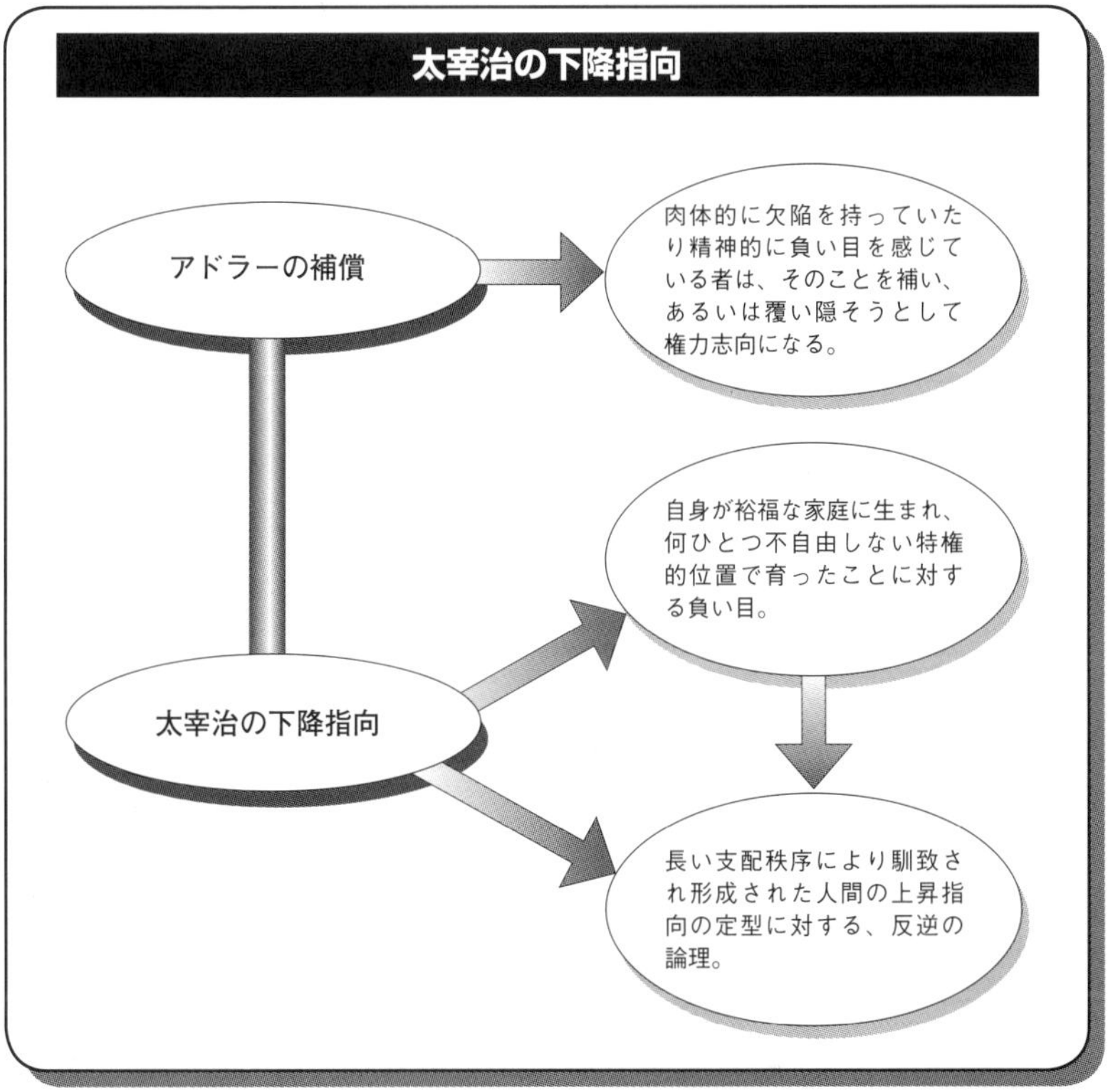
太宰治の下降指向
アドラーの補償
肉体的に欠陥を持っていたり精神的に負い目を感じている者は、そのことを補い、あるいは覆い隠そうとして権力志向になる。
太宰治の下降指向
自身が裕福な家庭に生まれ、何ひとつ不自由しない特権的位置で育ったことに対する負い目。
長い支配秩序により馴致され形成された人間の上昇指向の定型に対する、反逆の論理。

column

繰り返される自殺企図で親族の精神的負担が増す

未遂を繰り返す患者の九割に、自殺したい衝動が再発するとされており、シュナイドマンの調査によれば、未遂・退院後九十日以内に再度自殺した患者が半数にのぼっている。そしてその予防には一週間、六カ月、三年という目安での注意が必要だと考えられている。

となると、周りの者は当人から目を離すことができなくなる。そこから親族の精神的負担が増し、親族自身が追いつめられる。そのうえで決行されたとなると、後悔の念、罪悪感、喪失感などが重なって、親族自身が自殺へと走る可能性も強くなる。

三行メモ **◆自殺の防止◆**精神医学者・笠原嘉は、未遂者の調査から自殺企図は治療の「中間段階」に多いと分析した。重症であれ軽症であれ「安定した状況から別種の状態に移行しようとして移りきれない」段階。この時期の患者にはとくに注意が必要である。

太宰の抑圧された〝無意識〟に見る二重構造の嫌悪

古来一流の作家の作品にはある動かしがたい自信があふれているが、太宰治の作品にはそういうものがないとする批評に対して、太宰は〈私たちはこの「自信の無さ」を大事にしたいと思ひます〉と応じている。

真っ向から相手をねじ伏せる反論の仕方ではない。批判を甘んじて受ける態度。成り上がろうとする人間からはあまりにも弱く見える姿勢。たいていの人間は弱さを隠そうとして力む。が、太宰の場合は逆だ。だから、本当はそれが強さになるのだが、太宰は弱さも強さも意識しているのではない。無意識的な態度としてそうなっている。太宰をそのように行動させているのは、幼少期、すなわち自我が形成される時期でのトラウマ体験にあると見るのが自然だ。

幼少時代の太宰の周囲にいたのは、富豪の権威に卑屈に従っている人々であり、自分はそんな彼らとは逆の立場にいる。トラウマ体験は、卑屈に従っている人々の内に秘めている虚飾の部分への嫌悪と、何ひとつ不自由のない特権的な位置にいる自分への嫌悪である。二重構造になっている二つの嫌悪は抑圧されて無意識層へと沈んでいたのである。

津軽から上京してからの太宰の私生活は、自ら堕ちようとしてデカダン的なものになっている。奥野のいう下降指向だ。しかし、人間の醜さをすでに見ていた太宰には、堕ちようとしていたはずの場所には自分の心を満たしてくれるものは何もなかった。太宰の精神はすでに行き場を失っていたのである。

流行作家としての太宰は、抑圧されていた心的エネルギーを文学作品の形で「昇華」させることで成立していた。しかしそのエネルギーはやがて自壊行為へと向きを変えたのである。

太宰の心は類を見ないほどに美しかったのかもしれない。

＊参考文献〈47・48・51・56・57〉

逃げ場所のなかった太宰治

複雑だった太宰治の心理

強引に相手を負かすことができない性格、何かの批判に対して正面から反発できない太宰治の性格、心理を表している一文が作品「桜桃」のなかにある。

「わたしは議論をして、勝ったためしが無い。必ず負けるのである相手の確信の強さ、自己肯定のすさまじさに圧倒せられるのである。さうして私は沈黙する。しかし、だんだん考へてみると、相手の身勝手に気がつき、ただこっちばかりが悪いのではないのが確信せられてくるのだが、いちど言ひ負けたくせに、またしつこく戦闘開始するのも陰惨だし、それに私には言ひ争ひは殴り合いと同じくらゐにいつまでも不快な憎しみとして残るので、怒りにふるえながらも笑ひ、沈黙し、それから、いろいろさまざま考へ、ついヤケ酒といふ事になるのである」。

column

雑誌記者と心中した小説家・有島武郎

太宰治と同じように心中した小説家がいる。有島武郎である。心中相手は雑誌記者で、夫ある身だった波多野秋子。二人の死体は、一九二三年（大正十二年）七月、軽井沢の別荘で発見された。有島との関係を知られた秋子は夫に離婚を申し出る。

夫は今度は有島と会い、「どうか秋子をあなたの妻にしてくれ」などと語ったと伝えられる。そこからが有島の思想的な身の処し方だったのかもしれない。秋子の夫宛の遺書には「現世的の負担を全く償ふ事なくて此地を去る私達をどうかお許しください」と記されていた。

三行メモ

◆有島武郎◆1878年、東京生まれ。札幌農学校在学中に内村鑑三の影響を受けてクリスチャンになる。その後、アメリカ留学などを経てクロポトキンの著書に親しむ。やがて信仰に疑問を抱くようになり社会主義思想に近づいていく。

ようこそ、「無意識の館」へ

ヴィンセント・ヴァン・ゴッホ
（1853〜1890）

狂気の耳切り事件を起こしたのは1888年12月。それから約１年７カ月後の1890年７月に自殺を遂げている。

〈耳を切ってパイプをくわえる自画像〉
（1889年）

第7章●

家族をめぐる深層心理

核家族化が親子間の深層心理に与えた変化とは？

人が日常生活を営むうえでの重要な基盤になっているのが家族で、近親関係を中心に構成される最小の居住集団でもある。家族は、構成員それぞれが社会生活のなかで困難な状況に直面したときには支えあい、助けあう関係でなければならなかったはずである。本来はそんな関係であったはずの家族に、今何が起こっているのか。幼児虐待《ぎゃくたい》、子殺し、親殺し……。変容してきた家族は、この先、どこに向かうのだろう。

これまで家族の類型は、結婚によって成立する夫婦中心の「夫婦家族制」、子のひとりだけが結婚後も跡継ぎとして親と同居し、それが次世代へと再生産されていく構造の「直系家族制」、複数の既婚子が親と同居している多人数の「複合家族制」の三つに大別され、日本の場合は大枠で「直系家族制」に該当してきた。

しかし、現代はこの様相が変化してきており、社会人類学者ジョージ・P・マードック（一八九七～一九八五）のいう核家族化が進んでいる。

核家族は一組の夫妻とその間に生まれた子どもたちが基本構成となり、どの社会にも普遍的に存在するとされている。夫婦に子どもができる。子どもにとって、最初に接触を持つのが母親である。この時点で、子どもは大人に成長してからの心理にも関係する大きな影響を受けていくことになる。

この親子関係を重視する心理学者は少なくない。フロイトの性的発達理論や、それを発展させたE・H・エリクソン自我同一性理論、メラニー・クラインの対象関係理論、アンナ・フロイトの自我心理学など。

しかし、重要性がわかっているからこそ、子育てに悩む親たちの姿も浮かび上がってくる。家族のあり方、そのなかでのひとりひとりの心の揺れ具合の解説には、理論はあっても公式はない。それぞれの家族が自らの公式を見つけ出さなければならないのである。

＊参考文献〈8・9・21・35・59・94〉

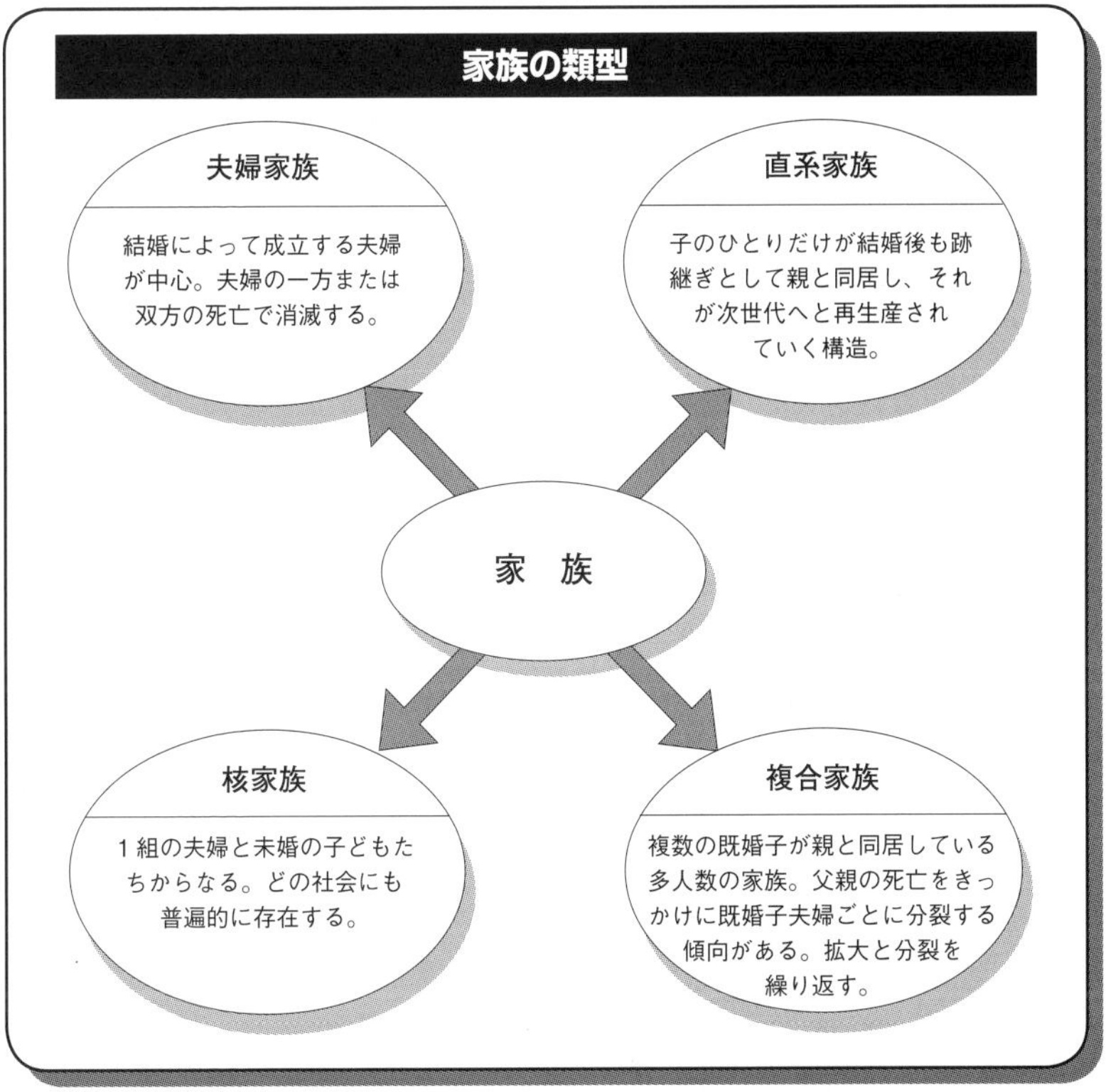
家族の類型
夫婦家族
結婚によって成立する夫婦が中心。夫婦の一方または双方の死亡で消滅する。
直系家族
子のひとりだけが結婚後も跡継ぎとして親と同居し、それが次世代へと再生産されていく構造。
家　族
核家族
１組の夫婦と未婚の子どもたちからなる。どの社会にも普遍的に存在する。
複合家族
複数の既婚子が親と同居している多人数の家族。父親の死亡をきっかけに既婚子夫婦ごとに分裂する傾向がある。拡大と分裂を繰り返す。

column

核家族普遍説の源流はローウィの『原始社会』

核家族普遍説は、マードックが最初に唱えたわけではなく、その源流はR・H・ローウィの『原始社会』にあるとされている。その前にマリノフスキーのオーストラリア原住民社会における個別家族、L・H・モーガンによる二段階を経ての単婚小家族説がある。モーガンは、一夫一婦的小家族は採集狩猟期、農耕期を経ての人類史の遅い時期に形成されたとしたが、これに対し、ローウィは、原始社会の膨大な資料をもとに、一組の夫婦と未婚子女からなる個別家族の存在を強調し、その絶対的普遍性を唱えている。

三行メモ　**◆人類の二足歩行選択◆**「家族のもとへ、より多くの食料を運ぶために両手を使いたかった。そのために人類は二足歩行を選択した」。人類学者オーエン・ラブジョイのユニークな説である。しかし、反論の嵐に巻きこまれた。

■「母への愛着」「父への敵意」「不安」の三つの複合感情

エディプス・コンプレックス——フロイト理論のキー概念

性的発達理論におけるエディプス・コンプレックス——。フロイト理論のキー概念でもある。男児が五、六歳になると、男女の違いに気づくようになり、無意識のうちに母親に愛情を、父親に憎悪を芽生えさせる。しかし、母親に対する愛情は父親の怒りを買って罰せられるという不安感をも喚起させることになる。この不安感は、男根期に活発になった手淫のせいで母親から怒られた「オチンチンを切ってしまいますよ」と連続する。

エディプス・コンプレックスは、異性の母に対する愛着、同性の親への敵意、罰せられる不安、この三つの複合感情で成立しているといえるのである。

この概念がきわめて重要視されているのは、エディプス期に、それまでの母子関係から、父親を含む三者間関係にいたる時期での心理解説であると同時に、この時期を経て、性欲動が無意識に抑圧されて思春期に向かう意味においてである。つまり、いったん忘れられて、潜伏期に入るのである。父親に憎悪と同時に尊敬をも持つのは、母親の愛を獲得するために、母親の愛する父親のように自分もなろうとするからだが、心の変化は、つまり、それまでの性同一視から性役割意識への変化を表しているのだ。さらに、ここで抑圧された性欲動は、そのエネルギーを非欲動的な活動、つまり社会的、文化的、知的な活動へと使うようになっていく。責任感を持った社会的な人間に成長するためにである。

エディプスの名称は、ギリシア悲劇の『オイディプス王』からとられている。養父に育てられたエディプスは、真実を知らずに実父を殺し、あろうことに実母と結婚してしまう。最後に事実を知ったエディプスは我が眼をえぐって諸国を放浪することになる。母であり妻となっていたイオカステは自殺してしまう。

＊参考文献〈1・5・8・9・60〉

性的発達理論とエディプス・コンプレックス

各発達段階の特徴

口唇期（0～1歳ごろ）

ナルシシズム的なリビドーで、口唇帯域に固着する。性衝動の対象は栄養欲求を満たしてくれる母親の乳房。その後、性的満足を反復しようとする願望が栄養摂取の欲求から離れて、「しゃぶる」動作の形で独立する。

肛門期（1～3歳ごろ）

肛門の調整・制御に関連して排便のしつけが母と子の対象関係のテーマになる。そのしつけに従うか反抗するかの葛藤が強くなる時期。

男根期（3～5歳ごろ）

性器帯域が興味の中心になる。エディプス・コンプレックスが出現し、本能的・感情的衝動は両親へと向かい、最初の断念、最初の転移が起こる。主役は男性性器（ペニス）でそれを絶対視する心性を男根優位と呼ぶ。この段階の幼児の性欲部位はペニスとクリトリスで、手淫が活発化する。性器をいじっていた幼児が母親から「オチンチンを切ってしまいますよ」と注意されると、女の子がペニスを持っていないのは去勢されたからだと誤解し、去勢不安に脅える。

潜伏期（5歳ごろ～思春期）

性的衝動はほかの興味対象に置き換えられ、社会的行動へと昇華される。

性器期（思春期）

性的衝動は男根期の再現として現れるが、それは大人としての行動になる。

フロイトの性的発達理論

フロイトの性的発達理論は、大人になってからの人格の形成に関係する各発達段階の子どもの心理と性的行動を読み解いている。つまり、主に幼児期の心理的な力の葛藤を発達の立場から解釈したもので、子どもの成長の各段階で、彼らともっとも接触機会の多い親の存在が大きな影響を与えることを物語っている。有力な説だが、異論も多い。

column

ペニス羨望から生じるエレクトラ・コンプレックス

女子の場合は、まずペニスがないことで去勢コンプレックスを抱くのだが、その後に三つの発達方向が提示される。第一に、男根的活動を拒否し、性愛から遠ざかる。第二に、もう一度ペニスが持てるようになるという男性空想を抱く。第三に、大いなる回り道をして正常な女性の形態に通じる。女子は、自分にペニスがないのは母親のせいだとして、最初の性愛の対象・母親から離れ、続いて、父親のペニスを得たいペニス羨望が生じ、それが父親の子どもを産みたいという願望に変わってエレクトラ・コンプレックスが成立する。

三行メモ

◆オイディプスとエディプス◆ギリシア語を語源とする欧文表記はともにOedipusとなる。ギリシア悲劇に登場する王名には「オイディプス」が使われ、この王名を借りたフロイトのコンプレックス理論には「エディプス」が使われている。

■親子関係の類型①～サイモンズによる古典的分類

「受容―拒否」「支配―服従」の強弱で知る親子関係

親の態度が、成長過程の子どもにトラウマ的な体験を刻み、それがのちのちまで影響する。では、親は子どもにどういう態度で臨めばいいのか。これまで、その指標となる類型化の研究が数多く行なわれてきた。

パーシヴァル・M・サイモンズ（一八九三～一九六〇）は親子関係を規定する要因として「受容―拒否」「支配―服従」の二つを考えた。

「受容―拒否」は、情緒的な人間関係を水平の横軸で表し、プラス方向の「極端に子どものいいなりになってかわいがる」から、マイナス方向の「子どもに対して、まったく冷淡で愛情を拒む」までを段階表示した。

「支配―服従」は、権威や権力的な上下構造として縦軸で表し、プラス方向の「子どもをまったく思いのままに支配し、子どもの意志を全然許さない」から、マイナスの「すべて子どものいうとおりになる」までを段階的に表示した。結果、左図のとおり、X軸Y軸のプラス面には「過保護」、X軸プラス・Y軸マイナス面には「溺愛・甘やかし」、X軸マイナス・Y軸プラス面には「残忍」、X軸マイナス・Y軸マイナス面には「無視」のそれぞれの度合いが表された。

たとえば、○地点は中庸でバランスのとれた好ましい位置だが、X軸Y軸がともにプラス4の位置は「極端に子どものいいなりになってかわいがる」と「子どもをまったく思いのままに支配し、子どもの意志を全然許さない」の合流点になり、子どものいうことは全面的に聞くが、何事も子どもに代わって親がやるという極端な過保護状態が示される。X軸Y軸がともにマイナス4の場合、「子どもに対してまったく冷淡で愛情を拒む」と「すべて子どものいうとおりになる」の合流点として示され、極端な「無視」になる。

サイモンズのこの類型研究は、代表的で古典的といわれてきたものである。

＊参考文献〈9・59〉

サイモンズによる親子関係の類型

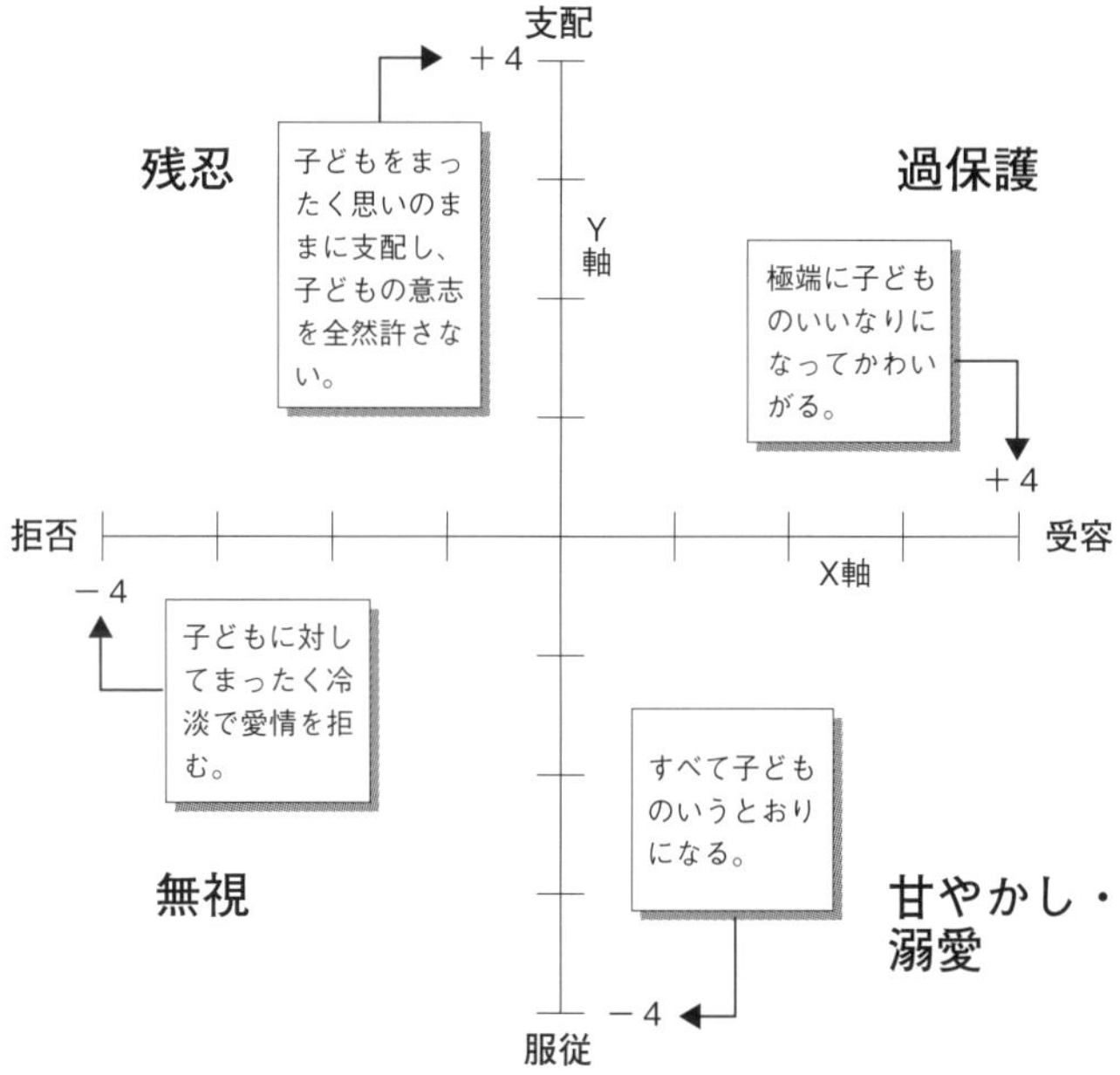
支配
＋４
残忍
子どもをまったく思いのままに支配し、子どもの意志を全然許さない。
過保護
極端に子どものいいなりになってかわいがる。
Y軸
＋４
拒否
受容
X軸
－４
子どもに対してまったく冷淡で愛情を拒む。
すべて子どものいうとおりになる。
無視
甘やかし・溺愛
－４
服従

column

子どもをわがままにする妻優位型の家庭

家族の基盤である夫婦の家族内での力関係が子どもの性格形成に大きく影響する。R・O・ブラッドとD・M・ウルフは夫婦の勢力構造の類型として夫優位型、妻優位型、一致型、自律型の四つをあげている。多くの研究者の指摘によると、子どもにとってもっとも好ましくないタイプは妻優位型。たとえば、気の小さい子どもでありながら、幼児のように同じことを執拗に繰り返したり、要求が通らないと学校をさぼったりいやがらせをしたり、いきなり乱暴したりする子どもは、妻優位型の家庭で育っている場合が多いという。

三行メモ

◆一致型と自律型の夫婦◆一致型は夫婦が平等の立場で何か事が起こるたびに相談しながら決めていくタイプ。自律型は夫婦それぞれの持ち場を決め、その持ち場でそれぞれが決定権と責任を持つタイプ。

■親子関係の類型②～ボールドウィンによる四タイプ

理性と情緒、自由と強制のバランスが親子関係の鍵

親の態度を、三十項目の行動から「民主型」「溺愛型」「専制型」「拒否型」の四つに大別したのはアルフレッド・ボールドウィンだった。さらに彼は、それぞれのタイプを「家庭の暖かさ」「親の態度の知的客観性」「子どもの行動を強制する度合い」の三次元に還元してとらえた。

「暖かさ」は、子どもを愛し認める次元で、「没入的」「献身的」から「敵意」「嫌悪」までの幅を考えている。「知的客観性」では、子どもへの対応が理性的か情緒的かの判断項目が示され、「強制度合い」では子どもの自由を「認める」から「まったく認めない」までが示されている。

その結果から得られた四類型における親子の関係の特徴を、教育学者の佐藤怜の記述からまとめると、次のようになる。

民主型／基本的に子どもの自由と独立を認め、情緒的にも愛情を深く持っている。強制的な態度をとらず、子ども自身が決断し行動できるような環境作りに努力している。子どもの知的質問にも対応して、十分な知識や事実を伝えている。

溺愛型／愛情はあるが、理性的ではなく子どもを十分に理解していない。子どものことを神経質なほどに心配して、いつもそばについている。

専制型／子どもの要求を理解しないで、命令と指示によって抑圧的に子どもを服従させようとする。愛情は強いが、大人の考えを一方的に押しつけようとする。

拒否型／社会に不適応で、家庭的にも不和の状況にある。家庭に暖かい雰囲気はなく、近隣・親戚などとの社会的関係も良くない。子どもに対して命令、強制が多く服従しないと叱責や罰を行使する。言動に一貫性を欠き、子どもを邪魔者扱いしたり拒否する言動が多い。

＊参考文献〈9・59〉

ボールドウィンによる親子関係の類型

次元 / 親の態度類型	暖かさ	知的客観性	強制
民主型	＋	＋	±
溺愛型	＋	－	－
専制型	＋	－	＋
拒否型	－	－	＋

類型を３次元の強弱で表示

左の表は、ボールドウィンが提示した親子関係の四つの類型を、家庭の雰囲気「暖かさ」「知的客観性」「強制」の３次元のそれぞれの傾向の強弱を＋－（プラス・マイナス）で表したもの。たとえば、拒否型は、「暖かさ」「知的客観性」でマイナス、「強制」でプラスで、結果は、親が子どもに対して強制だけが強いいびつな親子関係になる。

column

「二代遅れの成功」を願う夫に失望した妻の心理

結婚はしたものの、相手の夫は予想に反してあらゆる面で有能ではなかった。経済面、会社での出世等々。結婚前は長所に思えていた「優しさ」すらもグズの象徴のように変わってくる。失望した妻は、夫に期待するのをやめて代わりに自分たちの子どもに夢をかけることにする。「二代遅れの成功」を願う親の心理である。

期待するあまりに、妻の子どもに対する要求が厳しくなる。優柔不断な夫は妻のやることに口出しができない。逃げ場所を失った子どもは心理的に徐々に追いつめられていく。

三行メモ

◆親の後ろ姿◆子は親の後ろ姿を見て育つといわれる。親の責任は重大である。しかし、品行方正な親の子が必ずしも品行方正に育っているとは限らない。親が反面教師になる場合もある。あまり考えすぎないことが一番か。

■親の勘違いが子どもを追いつめる

親を喜ばせようとする感情が子のトラウマに？

ちょっと名のあるピアニストたちのプロフィールを読むと気づくことがある。ピアノを習いはじめたのが四、五歳のころというのが圧倒的に多いのである。そのせいかどうかは不明だが、一般家庭でも、子どもにそのころにピアノを習わせはじめる傾向は強まっているようだ。たいていは親が決めて子どもに習わせる。

なぜそうなるのか。もし、我が子にその種の才能があるのなら、早いほうがいい。もうひとつは、親の夢の実現。かつて自分もピアノを習いたかったが、諸々の事情でできなかった。そういう思いを子どもにはさせたくない。そして、その思いの底流には、もしかしたら我が子もプロのピアニストになって活躍できる才能が潜んでいるのではないかという期待がある。

こういった親の思いが子どもを心理的に追いこんでいく。フロイトの性的発達理論によれば、三〜五歳は男根期に当たる。本能的・感情的衝動が両親へと向かい、最初の断念、最初の転移が起こる時期。両親の価値観に基づく道徳律が無意識のうちに埋めこまれる。同時に、愛と攻撃性、賛美と恐怖、安定と不安など、アンビバレンツな感情世界が表れる時期でもある。

親は、子どもが喜んでピアノを習っていると思いこんでいるが、そうではない場合も多いのである。いやだと思いながらも親を喜ばせるためにやっている、やめることで親の愛情を失うのが怖いなどの感情が渦巻いている。こういう感情がトラウマ体験となって、やがてピアノを見るのもいやだという人間に育つケースもある。

ピアノに限らない。子どものためにやっているといいながら、じつは自分の満たされなかった夢の実現を無意識のうちに子どもに託しているというケースはいくらでもある。教育ママの弊害は、自身は教育ママではないと思っている心の内で増殖されていくのである。

＊参考文献〈1・8・9・61〉

魔法のピアノ

ピアノは親の思いこみの象徴だったのか

ある楽器メーカーの調査によると、団塊の世代を中心に再び楽器演奏を習いはじめている人たちが増えているという。そのひとつがピアノ。子どもが成長し、使われなくなったピアノが残されているからだ。４、５歳の幼いころから子どもにピアノを習わせたが、子どもは音楽大学へ進学することもピアニストになることもできなかった。途中でピアノ練習に飽き、違う方面に興味を持ってしまった。なぜか、ピアノの練習から解放された子どもは生き生きと明るい性格になってしまった……。以来、使われなくなっていたピアノを、定年退職して時間ができた団塊の世代の親たちが弾きはじめている。自分たちのために。

column

モーツァルトの才能は音楽家の父に磨かれた？

モーツァルトは、三歳のときに三度の和音を楽しみ、五歳のときに作曲を手がけた。作品は宮廷音楽家だった父のレオポルトが筆写しているので、どの程度この父の手が加えられているのかは不明である。

その後のモーツァルトの活躍から判断すれば、そのくらいの才能は有していたのだろうと推察できるが、その才能が開花できたのは父の教育の貢献度は相当に大きかったといえる。教育の質の問題なのである。ゆえに、誰もが等しく早い時期から何かを教育すれば、成功するかといえばそうではないだろう。

三行メモ

◆ベートーヴェンと甥◆ベートーヴェンの音楽は人生を感じさせる。彼は甥をかわいがった。甥は放蕩な青年だったがなんとかしてやろうとした。が、挫折。甥を馬車で実家に送り届け、その帰りに体調を崩し、しばらくしてこの世を去った。

■いつの時代にも最重要の課題となってくる前提とは？

教育の基礎となるのは信頼あふれる人間関係の構築

オランダの発達心理学者マルティヌス・ヤン・ランゲフェルド（一九〇五〜八九）は、人間と教育の関係について、「教育においては、子どもの成長への機会が与えられるだけでなく、人間的存在が持っている責任に、生産的に加わっていける人間となる機会もまた与えられる。教育においてこそ、この責任ある存在の具体的モデルが提供されるのである」としている。そして、教育の機会が与えられないならば、獣のような「人間以外の存在に形成される」だろうとしている。つまり、教育されないで本能のままに生きるならそれは獣と同じだといっているのだ。

一方、ドイツの哲学者で教育者でもあったオットー・F・ボルノウ（一九〇三〜九一）は家庭環境こそが教育的雰囲気の基礎になるとして、「そこ（家庭環境）には、信頼され安定感を与える者から放射される感情が満ちている。子どもがそこでいだく信頼の感情は、すべての健全な人間的発達にとって、したがってまた、あらゆる教育にとって、まず第一の不可欠な前提なのである」としている。

家庭環境で母親の重要性を説いたのは精神分析のハリー・スタック・サリヴァン（一八九二〜一九四九）だった。幼児の感情は母親に対する信頼と期待によって支えられている。サリヴァンは人間の基本的な欲求として、「満足への欲求」と「安全への欲求」を考えたが、前者は生理学的な欲求、後者は人間関係、社会的文化的関係の欲求を意味している。幼児は、摂食や排便のコントロールでしつけられ、そのしつけは信頼できる人間から受けているのだという安心感が安全への欲求の満足へと展開していく。親子の信頼関係が崩れていると、幼児は心の内に不安を増大させていく。サリヴァンはこの構造とメカニズムを「自我体系」という形で説明した。

＊参考文献〈1・8・9・59〉

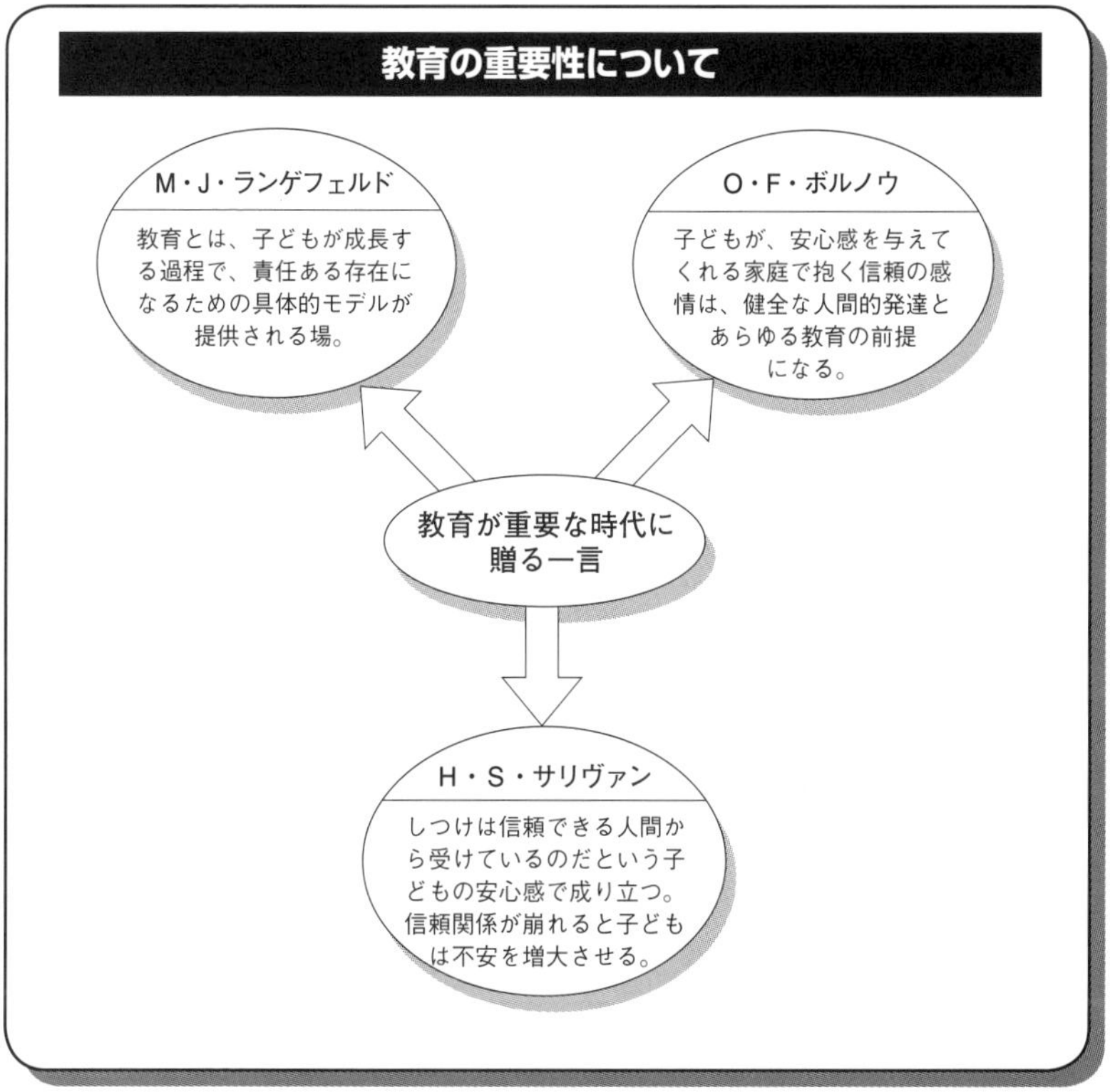
教育の重要性について
M・J・ランゲフェルド
教育とは、子どもが成長する過程で、責任ある存在になるための具体的モデルが提供される場。
O・F・ボルノウ
子どもが、安心感を与えてくれる家庭で抱く信頼の感情は、健全な人間的発達とあらゆる教育の前提になる。
教育が重要な時代に贈る一言
H・S・サリヴァン
しつけは信頼できる人間から受けているのだという子どもの安心感で成り立つ。信頼関係が崩れると子どもは不安を増大させる。

column

社会化＝他者との関係を進化させ特殊化すること

人間が集団のなかで生きていくには自らを社会化させなければいけない。社会化とは何か。個人が他者と関係を持つことで進化させる人間の自覚。

ドイツの心理学者H・トーメは、「世界に向かって開かれた存在としての人間、しかもその出生時にはまったく特殊化されていない存在としての人間が、特定の社会的文化的環境刺激に遭遇することによって、特殊なしかも独自の行動形態、行動範型へと自分のパーソナリティーを特殊化し、固定化させていくプロセス」を社会化とした。「社会的刻印づけ」である。

三行メモ

◆自我体系◆自分の行動を適応的に誘発する場合のエネルギーの布置状況のこと。子どもは自分を認め受け入れてくれるものは自分の体系に取り入れ、逆の場合は追いやろうする。が、それができずに体系のなかにとどまると不安が生じる。

虐待された子どもが受ける心の傷と後遺症

高齢者心中が人生終末期の悲劇なら、幼児虐待《ぎゃくたい》はスタートラインで起こっている悲劇である。

この虐待には、「身体的虐待」「ネグレクト（放置）」「性的虐待」「心理的虐待」の四つのタイプがあげられている。本来の親子関係は、親が子を守り愛情をもってしつけなければならない立場にある。しかし、虐待の場合は、子どもに恐怖を与える立場になる。常識では考えられなかった身体的虐待が明らかになってきたのは一九六〇年代のアメリカでであった。

その後も、ネグレクトや性的虐待が取り上げられ、近年は心理的虐待も問題にされるようになっている。日本での虐待例は、二〇〇五年に発表された東京都の調査によると相談件数は三〇一九で、十年前の十倍以上に増えていた。認定件数はこれより少なくなるが、増大傾向にあることは間違いない。表に出ていないケースも相当あるものと推測されている。

幼児期に虐待を受けて育った子どもは、感情のコントロールがうまくできないと指摘されており、外からの刺激に対して、行動が両極端になる。ひとつは、敏感に反応しすぎて行動が暴力的になること。もうひとつは怒りを心の内に抑えこんでしまうタイプ。学校では、前者はいじめる側に回り、後者はいじめられる立場になりやすい。どちらも他者からは歓迎されない状況に追いこまれる。成人しても、前者の暴力性はそのままで周囲との良好な関係が築きにくい。後者は、ときに自傷行為に走ったりする。

しかし、彼らは犠牲者なのである。本来の乳幼児期の親子関係が順調に進んでいれば、おそらくこんなことにはならなかった可能性が高いのである。虐待された子どもの悲劇は、受けていたそのときの苦痛だけにとどまらず将来にわたってまで後遺症が現れることにあるといえる。

＊参考文献〈9・13〉

虐待の種類

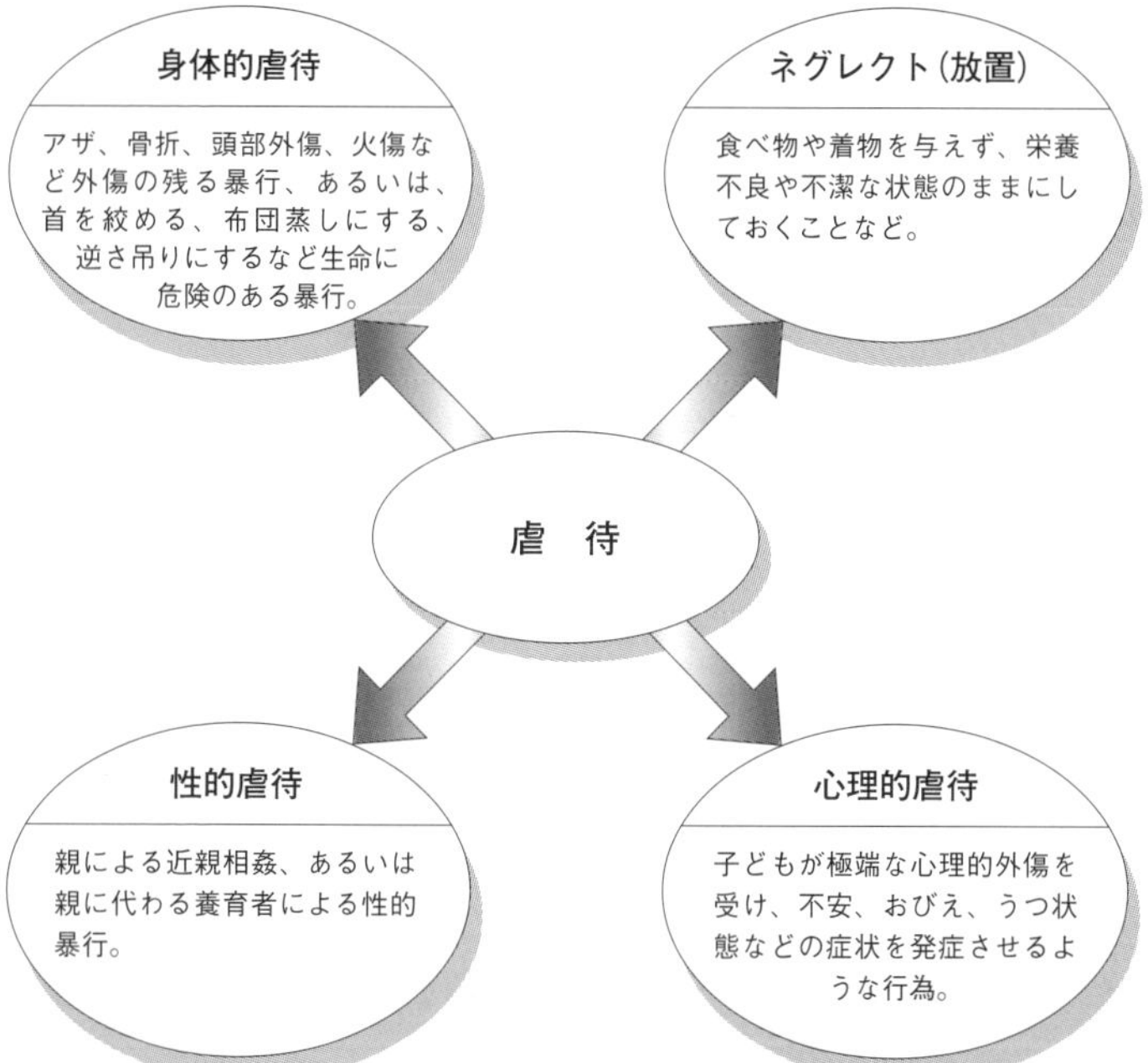
虐　待
身体的虐待
アザ、骨折、頭部外傷、火傷など外傷の残る暴行、あるいは、首を絞める、布団蒸しにする、逆さ吊りにするなど生命に危険のある暴行。
ネグレクト（放置）
食べ物や着物を与えず、栄養不良や不潔な状態のままにしておくことなど。
性的虐待
親による近親相姦、あるいは親に代わる養育者による性的暴行。
心理的虐待
子どもが極端な心理的外傷を受け、不安、おびえ、うつ状態などの症状を発症させるような行為。

column

子ども時代の後遺症を持つ アダルト・チルドレン

アダルト・チルドレンは、アルコール依存症の親のもとで育った「大人子ども」のこと。アルコール依存症の親は酒を飲んでいるときといないときなどで言動が大きく変化する。普段は優しい父親が、酒を飲むととたんに乱暴になったりする。そのせいで子どもは精神的に不安定なまま成長してしまうのだが、その不安定が自我形成に影響を与え、大人になって情緒不安が現れてくる。

こうした影響は、アルコール依存症だけに限らない。ギャンブル狂や薬物依存なども同様にとらえられる。

三行メモ

◆チャーリー・パーカー◆超絶技巧のジャズメン、屈指のアルト・サックス奏者である。しかし、酒と麻薬に溺れわずか34歳で逝ってしまった。ジャズの極北を目指した。外観の巨体に似合わず精神は繊細だったのかもしれない。

子どもの社会化と感情表現を阻害する虐待のトラウマ

虐待《ぎゃくたい》を受けた子どもはなぜ、極端な行動に走るのだろう。

乳幼児期の子どもは、泣いて食べ物を要求して親からそれをもらう。この繰り返しのなかで子は親を信頼できる対象として自分のなかに刷りこんでいく。そしてそのうちに摂食に関する規則的なルールができあがっていく。それがしつけだ。大便、小便など排泄に関することも同様で、子どもの社会化が進んでいくのである。フロイトの発達理論における口唇期、肛門期、男根期に当たる、〇～五歳ごろである。

子どもをしつける際にもっとも重要なのは愛情であり、信頼関係である。社会的ルールを教えられるとき、たとえ叱られても親の愛情を感じていれば、子どもは安心する。

このしつけの過程で感情のコントロールの仕方も自然に覚えていくのである。しかし、虐待は、信頼関係を破壊して子どもの感情表現を不安定にする。子どもに残るのは強烈なトラウマである。

トラウマを抱えた子どもは、感情のコントロールが不得手のまま大人へと成長し、他者の言動に敏感過剰に反応する。その過剰反応のひとつが、メニンガーのいう「殺したい願望」（P134）の表れとなって攻撃的になるのではないか。もうひとつの黙りこむ反応は、反抗すれば虐待を受けるという恐怖の経験則がそうさせているのだと思われる。

このような再現行為をフロイトは、「反復強迫」概念で説明している。トラウマとなった体験を強迫的に繰り返すことによってその苦い体験を克服しようとするというのだ。

これには否定的な意見も多い。繰り返しが二重三重にトラウマを積み重ねることにつながりかねないという懸念がぬぐえないからである。

＊参考文献〈1・8・9・13・59〉

虐待を受けた子どもの性格形成

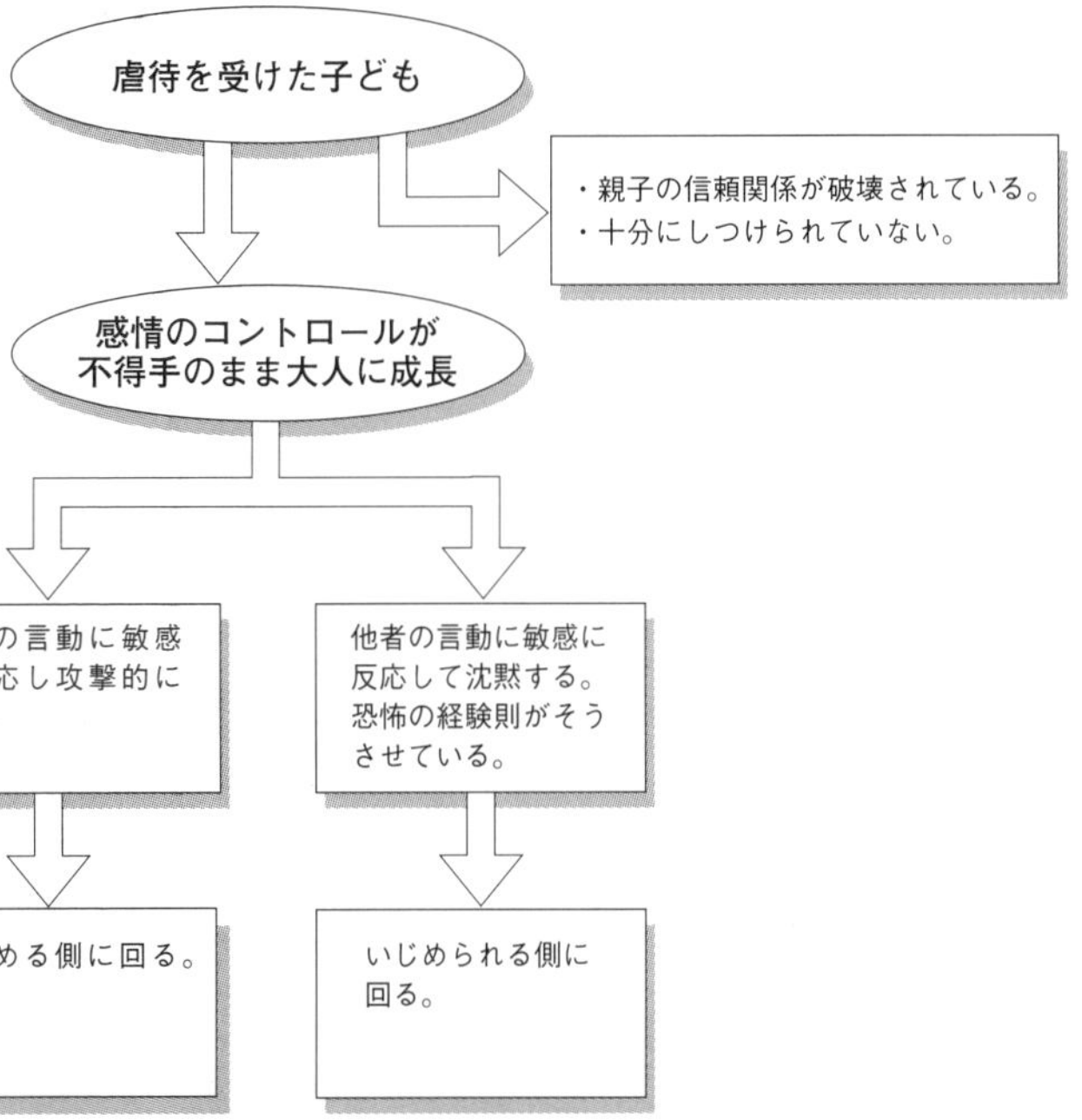

虐待を受けた子ども
・親子の信頼関係が破壊されている。
・十分にしつけられていない。
感情のコントロールが
不得手のまま大人に成長
他者の言動に敏感に反応し攻撃的になる。
他者の言動に敏感に反応して沈黙する。恐怖の経験則がそうさせている。
いじめる側に回る。
いじめられる側に回る。

column

排泄訓練を早めて失敗？ プライド高い親の勘違い

親の子どもの発達成長に対する期待が、幼いころからピアノを習わせたりするのにつながるのだが、乳児のトイレ・トレーニング、つまり排泄に関する訓練の開始時期を早めるのもそうした例のひとつ。

通常は一歳半ごろから行なわれるこの訓練を、将来のことを考えると早いほうがいいのではと勘違いをして半年も早めてしまったりする。当然、結果はかんばしくない。期待に沿えない子どもにイライラした親がつい手をあげてしまう。虐待を受けた子どもには、この訓練と関係したケースが多いといわれる。

三行メモ

◆日本人は性善説志向？◆アメリカの人類学者ルース・ベネディクトは、日本の子どもたちは自由でわがままに振る舞うことができるといったという。アメリカ人の多くは子どもは放っておくと悪くなるとして厳しくしつけるのだ。

虐待は社会変化が人間心理をも変えることの表れか?

どんな親が虐待《ぎゃくたい》に走るのか。東京都の調査によれば、三十歳代の親が半数近くを占め、実母が六割を超える。年齢のわりに親が成熟していないのか。乳幼児は本能的に親を頼りにし、何かを訴えるときには泣き叫ぶ。しかし、その意味がわからない親が増えている。

親自身がまだ誰かに頼りたい、もっと自由に遊びたいと思っているのに結婚して子どもができたためにその世話に追われてそうもいかない。子どもはそんなことを斟酌《しんしゃく》してくれない。うまくいかない子育て、募るイライラ、徐々に追いつめられていく気持ち。そんなときに泣き叫ばれてしまうと、ついうるさくなって手をあげてしまう。さらには、少しは息抜きもしないと耐えられないという思いが重なると、子どもを放置したまま外出してしまうことも起こってくる。

三世代が一緒に住む家族制のなかではたとえ子育てに励む親が幼くても、そのそばには祖母や祖父らがいて、それなりの知恵を授けてくれたし、手助けもしてくれた。祖母に子どもを預けて外出もできた。

かつては地域社会も機能していた。近所には日ごろから行き来して親戚付き合いのような関係の人が多くいた。お互いが何かに困っているとどちらから頼むということではなく、自然に声を掛けあい、助けあったものである。子どもが泣いていれば、年配の女性は自分の経験からの知恵を授けてくれ、対処法を実践してみせてくれるという生きた教育が自然に行なわれていた。地域の人々が地域の子どもの成長を見守るという暗黙のルールのような機能が作用していたのだ。

だが、核家族化の進展、地域社会の変貌はそういう牧歌的機能が失われていることは間違いない。互いのプライバシーを尊重して干渉しあわないという仕組みにはプラス面もあるが、人間を孤独化させる面も少なくないといえるだろう。

＊参考文献〈9・13・59・70・71〉

懐かしい風景

かつての地域コミュニティーの崩壊？

子どもが順調に育ち健全な社会人として成長するためには、幼少時の親子関係が健全であることが大事だ。親は、子どもが安心して信頼できる存在でなければならない。愛情は必要である。しかし、過剰な愛情はときとして裏目に出る。その加減の難しさに親は悩む。悩みを抱えすぎると親自身が壊れる。自分で助けを求めなければ誰も助けてはくれないのだろうか。かつて、日本中が貧困にあえいでいた時代、親は働くのに一生懸命でたいていの子どもはほったらかしにされていた。それでも、子どもたちの多くは健全に育った。ほったらかしにされていた子どもたちを、村や町の地域コミュニティーが温かく見守っていたのである。誰彼となく声をかけ、自然な形で子どもたちをしつけ、善悪をわからせ、育てていたのである。プライバシーはあまり守られてはいなかったが、助けあいの精神は旺盛だった。現在は、プライバシーは強固に守られつつあるが、助けあいの精神は希薄になってきている。地域コミュニティーは崩壊寸前である。

column

自立を望まずのんびり生活 パラサイト・シンドローム

時代の移り変わりは早い。パラサイト・シンドロームという言葉もモラトリアム人間やピーターパンシンドロームと同じように、若者たちの生態をうまく表現した言葉だが、すでに忘れられようとしている。

しかし、言い得て妙である。パラサイトとは寄生のこと。親もとから離れずに寄生して家賃を浮かし、仕事は気が向いたときに出かけるフリーター。それ以外は閉じこもって誰にも干渉されずに過ごす。自立しようなんて意欲はない。言葉は忘れ去られようしているが、確実に増えている群像ではある。

三行メモ

◆コヤライ◆中国や四国地方で「子育て」を意味する語だそうだ。柳田國男によれば「ヤラヒ」は「後ろから押し出す」意味だそうだ。一定の年齢になると子を押し出す。集団のなかへである。社会性を学ばすための親心である。

男女を問わず増える配偶者暴力、心的ストレスの深い闇

夫が妻を殴る。愛のムチではなく、憎しみをこめてである。かつては、弱い女性を殴る男は最低だといわれていたはずなのにである。

この暴力は、ドメスティック・バイオレンスと呼ばれているが、ドメスティックは家庭を意味するので、本当はジェンダー・バイオレンスと呼んだほうがいいそうだ。警察庁の調査によると、平成二十年中の「配偶者からの暴力事案」件数は二万五二一〇件で、平成十二年からの調査開始以来過去最高を記録した。うち、女性の側からの暴力は一・六%で、ほとんどが男性の側からの暴力。被害者の年齢は圧倒的に三十代が多く三六・二%を占め、二十代（二一・二%）、四十代（二一・一%）が続く。加害者の年代はやはり三十代がダントツの三三・二%で、次いで四十代の二四・五%。数字をみる限り家庭内でぶつかりあう三十代という印象だ。

三十代といえば意気盛んな働き盛りである。しかし、同時に、家庭内では幼い子どもの育児・教育、外に働きに出れば、二十代と四十代に挟み撃ちの環境。下から突き上げられ上からは結果を求められる。外でのストレスが家庭に持ちこまれて、些細《ささい》な言葉のやりとりから大げんかへと発展する。夫のいうことを妻が素直に聞いてそれに従うという時代ではない。言葉の暴力が飛び交い、劣勢になった夫がつい腕力にものをいわせるという場面も少なくないのではないか。

しかし、東京都の興味深いデータもある。平成二十年の七月から九月までの三カ月間に相談窓口「配偶者暴力相談支援センター」と各保健所に寄せられた男性からの相談内容の分析では、計五十六件のうち、「女性から暴力を受けた」の回答は二十二件、三九・三%にのぼっている。

今や、女性も暴力を振るう時代なのである。

＊参考文献〈62・71〉

配偶者からの暴力

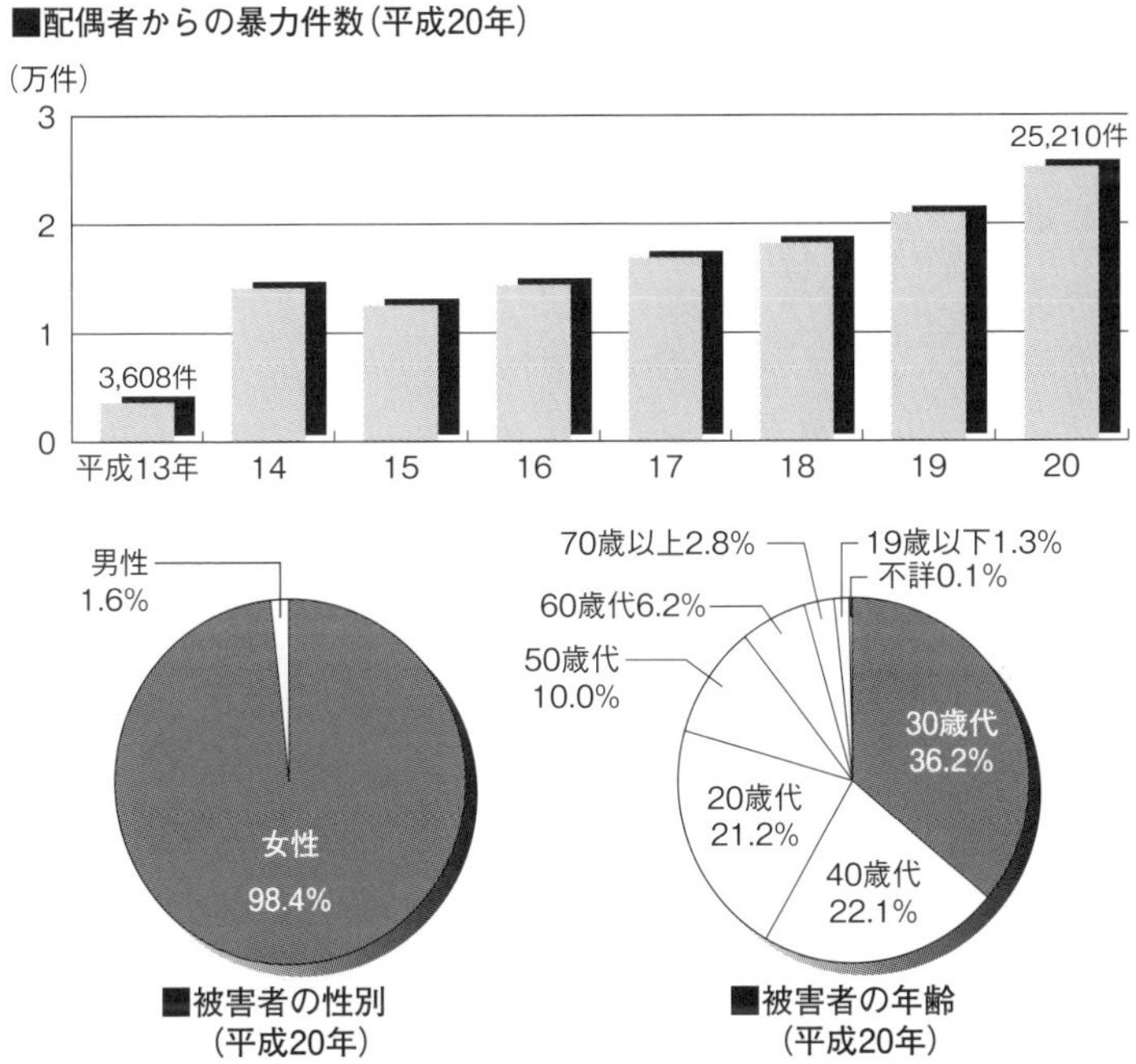
■配偶者からの暴力件数（平成20年）
（万件）
3
2
1
0
3,608件
25,210件
平成13年
14
15
16
17
18
19
20
男性
1.6%
女性
98.4%
■被害者の性別
（平成20年）
70歳以上2.8%
19歳以下1.3%
不詳0.1%
60歳代6.2%
50歳代
10.0%
30歳代
36.2%
20歳代
21.2%
40歳代
22.1%
■被害者の年齢
（平成20年）

column

今こそ持ちたい人間を愛せる人生哲学

つい最近、まだ若い妻が夫を殺害し、その死体をバラバラにして捨てていた事件が大きな話題になっていたが、配偶者間の殺人事件は意外に多く、警察庁発表によると、平成二十年度内で七十七件、偶然にも前年度と同じ数。赤の他人同士が縁あって愛しあい結婚して一緒に住む。それまで見えなかった互いの欠点が露呈してくる。些細なことで口論になり、それが暴力、さらには殺人へと移行する。

歯止めはないのか。ひとりひとりが人間愛哲学を持つ以外にない。現在ほど、その哲学が求められている時代はない。

三行メモ

◆女性の暴力◆東京都に寄せられた男性からの相談で、女性から受けた暴力の内容は「殴られて肋骨を折った」「熱湯をかけられた」などのほかに、言葉の暴力「もっと働け、グズ」もあった。恐ろしい世の中になったものである。

■攻撃論〜三タイプの特徴

「暴力」＝「攻撃」にいたらしめる人間心理の内的過程

「暴力」は、ある種の「攻撃」に相当する。攻撃とは「他の個体に対して危害を加えようと意図された行動」とされ、その行動を起こすにいたる内的過程を攻撃性という。そして、この攻撃性の理論については、「内的衝動説」「情動表出説」「社会的機能説」の三つに大別されている。

内的衝動説は、攻撃を引き起こす心理的エネルギーが個体に内在していると仮定する。フロイトのいう攻撃本能やサディスティックな欲望などはここに入る。

情動表出説は、攻撃は不快情動の表出あるいは発散だと見ている。攻撃はつねに欲求不満によって起こるとするジョン・ダラード（一九〇〇〜八〇）らの説によれば、攻撃反応は、欲求不満を解決することが目的なのではなく、欲求不満によって生じた怒りを発散させ、減少させることにあるとしている。また、レナード・バーコウィッツ（一九二六〜）は、怒りや悲しみなどの敵意をむき出しにした情動だけでなく、抑うつや哀れみなどの深い感情も動機づけになるとする「不快情動の一般的攻撃誘起性」を強調した。

社会的機能説は、攻撃の目標志向的側面を重視する。個人の制御的認知過程を重視する心理学者たちは、攻撃は、紛争を解決したり、事態や人間関係を変化させたりするために、個人がその手段として試みる行動だとしている。

しかし、それらの目的達成方法はほかにもいろいろあるが、なぜ「攻撃」でなければならないのか、あるいは各種の場面によってどのような「攻撃」が選ばれるのかの疑問が残る。その要因と意志決定の過程の解明も社会機能説論者たちの関心事になっている。そして、攻撃によって求められる社会的目標は、強制、自己呈示、制裁・報復、防衛だとしている。もしかしたら、あまりにも危険な目標ではないのか。

＊参考文献〈7・9・24・59・62〉

攻撃性の種類

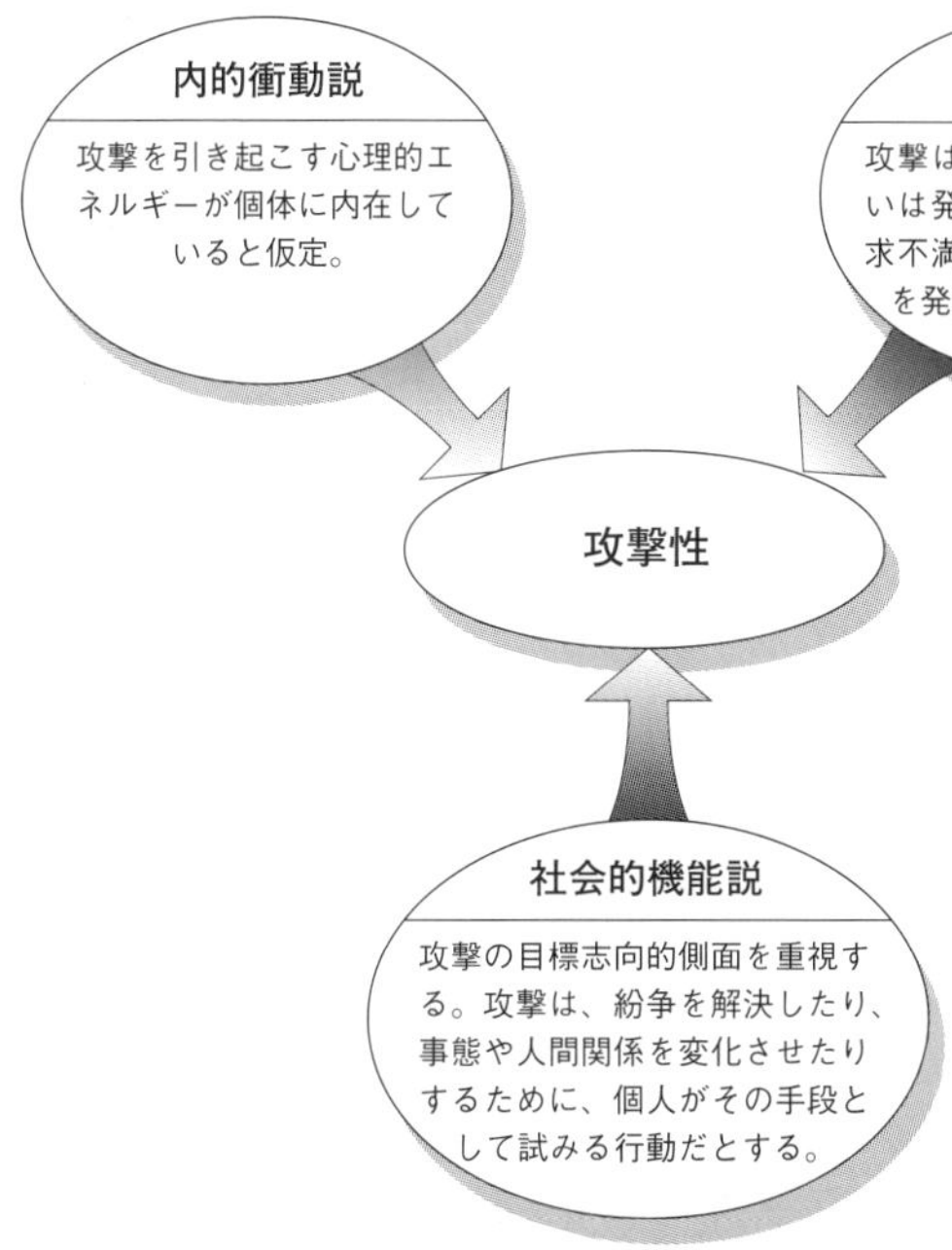
内的衝動説
攻撃を引き起こす心理的エネルギーが個体に内在していると仮定。
情動表出説
攻撃は不快情動の表出あるいは発散だと見ている。欲求不満によって生じた怒りを発散させ、減少させることが目的。
攻撃性
社会的機能説
攻撃の目標志向的側面を重視する。攻撃は、紛争を解決したり、事態や人間関係を変化させたりするために、個人がその手段として試みる行動だとする。

column

楽観的にユニークなスキナーの希望的攻撃論

攻撃行動を生得的な行動傾向や生物学的動因のひとつだと考えたコンラット・ローレンツの研究は有名だが、ユニークなのはスキナーの楽観論である。

彼によれば、攻撃行動に出るのは、その行動に対してなんらかの報酬が得られるからで、何も手に入らなければ攻撃行動に出る必要はない。だから、人間が攻撃的になっても何も手に入らない世界を創造すればいい。

もっともな話である。そういう世界を作ることがいかに困難なのかわかっていても、ついうれしくなるスキナーの説ではある。

三行メモ

◆発明者スキナー◆スキナーは心理工学分野で多くの発明をしてきた。有名なのはオペラント条件装置のスキナー箱だが、ほかに空調つきベビーベッドやハトを用いたミサイル誘導装置、ティーチング・マシンなどがある。

希望のない未来を見る心に忍びこむ「死の本能」

関東北部にある小さな町のあるアパートの二階に老夫婦が住んでいた。その下には若い男性。老夫婦の部屋からは毎晩遅くまでゴトゴトと響く音が一カ月ほど続いた。そして、その音がピタリと止んだ。一週間、二週間が過ぎても二階からはまったく音が聞こえてこない。気になった若い男性が管理人に連絡し、老夫婦の部屋が開けられた。驚くべき光景が目の前に広がった。首を吊っていた夫と、絞殺されていた妻の姿。確かなことはわからない。しかし、夫婦が合意のもとに死を選んだことは明らかだった。しばらく続いていた物音は、死出《しで》の旅の準備、部屋の整理をしていた音だったのだろう。

老人を心理的に追いつめる三悪は「貧困」「病気」「孤独」だとされているが、自殺の精神分析的解釈を試みたE・キルパトリックは、その要因を「絶望」「疎外」「苦悩」に求めている。逆説的にいえば、生きる希望や目標があれば自殺にはいたらないということでもある。H・ヘンディング、W・ブリードは生きる希望をなくさせる喪失事項として「人間」「金」「地位」「能力」などをあげた。とくに、年老いてからの配偶者の死は残された者に心理的ダメージを与える。

また、J・C・ディゴリーは、絶望の要因として「病気、事故などによる能力の喪失、衰退」「目標達成意欲の欠如」「目標のない境遇」などをあげている。年をとると、「生の本能」よりも「死の本能」が強くなるとされている。

絶望のなかでは生への執着が弱くなる。もう十分に生きたという思いと、希望のない未来への冷静な判断が交錯するなかで、死の本能がそっと顔を出してくるのかもしれない。しかし、先に触れた夫婦心中は、もし二人のほかに家族が同居していた場合、そういう結果にはならなかったのではないだろうか。

＊参考文献〈1・8・9・59〉

心理的に追いつめられる老人たち

老人を心理的に追いつめる要因

- **一般的な説**：貧困、病気、孤独が三悪。
- **E・キルパトリック**：絶望、疎外、苦悩。
- **H・ヘンディング、W・ブリード**：配偶者、金、地位、能力などの喪失。
- **J・C・ディゴリー**：能力の喪失、衰退、目標達成意欲の欠如、目標のない境遇。

column

子どもを巻きこむ一家心中の不条理

夫婦心中でもっとも多い動機は、これまでの統計では、疾病と生活苦が関係している。一家心中も生活苦が原因になっているものが多い。日本では一家心中を罪悪視しない風潮があり、日本で多発した大正時代の終わりから昭和の初めにかけては経済不況が背景にあり、当時のそれは貧困心中といわれた。現代社会での一家心中の動機が複雑化してきていることは間違いない。

しかし、その実践には異常が潜む。事情をよく知らない子どもを親が道連れにするケースが考えられ、殺人と自殺が組み合わさっている。

三行メモ

◆映画「喜びも悲しみも幾歳月」◆夜の海を航行する船舶の安全のために灯を灯しつづける灯台守夫婦の仕事にかける情熱と愛を描いて大反響を呼んだ。1957年松竹。監督は木下恵介、主演は佐田啓二と高峰秀子。86年に木下自身の監督でリメイクされた。

ようこそ、「無意識の館」へ

ラファエロ・サンティ
（1483〜1520）

８歳のとき母を失い、11歳のとき父を亡くして、司祭をしていた伯父のもとで成長した。

〈グランドゥカの聖母〉
（1505年ごろ／フィレンツェ・ピッツィ美術館）

第8章

深層心理から見た現代社会

仲間同士で殺しあうのは人間だけ？ 攻撃心の闇

最近、たびたび大きなニュースとして新聞・テレビで報道されるのは、無差別的、あるいは通り魔的な殺人事件である。驚かされるのは実行犯が語ったとされる「誰でもよかった」という内容である。相手を憎くて殺人に及んだのではない。誰かを殺したかったから殺した、そんなふうに聞こえる。メニンガーのいう「殺したい願望」（P134）がタガを外されてスーッと顔を出してきたというのだろうか。それとも、ダラードの攻撃論がいうように欲求不満の解消の手段がたまたま「殺人」だったというのだろうか。

この種の事件が報じられるとき、その内容は「信じられない事件」「非人間的な事件」のトーンで流される。しかし、私たちがよく認識しておかなければならないのは、人間は他者を殺しうる存在だということである。

イギリスの精神医学者アンソニー・ストー（一九二〇～二〇〇一）はその著書『人間の攻撃心』の冒頭に、こんな刺激的な一文を載せている。

「人間が攻撃的な生物であることについては、ほとんど議論の余地がないだろう。ある齧歯《げっし》類を例外とすれば、自分自身の種族のメンバーを殺す習性をもった脊椎動物は他にいない。同じ種族の仲間に残虐行為をして、積極的な喜びを感ずる動物は人間だけである」。

人間は人を殺しうる存在だからルールが必要なのである。そしてそのルールに従うことができるのも人間である。しかし、破る者もいる。ルールを破る者と破らない者がいる。それが人間界の宿命のようなものだが、その差をどこに還元できるのだろうか。ルールは教えられるものである。すると、乳幼児期の親子関係、成長時の家族関係、勉学に励む学校教育、地域社会……等々に還元されていくだろう。それでも、個人差を埋めることはできない。

＊参考文献〈9・20・21・63・64〉

殺しあう人間、殺しあわない動物

殺しあう人間はもっとも下等⁉

人間が他の動物と違うところは、本能的な部分を抑えることができる「理性」を持っていることではなかったか。人間以外の他の動物は同じ種属では殺しあわない。なぜ、人間だけが殺しあうのか。高度な頭脳を誇りながらもっとも下等な生き物は人間なのかもしれない。

column

人肉さえ食らう恐怖の心性とは？

遭難した船の船長が死んだ仲間の人肉を食って生き延びた話が記されているのは、武田泰淳の作品「ひかりごけ」である。そのなかで、〈殺人は「文明人」でも行い得るが、人肉喰いは「文明人」の体面にかかわる〉と書き、しかしそれは、〈錯覚〉だとしたうえで〈「野火」の主人公が、「俺は殺したが食べなかった」などと反省して、文明人ぶっているのは、明らかにこの種の錯覚のあらわれでありましょう〉。『野火』はフロイト思想の影響を受けた大岡昇平が自身の戦争体験をベースに書いた作品である。

三行メモ

◆武田泰淳◆1912年、東京文京区の浄土宗の家に生まれる。東京帝大に入学するが左翼運動にのめりこんで中退、中国文学に傾倒する。割腹自殺した三島由紀夫の葬儀の折には、弔辞を読み南無阿弥陀仏を唱えた。76年にガンで死去。

■ストーの「人間の攻撃心」❷～しつけに必要な攻撃性もある

ときには必要となる親子間の攻撃心

ストーは、「攻撃」を必ずしも悪しきものとはとらえていない。多くの精神分析学者が考えてきたそれとは異なり、攻撃のプラス面に多くの光を当てている。

たとえば、幼児期の子どもに対する親の態度にはときには攻撃性が必要である、と。親を信頼している子どもは親の庇護《ひご》のもとで社会と対峙《たいじ》する。親が社会と闘っている姿を見せないと不安を増長させる。子どもに対する場合も同様である。この攻撃性は子どものしつけにつながる。プラス面である。

しかし、もし親が、子どもに対して攻撃的な態度で接するとその子どもは攻撃的な性格を持った大人になるという一面的な考えから、子どもを甘やかして自由にさせた場合、どうなるか。ストーは、「彼らはけっして他の人々に情緒的な要求をしないか、そうでなければ誰も満たすことができないほどの過剰な要求をするかである」としている。この極端さは、虐待《ぎゃくたい》を受けた子どもの成長後の性格と似ている。違うのは、子どもの心に植えつけられたのが「恐怖」ではなく「不安」だということである。子どもの攻撃心は、最初に向かう相手である親の攻撃心によって規制させられ、その規制を乗り越えようとすることで自立心が植えつけられて社会的な人間に育っていく。

ストーは、精神分析家は往々にして攻撃心を否定的にとらえがちだが、決してそうではないとして、親子間の攻撃心の必要性を次のように述べている。「攻撃心を正常に処理するためには反対が必要である。譲りすぎる親には、こどもがたち向かうことができないし反抗すべき権威もないし、独立しようとする内的な衝動を正当化することができない」と。

どこまで厳しく接し、どこまで許容すればいいのか。親は悩む。難しいから安易な甘やかすほうに流れているのが、現代の風潮ではないか。

＊参考文献〈9・63・70〉

子どもは親が闘っている姿を見て成長する

甘やかすだけでは子どもはたくましく育たない。自立心を養うためには、親は闘っている姿を子どもに見せなければならない。子どもの闘争本能は、まず最初に目の前に立ちはだかる親を乗り越えようとする意志によって鍛えられ、磨きがかけられる。しかし、子どものいうことばかり聞いてしまう親に対しては子どもは強い闘争心も湧かないし、そのうちに他者からの攻撃にきわめて弱い人間に育ってしまう。

column

大人になりきれない男たち ピーターパン・シンドローム

米国の実存心理学者ダン・カイリーは、不安、孤独、ナルシシズム、無責任など思春期に特有な社会的不適応現象、すなわち「大人になりきれない男たち」のことを「ピーターパン・シンドローム」と名づけた。背景には両親の不和を敏感に受け止めてきた子ども時代の心理メカニズムが潜んでいるとされ、母親への過度のとらわれから母親以外の女性との関係がうまく築けないケースが多い。『ピーターパン』は英国の劇作家ジェームス・バリーの童話劇で、永遠の少年ピーターパンが、動物や妖精の国に遊ぶ空想冒険物語。

三行メモ

◆攻撃の置き換え◆Aさんは会社でミスとはいえないような些細なことのために上司から注意を受けた。反論することもできたが立場を考え、上司の言い分に従った。帰宅後の食事の際、妻の言動に血がのぼって怒鳴りつけてしまった。

■ストレスだらけの現代社会〜心理的ストレス・モデル

ストレスに見る心理と身体の関係

いまや、現代病を発症させるその最大要因のように思われているほど、頻繁《ひんぱん》に登場してくる「ストレス」。聞きようによっては原因をストレスのせいにしておけば、大きな的はずれがないといわんばかりである。

では、ストレスとは何か。その概念は、ストレッサーとストレス反応の二つの要素で成り立っている。心身の適応能力に課せられる要求がストレッサーで、それによって引き起こされる緊張状態をストレス反応という。ストレスは、もともとは「圧力」「圧迫」「苦悩」などを意味する言葉だが、それを「外界のあらゆる要求によってもたらされる身体の非特異的反応」として概念づけたのがカナダの生理学者ハンス・セリエ（一九〇七〜八二）。一九三〇年代後半のことである。

現在、ストレス理論として広く受け入れられているのが、八〇年代にリチャード・ラザラス（一九二二〜二〇〇二）とスーザン・フォルクマンが唱えた心理的ストレス・モデルである。個人が外部環境からのある種の要求に直面し、それが個人にとって有害、脅威であり、対処努力を要するものだと判断される（一次評価）と、抑うつ、不安、怒り、イライラなどのネガティブ情動が起きるが、その際、ある種の要求がコントロールできるものかどうかの判断（二次的評価）によって、情動の種類や強度が規定されるというもの。

つまり、ある種の要求がすぐさまストレス反応につながるのではなく、それが有害なものでコントロール不可能だと評価されてはじめてストレッサーとなり、情緒的ストレス反応を引き起こしていくのである。そして、このとき、生体はそのままストレッサーに負けてしまうのではなく、それを低減するように動く。それをコーピングという。このコーピングが有効に作用しないとストレス状態が慢性化して、心身の健康を害していくのである。

＊参考文献〈9・62・65〉

ストレスのしくみ

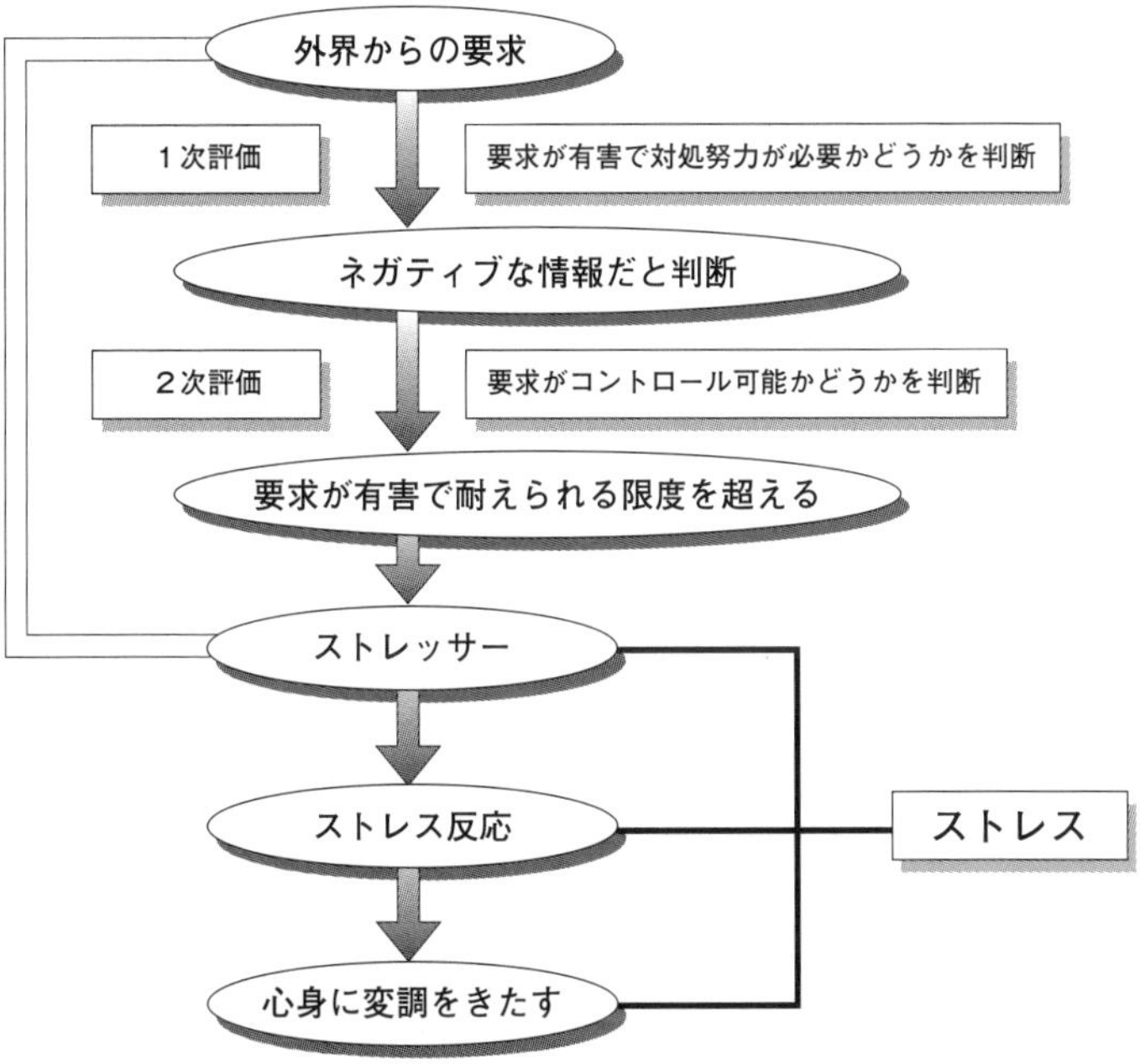
外界からの要求
１次評価
要求が有害で対処努力が必要かどうかを判断
ネガティブな情報だと判断
２次評価
要求がコントロール可能かどうかを判断
要求が有害で耐えられる限度を超える
ストレッサー
ストレス反応
ストレス
心身に変調をきたす

column

ストレスの危険を管理するストレス・マネージメント

ストレス・マネージメントとは、ストレスを防ぐためのトータルな対応策を意味する概念。ストレスのとらえ方によってその方法も違ってくる。セリエは、外界からの要求による反応ととらえているから、成立の防止、生起した反応の軽減に重点を置いた。

生活上の環境の変化を重視したＴ・Ｈ・ホームズは、ストレスを発生させる環境そのものの改善に力点を注いだ。刺激―認知的評価―反応を含む各プロセスを重視したラザラスらは、それぞれの各段階特有の役割を考えようとした。

三行メモ

◆**ストレス免疫訓練**◆ストレスに対する適切な対処法、すなわちコーピング行動を身につけると同時に、各種の問題を予防するための訓練のこと。健康生活を獲得するため、つまり免疫力を高めるための指導プログラムが組まれる。

ストレス解消の二つのタイプと心の作用

「ストレス解消のためにちょっと旅行に行ってくる」あるいは「ちょっと飲みに行ってくる」といった言い方は、日常的によく使われるし、そのとおりに実践されて気分転換も図られる。

そういうふうに行動させるのがコーピングだと考えればいいのだが、旅行に行っても飲みに行っても解消できない原因がある。たとえば、借金の返済を迫られていて、それが大きなストレスになっていればなんとか金をつくって返さない限り、そのストレスは解消されない。

本来は「対処」と訳されるこのコーピングを、ラザラスとフォルクマンは二つのタイプに分けた。

ひとつは、回避、静観、気晴らしなど情緒的な苦痛を低減させるための情緒焦点型コーピング。旅行に出かけて気分転換を図るなどはこのタイプに入る。

もうひとつは，外部環境や自分自身の内部の問題を解消するためになされる問題焦点型コーピングで、これには問題の所在の明確化、情報収集、解決策の考案やその実行などが入る。

この二つのコーピングは、「同時に」あるいは「継続的に」作用し、かつ相互に「促進的に」あるいは「抑制的に」影響しあうとされている。こうしたコーピングが働いてもなお，原因の根本的解決がなされないときにストレス反応が起こるのである。

現代人は、複雑化した社会機構のせいで多様なストレッサーに囲まれている。その一方で、甘やかされて育てられたためにストレッサーに弱い人間が多いという指摘もある。

おそらく、どちらも正しいのだろう。そして間違いなくいえることは、解消されないストレスによって心身の健康を害する人間は確実に増えているということである。

＊参考文献〈9・62・65・66・67〉

対ストレス防御システム

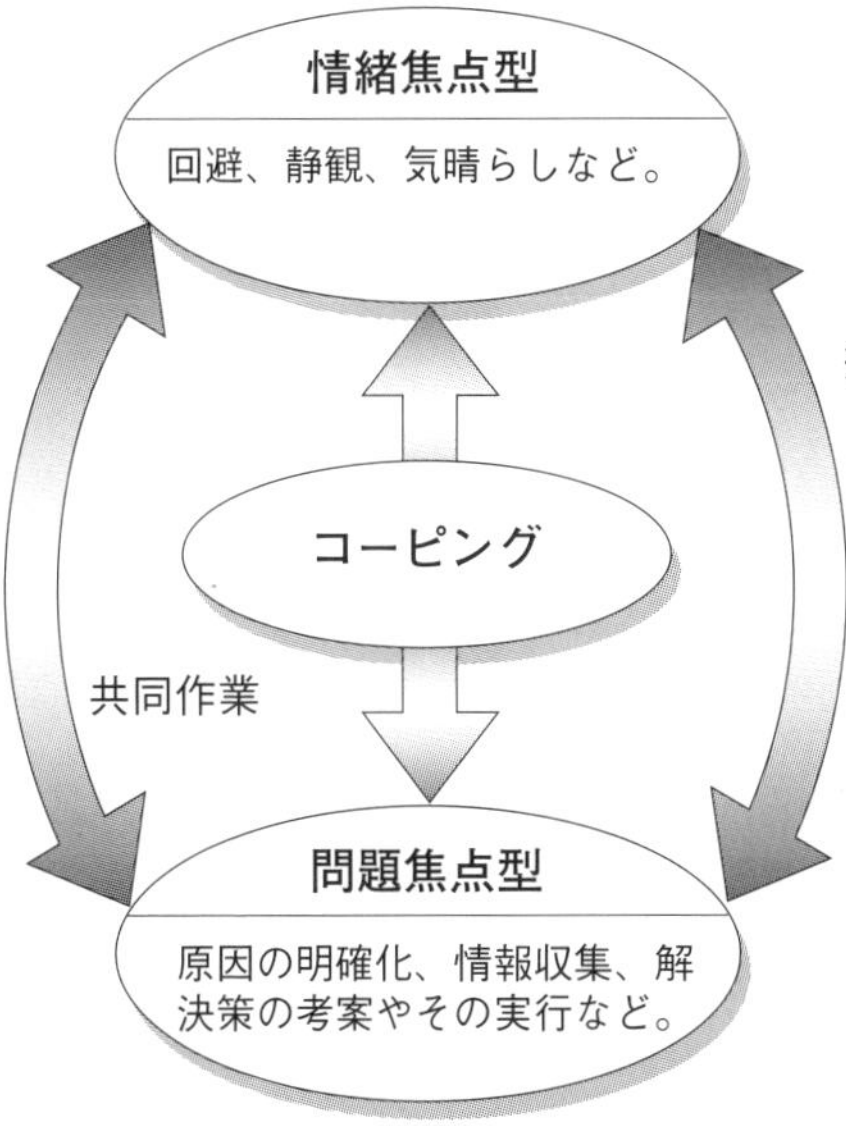

仕事の合間の喫煙もコーピングのひとつか？

column

良いストレスと悪いストレス

諸悪の根源のように思われている「ストレス」だが、このストレスには、じつは良いストレスと悪いストレスの二種類がある。たとえば、やりがいのある仕事を当てられて心身が前向きに緊張し、チャレンジ精神が旺盛になってくる。こういう場合は、良いストレスがかかっているのである。セリエは、このようなストレスを活力を促進させる「ユーストレス」といった。

適度のユーストレスがあってこそ人生は楽しくなってくるのである。もうひとつは、いわゆる、有害で破壊的な悪いストレス「ディストレス」である

三行メモ

◆温泉の効用◆日本人は温泉好き。旅行するのなら温泉宿に泊まりたいと思っている。美しい風景を眺め、湯につかったあとに食事をする。次の日、なぜか気分は爽快。爽快なのは湯につかったからだけではない。日常から解放されたからでもある。

■精神障害〈神経症と精神病〉～突破された防衛機能

不安を内包した神経症、幻覚・妄想が起きる精神病

過剰なストレスがかかり、個人の防衛機能が突破されると精神障害を起こす。この精神障害は二つに分けられる。神経症と精神病である。

神経症は、身体的な原因によって起こるのではなく、強い不安を内包した心理的原因（心因性）によって発現する障害だとされている。これには、抑うつ神経症、不安神経症、心臓神経症などが該当する。

一方精神病は、現実と非現実との区別をつける現実検討能力が障害されている病。つまりその個人のなかで幻覚や妄想が起きているのだ。原因によって、内因性精神病、脳器質性精神病、中毒性精神病、症状精神病、心因性（反応性）精神病などに区別されるが、社会生活上のストレスが原因になっているのは心因性精神病である。この心因性精神病のなかにうつ病が入る。

では、抑うつ神経症とうつ病はどう違うのか。現在のアメリカ精神医学会の診断分類では、「神経症」という言葉は使用されず、両者は気分障害のなかに入れられ、うつ病の軽症例に該当する抑うつ神経症は気分変調性障害（気分障害の一型）に入れられている。ただし、軽症のうつ病と抑うつ神経症を臨床的に鑑別するのは相当に困難だとする専門家の指摘もある。

ともかく、複雑化した現代社会の仕組みのなかで大きな社会問題になってきているのが、その両者を含む「うつ状態」の人間が増え続けていることである。ケント大学のコルネリウス・カトナらによれば、単発のうつ病は症状が三～八カ月持続し、約二〇％で二年以上の抑うつ状態が続き、約五〇％で再発例が見られるとしている。

そして留意しなければいけないのは、重症例ではその再発率が八〇％、自殺率が一五％に達することである。さらに驚かされるのは、重症者の自殺は、高いビルの屋上から身を投げるなど確実に死ねる方法を選択するということである。

＊参考文献〈9・62・65・67〉

ストレスによる精神障害

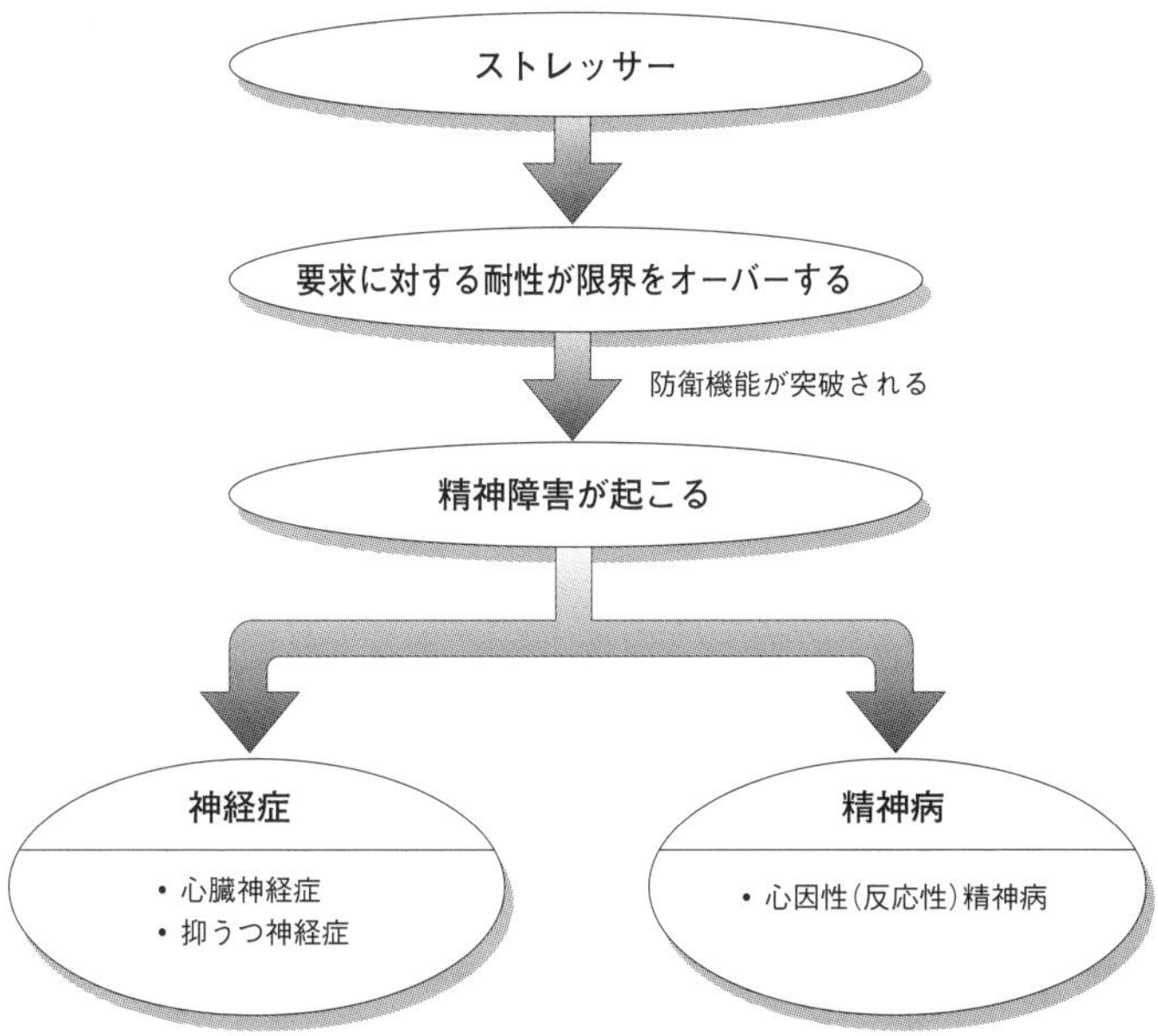
ストレッサー
要求に対する耐性が限界をオーバーする
防衛機能が突破される
精神障害が起こる
神経症
・心臓神経症
・抑うつ神経症
精神病
・心因性（反応性）精神病

column

「持続」の有無で知る気分と感情の違い

気分と感情はどう違うのか。日常的によく口にする「今日は気分がいい」「今日は充たされた気分」といった使い方からもわかるように、それは一定の期間持続するものとしてとらえられる。持続するから、気分が悪い、イライラするなどの症状が出てくると、それは精神医学的には病気と見なされてくるわけである。

一方、感情は持続しない。こういった観点から、これまで感情障害に入れられていた抑うつ神経症、情動性人格障害などが、一九八七年以降、気分障害のなかに入れられるようになった。

三行メモ

◆介護うつ◆ストレス社会のなかで年々増大してきているのがうつ状態の人たち。なかでも介護うつは、高齢化社会がどんどん進むなかで深刻になっている。あるデータによれば介護者の４人に１人がこの介護うつにかかっていた。

社会のあり方を映し出す鏡としての「うつ病」

厚生労働省が三年に一度実施している「患者調査」によると、一九九六年四十三・三万人、九九年四十四・一万でほぼ横ばいに推移していた「うつ病患者」数が、二〇〇二年七十一・一万人、〇五年九十二・四万人になり、この六年間で二倍にふくれあがっている。

男女比では、圧倒的に女性のほうが多く、〇五年の場合は、男性三十三・八万人に対し、女性は五十八・六万人で、約一・七倍。年代別に見ると、女性の場合、三十歳代で一度ピークを迎えて四十歳代で少し減ったのち、五十歳代から増え続けて七十歳代で十・九万人に達し、八十歳代で半減している。男性の場合は、三十歳代六・八万人、四十歳代七・二万人と多く、その後の世代では少なくなっている。

こうした統計から、うつ病患者が増えてきたのはバブル崩壊後で、経済的なダメージが影響を与えているといえるし、男女別では、男性の場合、三十歳代、四十歳代で多いのは、仕事面での負担に加えて家庭での経済面、子どもの教育問題などが重なって大きなストレスを生み出していることが推察できる。

三十歳の女性の場合、経済要素に加えて子育てなどが大きな心の負担になっていることがうかがえる。

しかし、五十歳代から七十歳代にかけて増え続けているのはなぜなのだろう。終末期を迎えた女性の心の奥を何が襲ってきているのだろう。この問題に光を当て、彼女たちの心の底を読み取ることこそが高齢化社会においてなされるべき対応のひとつなのではないだろうか。

先のないことへの絶望感、歩んできた人生への後悔が原因になっているとすれば、それは、日本の社会のあり方ともリンクするはずである。今、日本の政治と社会の貧困が浮き彫りにされてきているのではないだろうか。

＊参考文献〈9・62・65・69〉

うつ病が高齢者女性に多い不思議

歩んできた人生への思いが関係している？

70歳代、60歳代の女性にうつ病が多いというのは不思議な現象である。巷間、高齢になってから身体の自由が利かなくなったり、かかっている病の治療が思いどおりに進行しないことから次第に落ちこんでいくのではなどといわれているが、それならば、女性に限らず男性だって同じ条件のはずである。もともと、うつ病は男性よりも女性の発症率が高くなっているが、それでも人生の終末期に入って極端に多くなるのは、自身が歩んできた人生へのなんらかのネガティブな思いが大きく関係しているのではないだろうか。

column

うつ病になりやすい、几帳面な四十歳代男性

男性の四十歳代にうつ病患者が多いのは、何が原因か。会社では上司と部下の板挟みで、それなりの成績が求められる。家庭では子どもたちが思春期の微妙な年齢。妻の要求も聞かなければならない。うつ病になりやすい真面目で几帳面な性格の人間は、難題を抱えこんでもひとりで完璧にやり遂げようとする。

そのうちに難題が気になって不眠症になり、眠れないイライラから気分が落ちこんでいく。うつ病は病気。回復には時間がかかる。しかも、治療途中で自殺するケースも多い。かかる前に手を打つことが大事だ。

三行メモ

◆介護者の見えない未来◆介護者がうつになりやすい原因のひとつは未来が見えないからではないか。身内を介護している人間にとって自分が解放されるのは患者の死によってでしかない。しかし、それを望むわけにもいかない。

「いじめ」発生のプロセスに見る人間心理の二面性

いじめはどこででも起こっている。学校だけではない。会社、地域社会、グループ活動の集団……等々。ストーは、このいじめについて「われわれの種属としてのもっとも不愉快な性質は、弱い者いじめをするという傾向であろう」と触れて、「心の中に憎悪を抱いた人々は、無力な被害者の苦悶を長びかせることを楽しむ」「知られているかぎり、他者の苦痛を楽しむのは、人間に特有だからである」と記す。

人間のもっとも忌むべき性質、避けて通りたい部分のあぶり出しである。動物が同じ種属の他の一方を攻撃するのは、自分と相手の力の優劣を決するのが目的で、負けの動作を示した相手にさらに攻撃を加えて痛めつけるというようなことはしない。かつての真のガキ大将は、そんな存在だったように思える。弱い者いじめはしないし、闘う場合の相手は限られていた。腕力を武器に理不尽な振る舞いをしている者に対してであった。勝負は、必ず一対一であった。理不尽な振る舞いをする者もそれなりの矜持《きょうじ》をもっていたのである。

しかし、最近のいじめの実態は、いみじくもストーが指摘したようなもっとも不愉快な陰湿な方向に向かっている。何か重要な要素、ファクターが抜け落ちていっているような印象だ。

かつて平等ではない奴隷制度に怒りを覚えてその廃止に立ち上がった人物がいた。逆になんの罪もない大衆を大量に虐殺《ぎゃくさつ》した人物がいる。この差は両極端に思えるが、じつは同じ感情移入のレベルから分かれているのである。

つまり、人間は虐待や差別を受ける苦しみを感じることができるにもかかわらず、一方は苦しみを解放するほうへと回り、もう一方は苦しみを与えるほうへと回るのである。人間存在の本当の恐ろしさは、こんな二面性を平然と備えているところにあるのである。

＊参考文献〈9・63〉

ますます陰湿になっていく「いじめ」

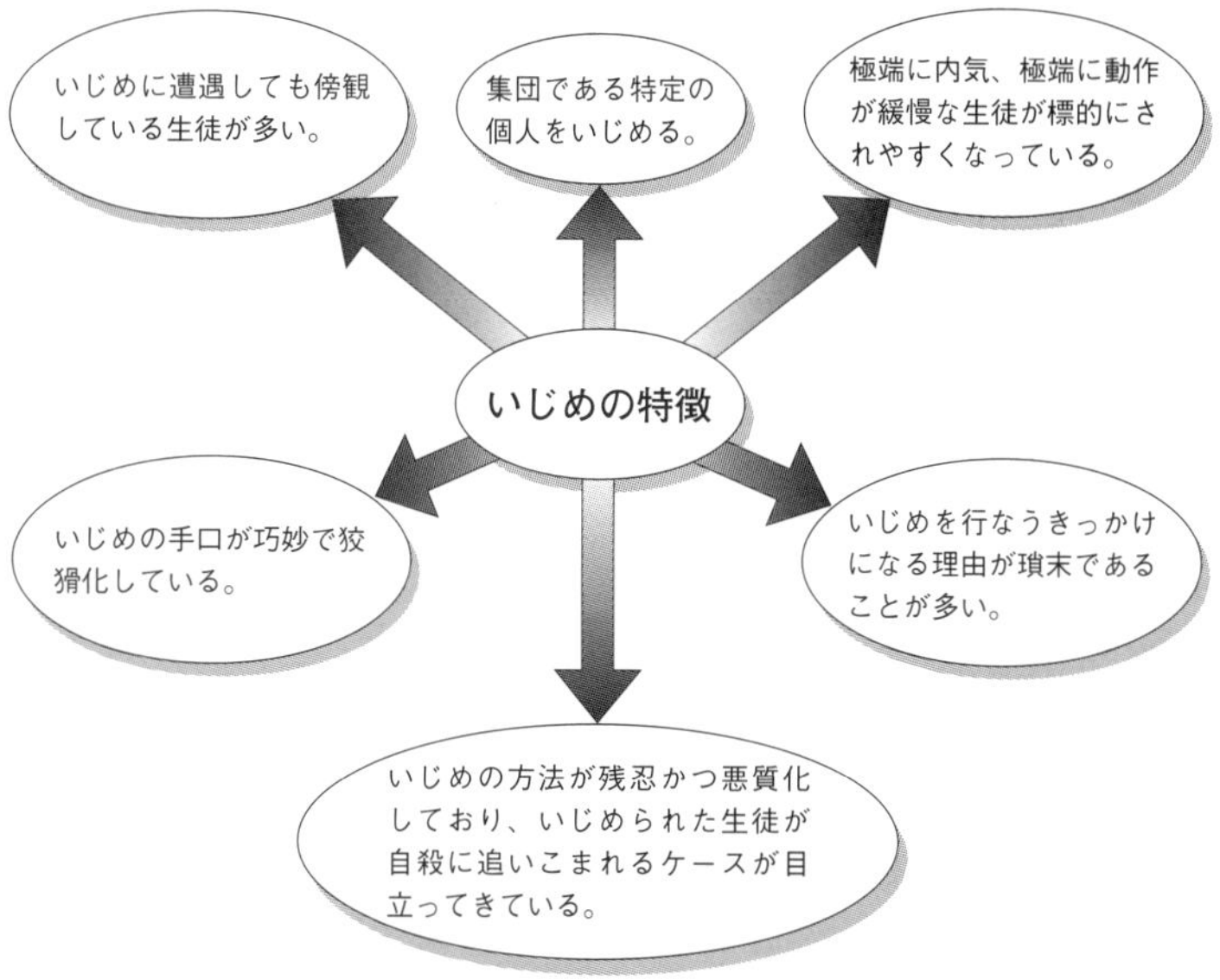
いじめの特徴
いじめに遭遇しても傍観している生徒が多い。

集団である特定の個人をいじめる。

極端に内気、極端に動作が緩慢な生徒が標的にされやすくなっている。

いじめの手口が巧妙で狡猾化している。

いじめを行なうきっかけになる理由が瑣末であることが多い。

いじめの方法が残忍かつ悪質化しており、いじめられた生徒が自殺に追いこまれるケースが目立ってきている。

column

恥辱に対する復讐心がいじめを生み出す

　人間はどうして、明らかに自分たちより弱いと思われる者を迫害するという傾向を持っているのだろう。この問題をストーは、攻撃心と復讐心からとらえている。攻撃心が復讐心を含むようになると憎悪に転じる。

　この憎悪が弱い者いじめへと駆り立てるのである。そして、攻撃者が憎悪を持つようになるのは、自身に恥辱を受けた過去があり、その恥辱に対して復讐しようとする欲求があるから。さらに、自由主義ヒューマニストたちが攻撃心を悪ととらえるのは、攻撃心と憎悪を区別しそこなったからだとしている。

三行メモ

◆日本の戦争◆考古学者の佐原眞が縄文と弥生の人骨を調査したところ、縄文人骨のなかで斧や矢などで傷ついていたのは対象4000〜5000に対して10程度。弥生人はその10倍。日本で本格的な戦争の開始は弥生期からという説が出た。

「いじめ」の原因と責任はどこに？　現代社会の盲点

すべての人間が他者の苦しみを解放するほうへと回れる方法はあるのだろうか。

フロイト、クライン、アンナ・フロイトをはじめ、多くの精神分析医は、乳幼児期の母子関係の重要性を説いてきた。たしかにそれは間違いないだろう。しかし、すべてではない。虐待《ぎゃくたい》を受けて育った子どもも、極端に甘やかされて育った子どもも、成人後にときとして同じような性格を見せるケースがあることからも明らかである。

ストーはこう問いかける。

「同じ屋根の下に祖父母、おばたち、いとこたちがいるような家庭で育ったほうがより安定した子どもになりやすいか？　あるいは献身的な両親から受けることができるような愛情のこもった世話を楽にして受け、他の親類縁者の支持も妨害もないほうが、情緒的平衡をより促進するだろうか？　西欧文化において流行となっている、哺乳期間よりも長く乳房を含ませることが有害であるか、あるいは積極的利益があるか？」

これらすべて、あるいはさらに多くの問いに対して「われわれは答えを知らない」のである。

人間の子どもが大人に成長するまでの期間は、ほかの動物に比べてかなり長い。親子の関係から、さらにそれらを含めて家族、学校、地域社会へとその世界を広げていくそれぞれのステージにも重要な意味が含まれているはずである。それに加えて、現代社会はインターネットなどの情報網の発達によってこれまでとは違う世界に構築されてきており、そのなかに大人も子どもも取りこまれつつある。

そういう意味では、何かの責任をひとつのステージに還元するのではなく、もっとトータルなステージでの洗い直しが必要な時代にきているのではないだろうか。

＊参考文献〈13・63〉

複雑・多様化する現代社会

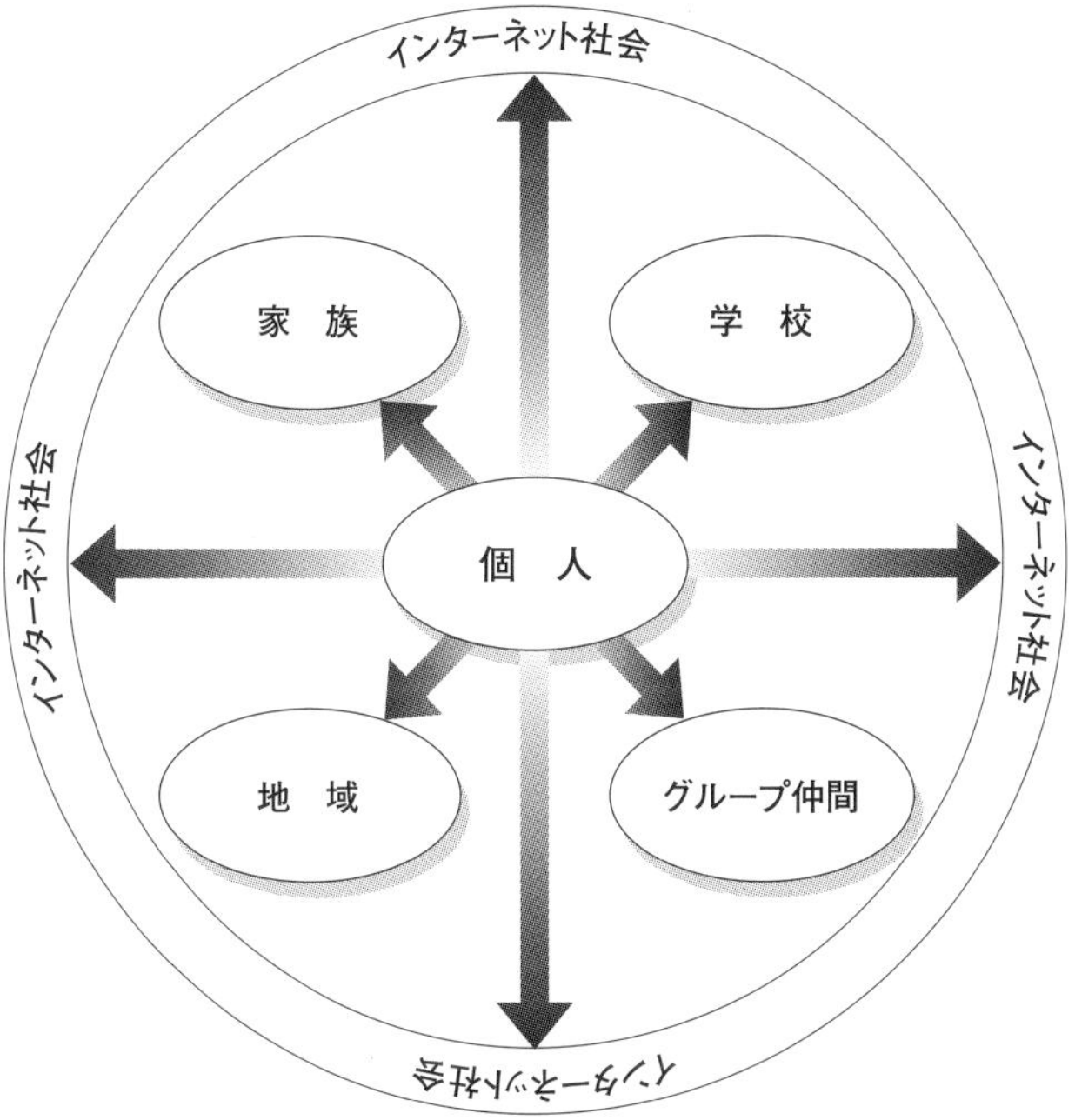
インターネット社会
インターネット社会
インターネット社会
インターネット社会
家　族
学　校
個　人
地　域
グループ仲間

column
決断できずに気が移ろう青い鳥症候群

母親が甘やかして育てたケースとして話題になったのが「青い鳥症候群」。

『青い鳥』の物語は、理想の青い鳥を求めてあちこち放浪する話だが、この話にちなんで、自分で何事も決定できずにあれこれ悩んでしまう幼児性の残っている青年のことをさす。あることに興味を持ってもすぐに次の違うものがよく見えてきてそちらに興味を移して落ち着かない。幼いころからすべて母親任せにして成長したために、肝心なときに決断できない。そのうちに決断できないことも他人のせいにするようになる。

三行メモ
◆くれない族◆一昔前に増殖していた若者たちの特徴を表したものである。何かに失敗したりできなかったりすると「誰も教えてくれないから」と責任転嫁。何かにつけてその「くれない」を言い訳にする。今も、いるかもしれない。

■ネット社会の罪と罰——便利さの陰でゆがんでいく心

ケータイ依存は心のふれあいからの逃避か？

若い女性が二人、電車の中で並んで座っている。友達同士のようだが、一方はケータイを手にしてさかんにメールを打っている。もう一方は友人のケータイをときどきのぞきこむが、退屈そうである。不思議な光景である。二人はなぜ、会話をしないのだろう。

現代社会では、パソコンや携帯などの機器のおかげですこぶる便利になった反面、失っていくものも少なくない。その最大のものは、人間の「心」である。五感でのコミュニケーションの減退が人間の心をゆがめる方向へと舵《かじ》を切っている。それは、ゆっくりと進行するのかもしれないが、行き着く先は取り返しのつかない場所であることは間違いない。そのことは、二〇〇七年、朝日新聞社とバンダイネットワークスなどが共同で、中高生を対象に行なった「ケータイ」に関する調査結果からもわかる。興味深い結果が出ている。

そのなかのひとつは、謝罪や別れ話を伝える際にケータイが利用されているということ。割合は、謝罪の場合に四一％、別れ話で四〇％。かなりの高率だ。謝罪や別れ話を伝える場面というのは互いの偽りのない心境を全身で表現しなければならないときである。間近で互いの痛みや気持ちを知りあうことで、このつらい場面を教訓として将来に生かすことにもつながる重要な機会。人間はこういう場面に真正面から対峙《たいじ》して成長する。このような心理的に厳しい場面をメールですませるということは、どんなに言い訳をしても本質的には逃げているということであり、同時にそれは相手を物のように簡単に扱っているということである。

このような厳しい場面から逃げてばかりいると、いざ、社会に出てそういう場面から逃げられなくなると、強烈なストレスを受けて自身が病気を発症させるということである。つまり、打たれ弱い人間になることを意味してはいないだろうか。

中高生のケータイ事情

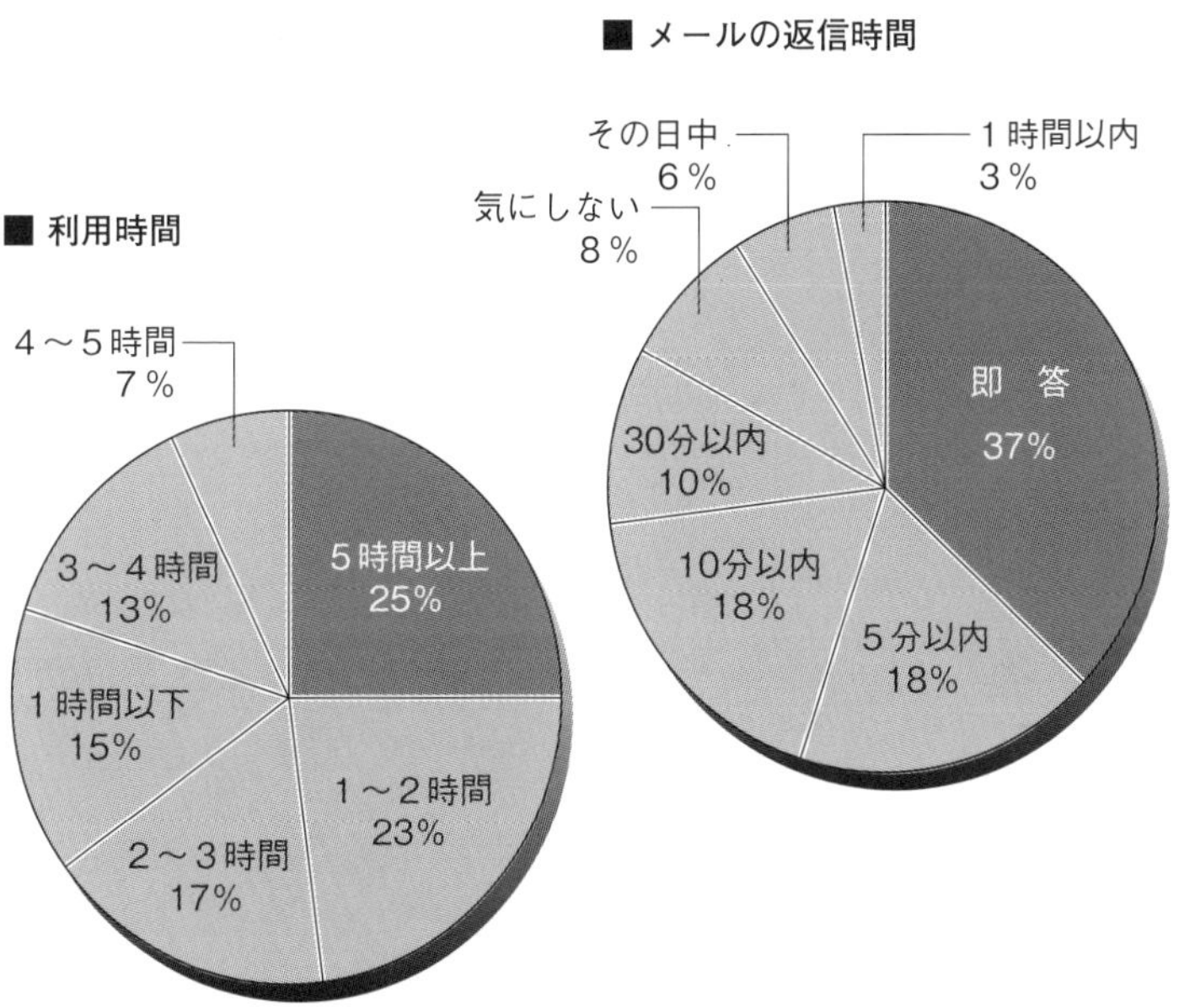
■ 利用時間
5時間以上 25%
1～2時間 23%
2～3時間 17%
1時間以下 15%
3～4時間 13%
4～5時間 7%
■ メールの返信時間
即答 37%
5分以内 18%
10分以内 18%
30分以内 10%
気にしない 8%
その日中 6%
1時間以内 3%

column

ケータイは心の絆？ 持たずに外出できない

朝日新聞社とバンダイネットワークスによる調査で興味深かったのは、「ケータイに振り回されている」と思ったことがある中高生が五九％にものぼっていたこと。便利な反面、わずらわしくもあるのがケータイだ。静かな自然のなかにいても都会の雑踏からメールがやってくる。すぐに返信を送らなければ、あとでどんな災難が降りかかってくるかわからない。面倒だが、かといってケータイを持たないで出かけることはできない。持たないと不安な気持ちになる。自分ひとりがとり残されていくような心理になってしまうのだ。

三行メモ

◆手紙◆「文は人なり」。手紙を読めば、書き手の肉声が聞こえるという。手紙は、日本全国一律、同価格で、相手に届く。手紙のはじまりは恋文、相聞歌。歴史を経ても手紙は人としてのさまざまな、あふれる思いを伝えている。

ようこそ、「無意識の館」へ

モーリス・ユトリロ
（1883〜1955）

モデルをしていた母が16歳のときに生まれる。父は不詳。８歳のときにミゲル・ユトリロの子として認知される。孤独な少年時代を過ごす。

〈コタン小路〉
（1911年ごろ／パリ・国立近代美術館蔵）

第9章●

宗教と深層心理

■フロイトの宗教観――性的発達理論の適用

フロイトが宗教に見た「心的な父親」としての神

フロイトは、宗教について「現世のいっさいの出来事は、われわれを超えたある知的存在――われわれおよび全宇宙の創造主である神――」の企図の実現であり、「われわれ一人一人の頭上には慈悲に満ちたこの神の眼が光っていて、無慈悲な自然や死に対してわれわれを守ってくれている」としている。

人類にとっての自然は、圧倒的に強い存在であり、その存在からわれわれを守ってくれる父親・保護者的存在が神である。しかし、神の存在、保護を必要とするのは幼児期だけであり、成熟すれば、自然は克服できる対象になる。神、つまり宗教は、幼児期の人類が父親・保護者に見立てて心的に作り出した幻想にすぎないというわけだ。いわゆる性的発達理論の適用である。

さらにフロイトは、幼児期にある人類が陥っている一種の強迫神経症が宗教であるともしている。そして信仰に厚い人間はある種の個人的な神経症にはかからない。なぜなら、すでに集団神経症にかかっているからだとする。フロイトがイメージしている宗教はいうまでもなく、キリスト教である。このなかの神の命令「人を殺すなかれ」は、原始時代に行なわれた父親殺しの感情反応として現れたものとする。エディプス・コンプレックス（Ｐ１５４）である。父親は神の原型なのだ。なぜ、父親を殺さなければならなかったのか。自然は父親よりも強かったのだ。強い父親を尊敬していたにもかかわらず裏切られた。だから殺してしまった。しかし、自然の脅威は一向に去らず不安は増大した。人類は神を創造した。心的な父親である。

しかし、フロイトはあくまでも科学的な人間だった。宗教の必要性は認めてはいるが、宇宙の大きさに比べれば人間なんてちっぽけな存在なのだという悟りきったような宗教的感情には与《くみ》していない。

＊参考文献〈5・8・9・44・72・76〉

原罪から逃れられないキリスト教

宿罪説を主導したパウロの心性

人間は生まれながらにして罪の負い目を持っている。原罪は人類の祖先アダムが犯した罪。このことから人間は生得的に罪を犯す傾向があるという宿罪説を主導したのはパウロだった。パウロは、もとはパリサイ人でキリスト教迫害を推し進めた人物である。それがのちに改宗してキリストの復活による罪の救いを説く伝道者になった。注目すべきはパウロの心性である。フロイト思想に従えば、巧妙な置き換えが行なわれているといえなくはないだろう。

column

「神は死んだ」と叫んだ ニーチェは神を必要とした

ニーチェは、四歳のときに父親に死なれたために妹とともに母と祖母の手で育てられた。上品だが、たくましくは育ってはいない。徴兵されたが落馬による負傷で除隊。祖母は英雄ナポレオンの賛美者だった。

　ニーチェは強い者に憧れると同時にダーウィンの影響をも受けていた。そこで思索を深めたニーチェは、キリスト教のいう博愛、犠牲、献身は弱者の泣き言だと結論し、「神は死んだ」と叫ぶ。神は必要ないのか。本能の肯定は動物主義になる。だからこそ、神は必要なのだと考えた。

三行メモ

◆有神的／無神的宗教◆有神的宗教は唯一絶対なる人格的な存在としての神が崇拝の対象になっている宗教で、キリスト教やイスラムなど。無神的宗教は法を悟り修行をして解脱にいたるという仏教のように、神に願ったり祈ったりしない。

「集合的無意識」が宗教の源泉だと考えたユング

フロイトにとっての宗教は、人間が外に作り出した心的現象だったが、ユングの場合は、人間のなかには宗教的本能が存在するとして、人間の力の限界を超えた「何か」あるいは「誰か」と関係をもとうとする内在的な衝動がその源泉になっていると想定している。

その本能から発せられる宗教的信念は非合理的——あるいはフロイトのいうように幻想——かもしれないが、それらはたしかに「内在」するのである。ユングは、無意識を個人的無意識と集合的無意識に分けて考えている。個人的無意識はフロイトのいう無意識と同じレベルになるが、その個人無意識層のさらなる深奥に位置するのが集合的無意識である。

ユングもフロイトと同じように夢の分析を行なっているが、その過程で重要な部分に気づいている。患者の夢のなかに現れる象徴的な像にはその由来をどうしても個人的な生活体験に還元できないものも含まれていることにである。それが、人類が太古より遺伝的に受け伝えられてきた思考、感情、知覚などを基本にした内容になっている。

ユングは、この人類に共通した基本内容を「元型」（P90）とし、それらが含まれている無意識層を、個人的無意識層とは別に集合的無意識だとした。ユングは、集合的無意識が宗教の源泉になっていると考えた。ユングは宗教を否定しない。むしろ、興味を強く持って心理学の対象として積極的に探究しようともしている。

この地球上の人類で、過去においても現在においても、宗教を持ったことのない文明は存在しない。だからこそ、ユングは、人間にとっては無視しえない重要性を持つ心的事実だと考え、彼の関心は神秘的な魂の働きへ向かった。そのために、神秘家、非科学的夢想家などという非難を受けることになる。が、その部分こそが、ユングの魅力だといえるのかもしれない。

＊参考文献〈8・9・29・30・31・32・34・44・72・87・88・89・90〉

ユングの宗教観

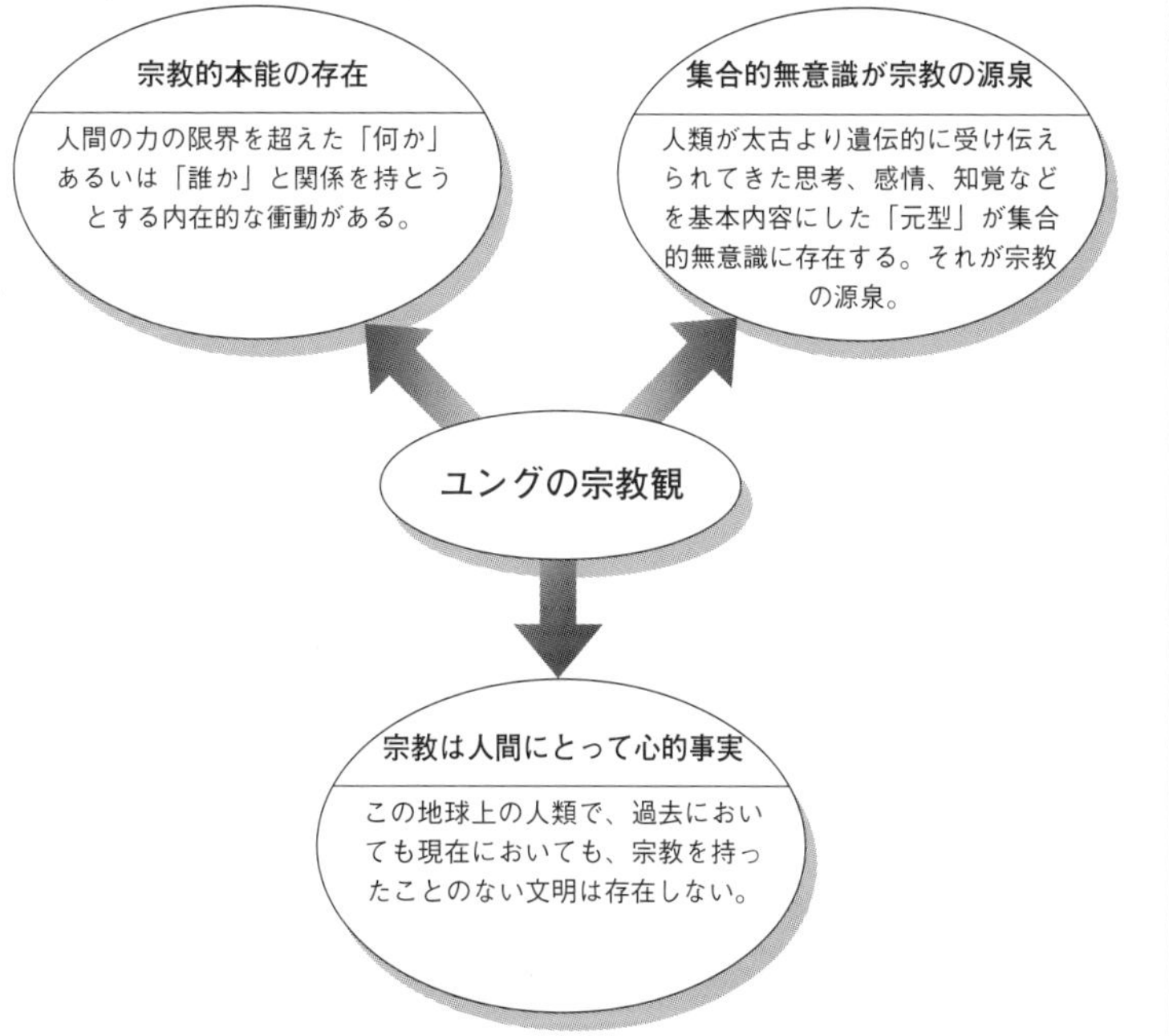
ユングの宗教観
宗教的本能の存在
人間の力の限界を超えた「何か」あるいは「誰か」と関係を持とうとする内在的な衝動がある。
集合的無意識が宗教の源泉
人類が太古より遺伝的に受け伝えられてきた思考、感情、知覚などを基本内容にした「元型」が集合的無意識に存在する。それが宗教の源泉。
ユングの宗教観
宗教は人間にとって心的事実
この地球上の人類で、過去においても現在においても、宗教を持ったことのない文明は存在しない。

column

神がアダムに罪を犯させた興味深いユングの「原罪論」

ユングはアダムの原罪について興味深い論を展開している。神は最初にアダムとイブを造った。全能の神が造ったのだから、完全な創造物であるはずなのにアダムが罪を犯した。

なぜ、そんなことができたのか。それは、そういう可能性を神が開いていたかである。アダムとイブの創造以前に悪魔を造っている。悪魔がアダムに罪を犯させるように仕向けている。が、そのようにすべてを整えたのは神だ。だから、アダムが罪を犯したのは神の意志である、と。こう考えることでユングは自分の罪を逃れようとした。

三行メモ

◆汎神的宗教◆神的・絶対的な存在や理法が、全宇宙の存在のなかに行き渡っていると考える宗教。森羅万象のすべてをこの絶対者が動かし、人間はそのなかで動かされていると考える。キリスト教や仏教にもこういう要素がある。

宗教は人知を超えた現象に対する心の回避行動か？

もし宗教を心の拠り所のひとつとしてとらえるならば、人類史上では相当にさかのぼった時期からその痕跡を見つけられる。

人間が何かに拠り所を求めるのは心の奥底に不安を抱えているからだろう。不安は、ストレス反応を引き起こす要素のひとつである。不安が大きくなると病が発症する。それを事前に回避するコーピングのひとつが宗教だということができる。

人知を超えた現象が目の前に出現したときを「聖」、何も発生しない日常を「俗」とし、原始社会における「聖」なるときに、人々が心の拠り所にしたのが呪術や宗教である。これが、フレイザーやタイラーの説を批判しながら提示したブロニスワフ・マリノフスキー（一八八四～一九四二）の説である。

では、呪術と宗教の違いはどこにあるのか。付随する儀礼の側面から考えるとわかりやすい。呪術は現世利益の側面を持ち、何かの目的を達成するための手段として行なわれる。必然的に、事前の行動になる。たとえば、漁の無事と十分な成果を願っての儀式。一方、宗教儀礼は、儀礼の遂行そのものが目的になる。漁を終わったあとに行なう感謝の儀礼などが該当する。つまり、マリノフスキーは、儀礼が目的達成のための手段か、自己目的であるかによって呪術と宗教を分けたのだ。

しかし、現実にはすっきり分けることは難しく、宗教学者の脇本平也《つねや》は、マックス・ウェーバーの方法論、純粋概念を両極端に設定して判断する両者の位置関係から、「実際的・特殊的な目的にかかわるもの」「利己的・反社会的目的」「強制的な態度」などは呪術の極に近くなり、「世界平和とか人類愛とかいう一般的な目的に向かうもの」「公共的・社会的目的」「謙遜な祈願の態度」などは宗教の極に近くなるとしている。

＊参考文献〈9・44・58・72〉

呪術と宗教

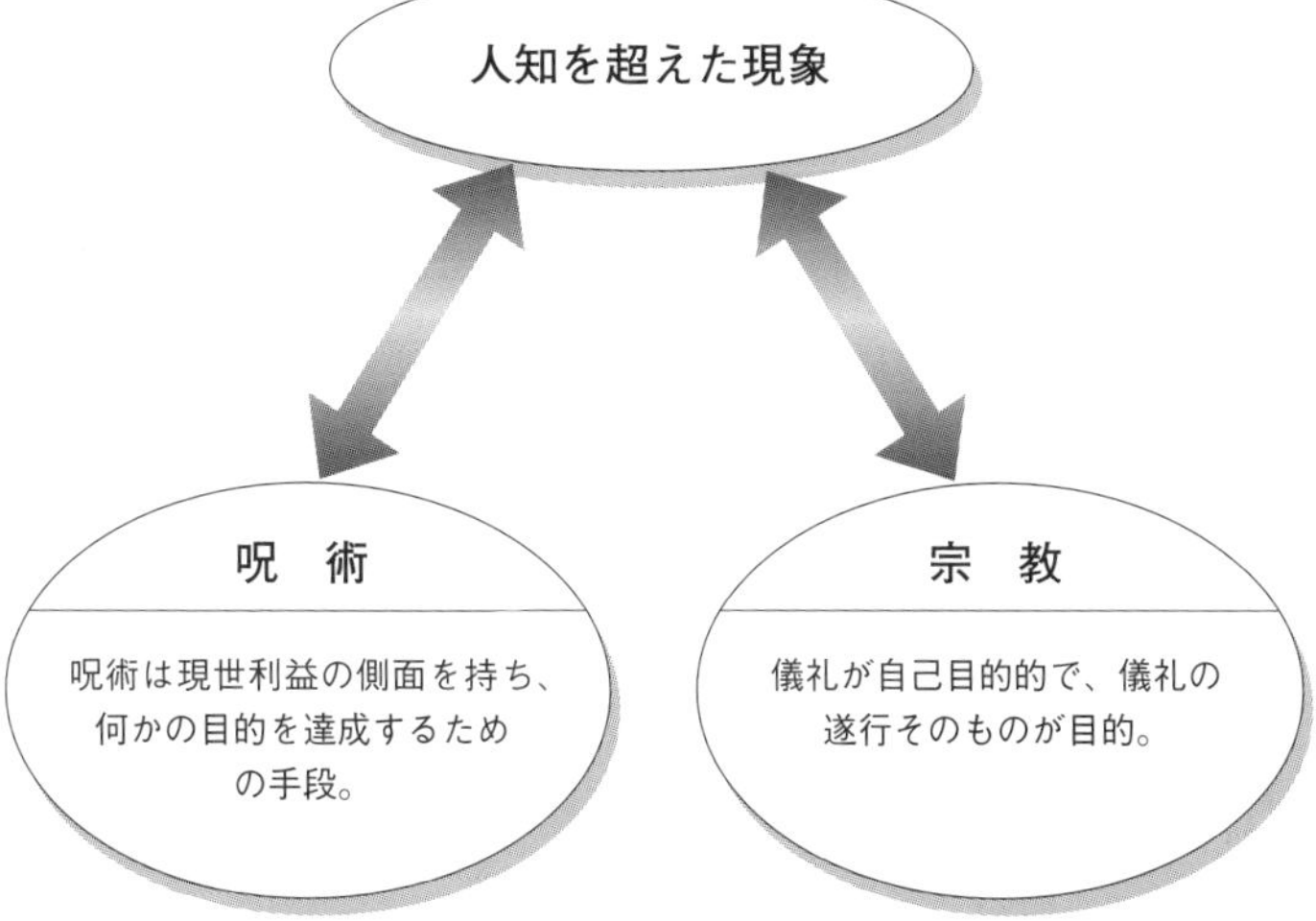
人知を超えた現象
呪　術
呪術は現世利益の側面を持ち、何かの目的を達成するための手段。
宗　教
儀礼が自己目的的で、儀礼の遂行そのものが目的。

column

文化の機能の探究から歴史排除のマリノフスキー

民族の文化を考えるとき、民俗学者の多くは、進化や伝播など歴史的な側面からとらえて満足してきた。そうした歴史性をとらえる方法には曖昧な点が残るとしてそれしりぞけ、直接観察できる人間の欲求満足装置としての文化の機能を解明しようとしたのがマリノフスキーだった。

彼は、シンボルや宗教、芸術などを人間の第一次的な生物的要求の文化による満足とし、それを制御する経済組織、政治体制、教育機構などを第二次的装置だとした。いうまでもなく、彼の方法は機能主義である。

三行メモ

◆権威主義的／人間主義的宗教◆権威主義的宗教は、外在のものに絶対的な権威を認めその権威に従っていく態度になる宗教。偶像崇拝などが該当。人間主義的宗教は権威への盲従を排して人間自身のなかに、真に尊ぶべきものを見出す宗教。

三要素、そして宗教体験が加わって「宗教」が成立する

宗教は、それを支えていく要素があって継続され生き延びていく。構成要件としてのそれは、一般には「教義」「儀礼」「教団」の三つがあげられる。

教義はいわゆる宗教思想で、人間観、世界観、実在観が内容として含まれていなければならない。人間観は、人間とは何か、本性と運命、生と死の意味などの根本的な問いに対しての回答を用意していなければならない。世界観は人間を取り巻く世界全体についての見方、考え方。実在観は、その宗教が依って立つところの精神的支柱が明確でなければならない。キリスト教における「神」、仏教における「法」などがこれだ。

儀礼は、各宗教が自身の目的を実現させるために、一定の秩序・形式・順序に従って行なう行為の体系。この儀礼は宗教によって多様な展開を見せているが、題目、念仏、祈り、祝詞《のりと》、舞踊、神楽《かぐら》などもこれに該当する。

教団は、宗教が伝統として維持されていくための担い手。いわゆる宗教集団である。

以上の三要素に先立って、あるいは関連しあって重要となるのが「宗教体験」だ。ヨアヒム・ワッハ（一八九八〜一九五五）は、この特異な宗教体験を、「究極的な実在として体験されるものに対する反応」「知・情・意を含む統合された全人格存在の全体的反応」「人間に可能な経験のなかでもっとも強烈、もっとも包括的、もっとも深奥なる体験」「人を行動に駆り立てる強制的性質を持つ」の四つの基準をあげて、他の一般的な体験と区別する。脇本平也は、宗教体験は複合的であるとして、「信念体系や教義など思想の問題にかかわる」認知的体験、「儀礼、宗教倫理など行為にかかわる」情動的体験、「五官によって受けとめる感覚にも宗教的な意味あいが含まれている場合の」感性的体験の三つのプロセスからの分析を試みている。

＊参考文献〈8・9・29・30・31・44・72〉

宗教の構成要件

宗教

教　義
宗教思想で、人間観、世界観、実在観が内容として含まれる。

儀　礼
各宗教が自身の目的を実現させるために、一定の秩序・形式・順序に従って行なう行為の体系。

教　団
宗教が伝統として維持されていくための担い手。いわゆる宗教集団。

宗教体験

column

『宗教心理学』と『宗教的経験の諸相』

宗教と心理学を関係づけて論じた書物にユングの『心理学と宗教』があるが、それ以前、最初にその種のタイトルがつけられた書物は、E・D・スターバックの『宗教心理学』（一八九九）。彼の対象は、集団や民族ではなく、あくまでも個人の心理で、そこから宗教意識を機能的・経験科学的に解明しようとする。続いてW・ジェイムズの『宗教的経験の諸相』（一九〇二）。宗教心理学の基礎が確立されたと評価されている書物で、回心、神秘主義などが制度を切り捨てた個人心理学の立場で記されている。

三行メモ

◆神秘主義的／預言者的宗教◆神秘主義的宗教は、神と一体になるとか、究極的な理法を大悟するなど神秘体験を核に展開する宗教。預言的宗教は、召命体験を中心に、神の言葉・意志を人民に伝えていく宗教。キリスト教も入る。

■キリスト教と仏教――対照的な世界宗教

殺されたイエス、弟子に見守られて入滅した仏陀

キリスト教と仏教との比較で興味深いのは、重要人物、イエスと釈迦《しゃか》（仏陀《ぶっだ》）の死に方である。

キリスト教はイエスの死後に形成されたが、そのイエスはユダヤ教指導者、ローマ官憲によって十字架にかけられた。理由は律法に背反したからだという。このイエスの十字架上の死を、「人類の罪ゆえ」と解したのは使徒パウロだった。

ユダヤ教徒は、律法を固く守ることで神の国に行けるものと信じていた。征服者によるユダヤ教徒への圧迫がひどかった時代、人々はこの世の終わりと民族の救世主メシアの来臨を望んでいた。そんなユダヤ人の間に現れたのがイエスで、イエスは神の国の福音を説いた。その教説の中心にあったのが「愛」（アガペー）である。愛は、律法を犯して蔑《さげす》まされていた罪人たちをも救済の対象とする。そこが、ユダヤ教指導者たちの逆鱗《げきりん》に触れたのだ。

キリスト教は、イエスの説いた言葉、内容を人々に宣《の》べ伝える形で広まる。のちに神に位置づけられたイエスの言葉は神の言葉である。伝道者は、この神の言葉を人々に面と向かって伝えていく。この正面を向いている点がキリスト教の大きな特徴のひとつである。

一方、釈迦の死は、布教の途中で病に倒れ、ヒラニヤヴァティー河のほとりの沙羅双樹《さらそうじゅ》のもとに身を横たえての死である。直前に説いたのは、第五章でも触れたように、自身の死後は「法」と「律」を師とすることを勧め、「諸々の現象は移りゆく。怠《おこた》らず努めるがよい」だった。仏教の中核は法と律で、これを自ら悟ることが目的である。そしてその態度は、仏陀の言葉を聞くことではなく、解脱《げだつ》にいたった仏陀の生き様、すなわち歩いた後ろ姿を見てついていくところにある。ここが、悟り型といわれる仏教の、キリスト教と違う部分でもある。

＊参考文献〈21・36・43・44・72・73・74・75・86〉

キリスト教と仏教

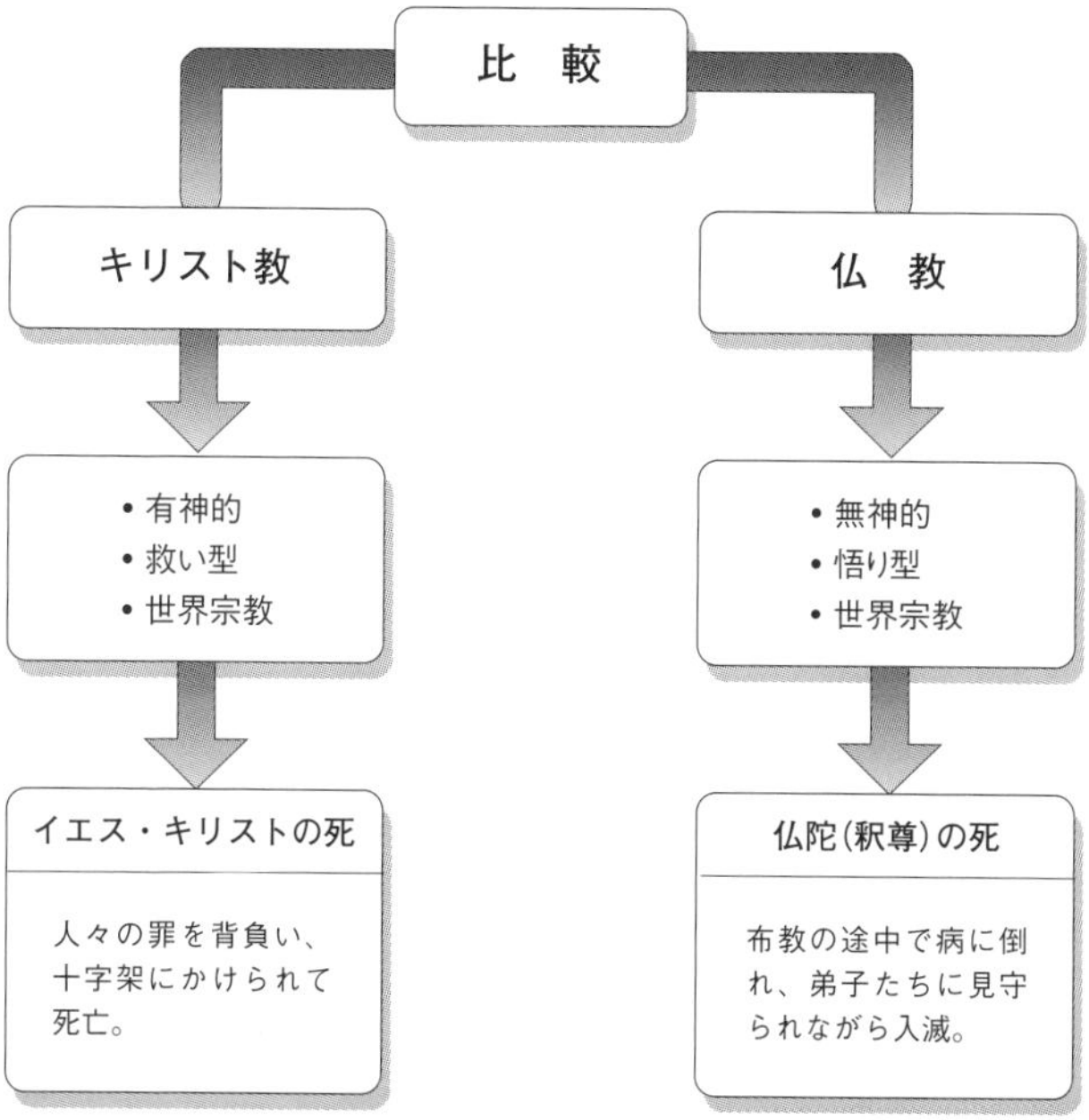

比　較
キリスト教
仏　教
• 有神的
• 救い型
• 世界宗教
• 無神的
• 悟り型
• 世界宗教
イエス・キリストの死
人々の罪を背負い、十字架にかけられて死亡。
仏陀（釈尊）の死
布教の途中で病に倒れ、弟子たちに見守られながら入滅。

column

神を作らなかったら文明はなかった

ドストエフスキーの『カラマーゾフの兄弟』に登場する重要な人物三人、父親ヒョードル、息子イヴァン、その弟アリョーシカ。父親が息子たちに問う。「神はあるか」「不死はあるか」と。無神論者イヴァンは「ない」と答える。宗教家アリョーシカは「神も不死もあります。神のなかに不死もあるのです」と。父親がいう、「そりゃ残念だ。じゃわしは神を考え出した奴をどうしたらよいのだ?」。イヴァンが答える「もし神を考え出さなかったら、文明というものもてんでないでしょう」。神はヘーゲルにおける自然か。

三行メモ

◆「救い型」「悟り型」宗教◆「救い型」はキリスト教のイエスのように全能なる神が、罪に堕ちて苦しんでいる人間を救済する信仰を核にする宗教。「悟り型」は仏教のように、神から救済されるのではなく、自らの悟りに重きをおく宗教。

■「宗教と集団心理」①〜論理だけでは説明できない不思議な心性

国民性、民族性……「集団心理」は実体か幻想か

私たちは自分の考え、意見を持っていると思っている。しかし、集団のなかに入っていくと、自分の考えを主張できなかったりする。それだけでなく、行動すらもいつの間にか集団の動きに従っている場合がある。ある程度統制のとれた形で動く集団。これを外から眺めていると、まるで何かの意志、精神を持っているかに見える。団体でありながら個人のような心性を持っているように思えてくる。

このような、集団全体が持つ特有の心性を、マクドゥーガル（P82）は「集団心」と呼んだ。それ以前にも多くの心理学者が、宗教とのからみでこの心性に興味を示してきており、デュルケムは「集合表象」、ヴントは「民族心」といったアプローチでそれを解き明かそうとしてきた。

マクドゥーガルのような立場に異を唱えたのが、フロイド・ヘンリー・オルポート（一八九〇〜一九七八）だった。

たとえば、国民性や民族性などは、集団心理で理解するものではなく個人の心理に還元できるとした。それらは個々の心のなかに存在する意識であって個人から離れる形では存在しないと主張、マクドゥーガルの集団心理を幻想にすぎない「集団錯誤」だと批判した。

オルポートの主張にも一理ある。論理的に突きつめていけばそのとおりなのかもしれない。それでも、すっきりしないのは、私たちは、自分の心が論理一辺倒で動かされているのではないことを敏感に察知しているからではないだろうか。

関連して、集団を成員間の相互依存の力動的全体としてとらえる「グループダイナミクス」理論を提示したのがクルト・レヴィン（一八九〇〜一九四七）だ。

彼は、集団は校風や社風といった具合に表現される個性や行動様式を持つ存在であることを認めている。

＊参考文献〈9・20・21・44・72・93〉

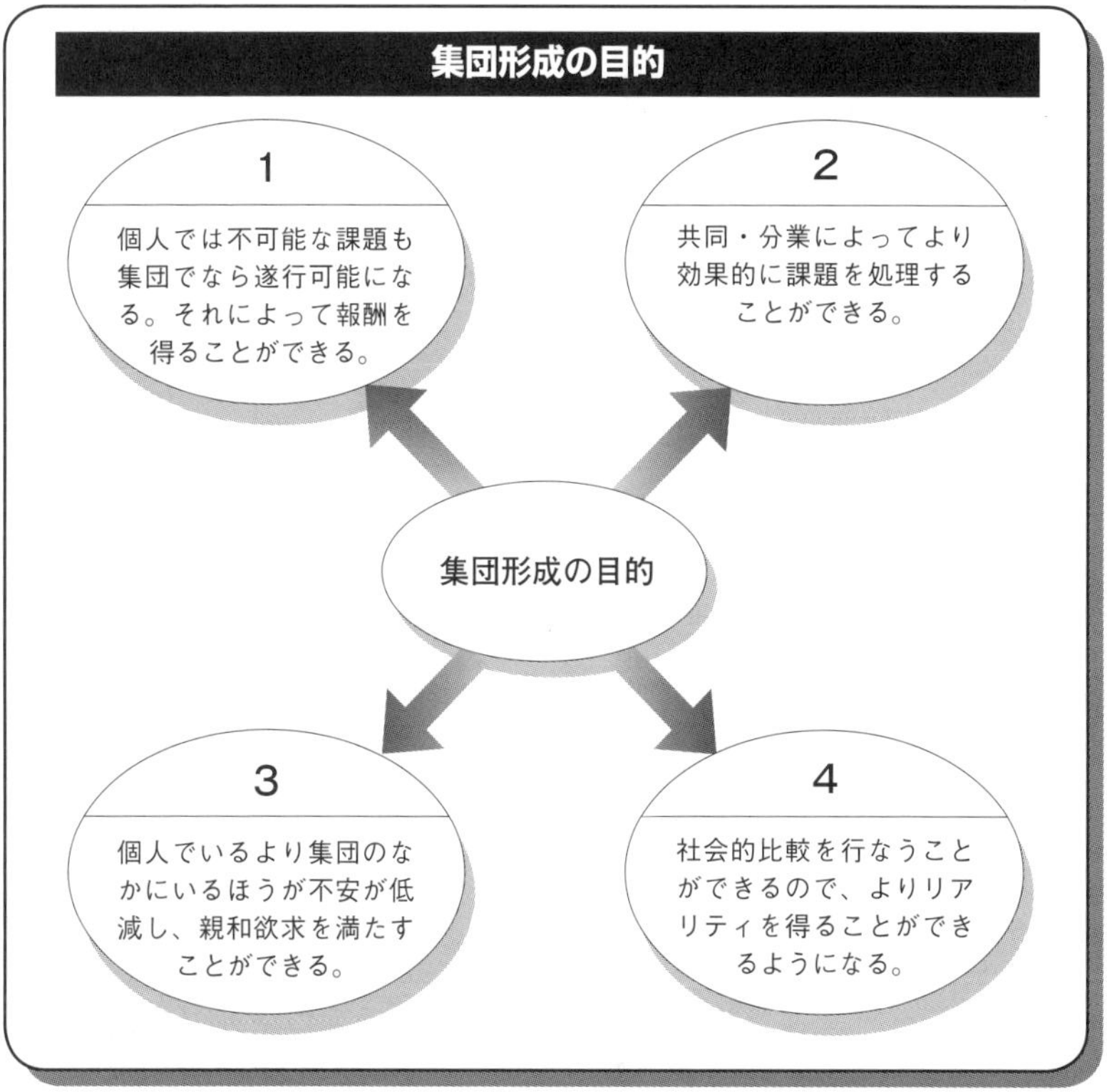
集団形成の目的
1
個人では不可能な課題も集団でなら遂行可能になる。それによって報酬を得ることができる。
2
共同・分業によってより効果的に課題を処理することができる。
集団形成の目的
3
個人でいるより集団のなかにいるほうが不安が低減し、親和欲求を満たすことができる。
4
社会的比較を行なうことができるので、よりリアリティを得ることができるようになる。

column

集団には独特の位相が。吉本隆明の『共同幻想論』

集団のなかでは個人の考えは逆立ちする。個人が集団のなかに入っていくと、自身の心性が微妙に変容していく現象を解き明かそうとしているのが、吉本隆明の『共同幻想論』である。

個人がその思想を体現する位相を、吉本は三つのパターンで考えた。ひとつは、まったく個人でいる場合の自己幻想、夫婦の間で成立するような対幻想、そして集団のなかに入った場合の共同幻想。たしかに、いわれてみれば、それぞれの位相で、自身の考えや心性が微妙に変化している。集団には集団錯誤に似た幻想が成立するのだろう。

三行メモ

◆「つながり型」宗教◆日本の神道、氏神信仰のように、祖先の神に対してその子孫というような関係で展開する宗教。生まれた土地には氏神が存在し、その氏神の子孫として位置づけられる。このつながりで氏神を信仰せざるをえなくなる。

■「宗教と集団心理」②～信念と信仰はいかに形成されるのか？

宗教における集団心理＝信仰心はときに過激に暴走する

宗教における個人の心性での重要な要素は「信念」や「信仰」といわれるものだ。これがその個人を支えているから、ある種の中傷や批判にも耐えられることになる。では、その信念はどのように形成されるのか。

定説では、大きく三種に分類される。

第一　個人の直接知覚によって形成されるもの。
第二　社会的推論によって形成されるもの。
第三　他者の信念を取り入れる形で形成されるもの。

宗教では、一と三の要素が強くなる。指導者からの言説を繰り返し聞かされていると、聞かされた思想や考え、すなわち教義が肉体化されて刷りこまれていく。この刷りこまれた思想が信念となり、個人の「思考の道具」となり、同時にパーソナリティーの大きな構成要素になるのである。こうして強固に固められた信念は、その気になりさえすれば、今度は他者や社会に向けて影響を及ぼすようになる。布教活動などもこうした例に入る。思想の違いはときとして集団間の争いを引き起こす。思想が肉体化されていると、正しい主張は自分のほうにあるという姿勢を柔軟化させることができなくなり、他者や思想の集団との争いが激化する。

かつて、集団で無差別殺人を引き起こした宗教団体のケースも同じだろう。教義を信じる信仰に支えられた思想は、一般の価値基準からずれていてもそれを用意に訂正できない。また、教義を信じて教団に入っている信者を脱退させるのも容易ではない。

信仰心は、単なる「考え」とは違う。盲目的で一元的な意志によって支えられている。そこが、宗教団体の信者が単なる社会集団の構成員と違うところだろう。かつて、宗教団体同士が激しい武力闘争を繰り返した歴史があるが、相手を武力で圧倒したからといって、それで勝利したことにはならない。なぜなら、それだけでは思想、教義は消滅しないからである。

＊参考文献〈9・20・21・44・72〉

宗教裁判にかけられたガリレオ

かつて、宗教が政治を動かしていた時代がある。ローマ教会が絶対的な権力を誇っていた中世のヨーロッパである。数学者のガリレオ・ガリレイ（1564〜1642）もその犠牲になった。彼の地動説が教会の世界観に反するとして宗教裁判にかけられ、結果、フィレンツェ郊外の別荘に軟禁されることになった。今では、ガリレオの正しさについては誰でも知っている。

column

キリスト教の異端にされたグノーシス思想

初期のキリスト教は、イエスの死後のパウロの宣教活動によってほぼ形が整えられた。初期の護教家にユスティニアスやタティアノスらがいるが、彼らは異教徒との対峙に従事した。

当時の異端にはグノーシス派があった。グノーシスとは知識を意味するギリシア語。聖書的キリスト教的要素とギリシア的東方的要素が奇妙に融合しているのがグノーシス派の考え。知識をもって信仰に代えるというのだから、突きつめていくと、キリストの神性は認めるがイエスの人格は忘れられるということになると批判された。

三行メモ

◆民族宗教◆民族宗教は、信者・信仰の範囲が一部族に限られるケースが多い。原始宗教、古代宗教、ユダヤ教などが該当する。神道は日本、ユダヤ教はイスラエルといった具合に。

■浄土宗、浄土真宗、法華宗──浄土への切符を心に刻む

日本の仏教に見る〝心の持ちよう〟と宗教

日本での仏教が、民衆救済の思想として活発になってくるのは平安時代中期から鎌倉時代にかけて。武士の台頭による世情の混乱、飢饉《ききん》などによって絶望感と厭世《えんせい》感が広がっていた時期である。人間が物質的に満たされずに、それが精神にも影響を及ぼしているとき、その苦境から逃れる方法は限られている。ひとつは物質的飢餓を精神の力、つまり、心の持ちようによって逃れること。この心の持ちようが信仰になる。そして信仰は指導者の教えによって大きく変わる。

平安中期から阿弥陀《あみだ》仏信仰が活発になってくる。説法を聴き、ひたすら念仏を唱えていれば極楽浄土へのお迎えが来てくれるという阿弥陀仏信仰が、不安と絶望感を抱える民衆の心の拠り所になったことは間違いない。阿弥陀一仏崇拝は、源信《げんしん》から法然《ほうねん》によって徹底され、親鸞《しんらん》によって形が変えられた。法然の浄土宗では浄土へ行けるかどうかが問題で、そのためにひたすら念仏を唱える。史学者の笠原一男（一九一六～二〇〇六）いうところの「片道切符」をいかに手に入れるかに腐心する段階の思想である。続く親鸞の浄土真宗では趣《おもむき》が変わる。善人だけでなく悪人をも浄土に赴けるとした親鸞の思想では、片道切符を手に入れた人間のこの世での生き方に力点が置かれる。死後には浄土へ行けるのだから、今、この世を生きている「生」を精一杯生きよと説く。親鸞の見事な心理操作である。

親鸞から五十年後、日蓮が登場する。「生まれ変わり」の思想、すなわち「往復切符」の発行者である。南無《な　む》妙法蓮華経《みょうほうれんげきょう》をひたすら唱えればこの世での幸を得ることができる。しかし、たとえそれがかなわなくとも次に生まれ変わってくるときには幸福な人間として登場できると説く日蓮の思想は、今を不幸だと考えている人間の心の襞を直撃したのである。

やはり、人間には宗教が必要なのだろう。

＊参考文献〈36・37・44・72・73・74・91・92〉

中世仏教思想の展開

法然
（浄土宗）
→ 浄土行きの「片道切符」を手に入れるために一生懸命に念仏を唱える。

↓

親鸞
（浄土真宗）
→ すべての人間が浄土に行ける。浄土行きの「片道切符」を手に入れたのだから安心してこの世を精一杯生きよ。

↓

日蓮
（法華宗）
→ 南無妙法蓮華経をひたすら唱えればこの世での幸を得ることができる。しかし、たとえそれがかなわなくとも次に生まれ変わってくるときには幸福な人間として登場できる。「往復切符」の発行者である。

column

宗教が民衆のものに 親鸞の「悪人正機」

「善人なおもて、いわんや悪人をや」。親鸞の教えである。善人が浄土に赴けるのなら、悪人も当然行ける。いや、悪人こそ行けなければならない。親鸞思想の革新性である。念仏を唱えお布施をして浄土行きの約束を取りつける。それがそれまでの浄土行きの信仰の態度だ。仏との約束では五逆の罪を犯した者は浄土には行けないからである。民衆のほとんどが貧困のなかで生きるためにこれを犯している。

　本当はこういう人たちこそが救われなければならない。親鸞は自らの思想で仏との約束を壊したのである。

三行メモ

◆世界宗教◆世界宗教は、特定民族の範囲を超えて広がっているキリスト教、仏教、イスラムの三大宗教は世界宗教に入る。建前では政治とは独立した立場になっている。世界に広がっている分だけ、組織も強固になっている。

ようこそ、「無意識の館」へ

エドヴァルド・ムンク
（1863〜1944）

作品〈夜の歩行者〉は、晩年の彼の生活を象徴しているといわれている。ムンクは不眠症に悩まされていた。

〈夜の歩行者／自画像〉
（1939年／オスロ市立美術館蔵）

第10章

脳科学の進展と深層心理

深層心理の探究に不可欠となった脳科学の知識

今一度振り返ってみよう。フロイトの患者が自身の感情や想いを表にストレートに出せなくてそれを抑圧してしまったために、身体に変調をきたすことになった事実を。脳科学、脳のメカニズムの面でいえば、理性を司《つかさど》っている大脳新皮質《しんひしつ》が患者たちの思いを抑えこんだのである。患者たちの生きた時代の、そして教育されてきた規範がデータとして大脳新皮質のどこかに記憶されていて、その記憶されていた道徳律が患者たちの不道徳な想いを理性的に葬るようにしたのだ。

同様に患者たちの不道徳な記憶も蓄えられていて出口を求めていた。不思議なことに、脳に長期間保存され、そして思い出しやすい記憶はそれが体験されたときに印象の強かった出来事である。たとえば、初恋の人の顔はいつまでも忘れないように。ひどいことをされてつらかった体験も強い印象として記憶にたたきこまれる。それがトラウマになるのだ。すべてが記憶に関係している。そして、記憶は睡眠中に固定されると考えた研究者の推測は卓見であった。

今日のように、脳科学が急速な進歩を遂げる前に、「夢」に着目し、分析を行なったフロイトやユングの試みはその先見性においてずば抜けているといえるだろう。何かが少しずつわかってきつつある時代である。しかし、「脳のメカニズムの解明が進めば、これまで多くの哲学者たちを悩ませてきた問題がすべて解決される」ということには、まだならないだろう。脳の機能でわかっているのはほんの一握りでほとんどはまだ闇の中だ。それでも、脳科学の進歩が、人間の深層心理の解明に多くのヒントを与えてくれていることは間違いない。というより、より多くのことを与えてくれているといったほうがいいのかもしれない。

もはや、脳科学に関する知識は、深層心理へのアプローチに不可欠の要素なのである。

＊参考文献〈4・77・78・79・80〉

人間はどこまで自分のことを知りうるのだろう

「心」と「脳」の働きにはまだまだ未解明の部分が多いが、両者が切り離すことのできない関係であることは確かである。

column

いよいよ到来する？大量無責任時代

マシンが人間の心を理解する時代が来るのだろうか？　そんな時代は永遠に来ない。自分の心さえ十分にとらえきれていないのに、それをマシンに先取りされたのでは自分がなくなってしまう。ただ、現状の生活環境を考えると、決断できない人間、何かにいつも迷っている人間が増えてくるのだろう。

だから、やってくるのは主体性のない人間が何かの決断をするときにマシンに後押しをしてもらう、そんな時代だ。つまり、判断を誤っても「それは機械がやったことだから」と言い訳できる無責任時代である。

三行メモ

◆生理学者フロイト◆ウィーン大学医学部でのフロイトは生理学研究所で神経細胞の組織学についての研究を行ない、助手時代には神経細胞と突起の一単位論を講義している。これは現在の神経細胞論に類似する惜しい功績のひとつである。

■脳の構造～大脳新皮質を発達させた人類

人間特有の〝心〟は大脳新皮質がつむぎ出す

　人間の脳の構造は、ほかの生物とどこが違っているのだろう。脊椎《せきつい》動物の中枢神経系は、脳と脊髄《せきずい》によって構成されている。この構成のなかの脳と脳幹などは魚類から哺乳類にいたるまでどの生物にも共通して備わっている。しかし、それぞれの進化の過程で脳の一部である大脳が巨大化した一群が現れた。哺乳類である。大脳の巨大化に伴って小脳も発達した。そして、大脳のなかでもっとも重要な部位・大脳新皮質《しんひしつ》を巨大化させ、強烈に発達させたのが、人類なのである。

　脳の部位を機能別に分けてみると、大脳新皮質、大脳辺縁系、大脳基底核、小脳、脳幹に分類できる。進化の過程での複雑な事情が絡んでいるのが、新皮質、辺縁系、基底核の関係だ。辺縁系と基底核は、動物が本来的に有している本能と生命維持に関与する部位群である。一方新皮質は、人間が他の哺乳類に比べて高い知能を有しているその根拠とされている部位。

　新皮質の巨大化は人類が二足歩行を選択してから始まったといわれている。自由になった両手を使って道具を作り狩りをする。自然やほかの動物による脅威からわが身を守るための知恵をこらしているうちに大脳新皮質がどんどん大きくなっていったのだ。しかし、それを納める頭骸骨の容量には限界がある。そこで、新皮質は皮質にしわを作り、折り畳んで効率化をはかり、さらには、辺縁系と基底核を皮質のなかに押しこんで巨大化を進めていったのである。

　大脳新皮質には百四十億の神経細胞が組みこまれている。この神経細胞のネットワークが、情報の分析、処理、統合に深く関係して高度な知的判断を下しているのだ。人間の心身の司令塔が脳だとすれば、その脳のもっとも重要な中枢部分がこの大脳新皮質なのである。人間の微妙で繊細な「心」も、この大脳新皮質で紡ぎ出されているといっても過言ではないだろう。

＊参考文献〈4・77・78・79・80〉

脳の基本構造

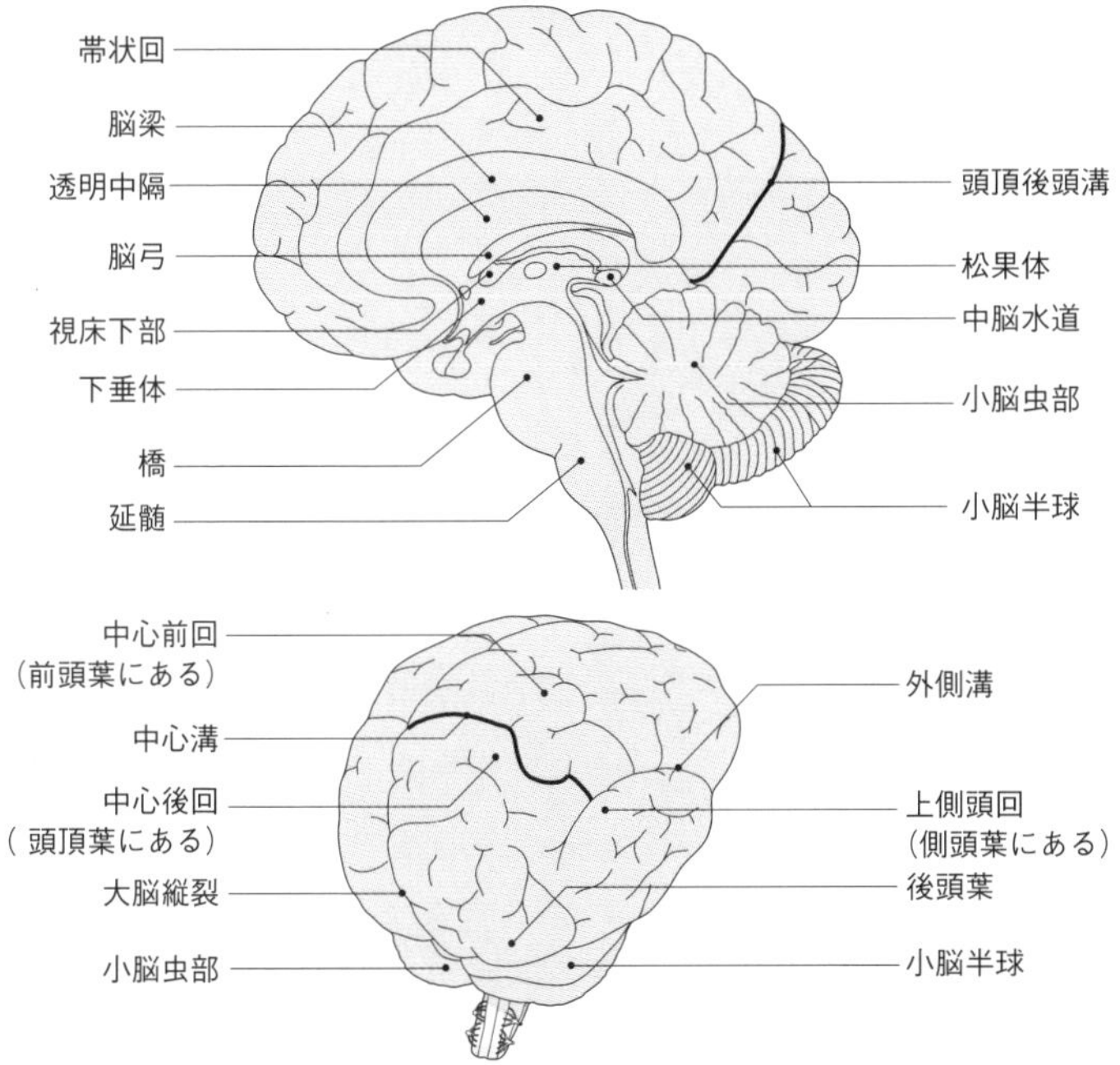
帯状回
脳梁
透明中隔
脳弓
視床下部
下垂体
橋
延髄
頭頂後頭溝
松果体
中脳水道
小脳虫部
小脳半球
中心前回
（前頭葉にある）
中心溝
中心後回
（頭頂葉にある）
大脳縦裂
小脳虫部
外側溝
上側頭回
（側頭葉にある）
後頭葉
小脳半球

column

脳は六歳ごろまでにほぼ大人の脳に成長

人間の大人の脳の重さは一二〇〇～一四〇〇グラム。出生時は約四〇〇グラムで、生後六カ月までに急速に増加、三～六歳で大人の脳の九五％ぐらいにまで成長する。増量するのは神経細胞の数が増えるのではなく、突起を伸ばしてネットワークを広げていくからである。つまり密度が濃くなるのだ。

この時期に、芸事やしつけを叩きこもうとするのは論理的に間違っていないのだろう。ピアノを習わせる親が多いのもこういう情報が影響しているのかもしれない。しかし、成功するとは限らないのもまた事実である。

三行メモ

◆脳科学の進展◆現在の脳科学は「分子・細胞神経科学分野」「統合神経科学分野」「ヒューマン神経科学分野」の三つからのアプローチで進められている。その各分野での研究の進展が脳の未知の部分を少しずつ明らかにする。

■感情（喜怒哀楽）～新皮質と辺縁系の協同作業

心の動きを表す感情表現を司る脳のメカニズム

喜怒哀楽。人間が人間らしいきわめて自然な振る舞いをする感情表現の姿である。感情表現は重要なコミュニケーション手段のひとつである。友人と話をしていて楽しい話題になって相手が微笑《ほほえ》む。その笑顔を見てついうれしくなって自分の心もなごむ。目の動き、言葉の強弱、身振り手振り等々、人間は相手の表情、動作から互いの気持ちが推し量れる存在なのである。このように、感情の表現は、ダイレクトなコミュニケーション手段として成立しており、それは、ケータイやパソコンではなしえない方法なのである。

この感情表現を生み出す部位だとされているのが、大脳辺縁系の扁桃体《へんとうたい》である。

五官や内臓を通して入ってくる多様な情報はまず大脳新皮質《しんひしつ》に送られる。ここで情報の振り分けが行なわれ、情動に関する情報はさらに扁桃体へと送られる。この扁桃体で、その情報が自分にとって有利か不利か、安全か危険かなどの評価がなされたのち、今度は視床下部へ送り出されて快・不快の情動情報が喚起し、それがさらに下垂体、感覚神経系、体性運動神経系へとつながり具体的な行動表現になっていく。

この情報経路からもわかるように、情動情報の価値判断に深く関与しているのが扁桃体で、情動の表出、行動発現にかかわっているのが視床下部だということになる。しかし、これがすべてではない。扁桃体や視床下部は大脳辺縁系の一部で、あくまでも本能的なメカニズムの体系のなかに位置する。微妙な判断には向かない。複雑かつ微妙な感情表現を伴った行動の意思決定に関与しているのは、知性や理性を司《つかさど》っている大脳新皮質の前頭連合野である。感情が過度になったり行動が行き過ぎたりしないように、つまり、人間としての節度ある振る舞いがなされるようにコントロールしているのが前頭連合野だということなのである。

＊参考文献〈4・77・78・79・80〉

感情を司る大脳辺縁系

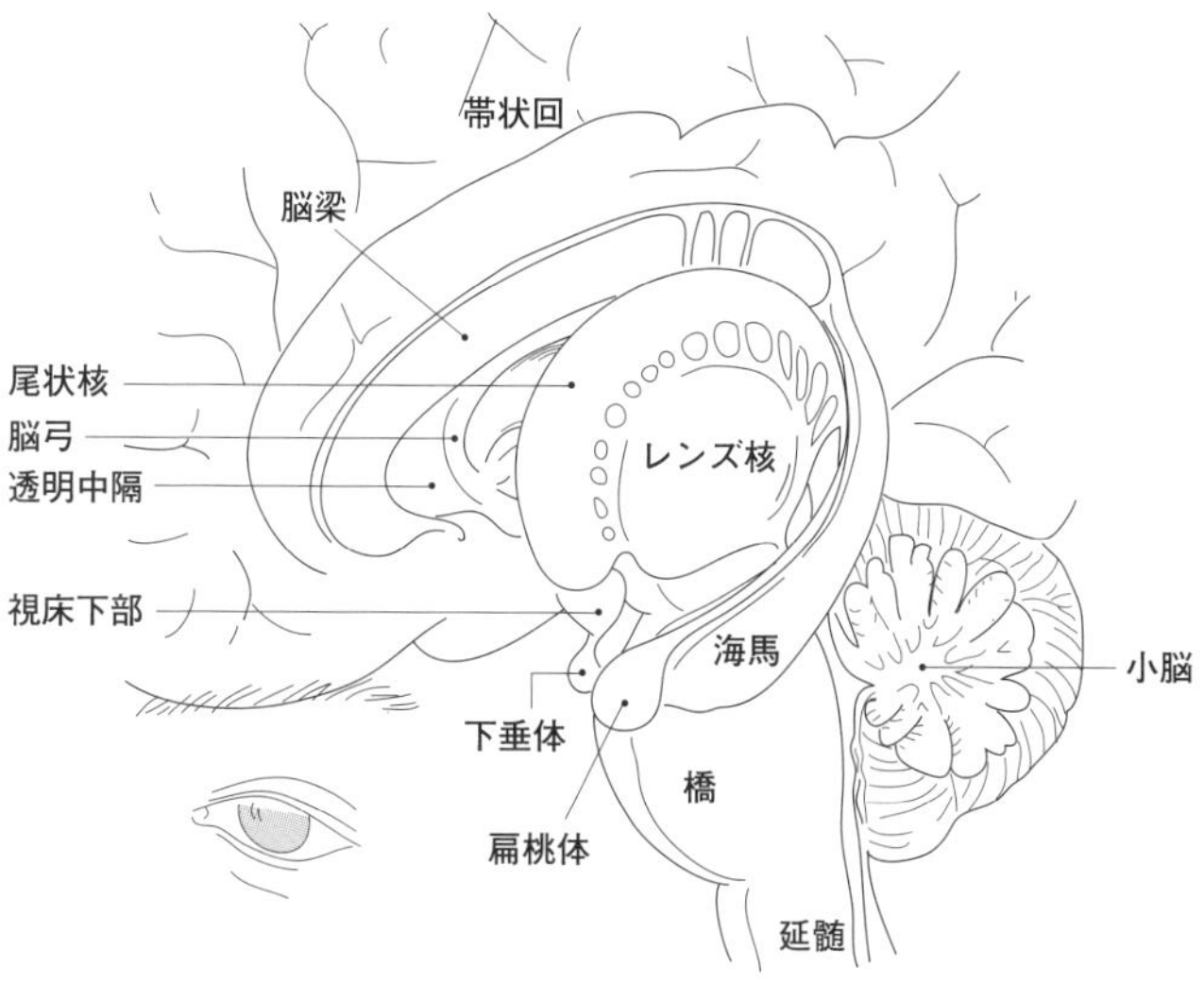
帯状回
脳梁
尾状核
脳弓
透明中隔
レンズ核
視床下部
海馬
小脳
下垂体
橋
扁桃体
延髄

column

デカルトが見逃した大脳新皮質の機能

デカルトが「心の座」だと考えていた松果腺は松果体とも呼ばれる部位で、視床を構成している一部。視床は、本能的な欲求に関係する部位。デカルトがこの松果体を情念と結びつけていたのは、そう間違ってはいないのだろう。

しかし、心にはもっと広い要素があり、それを加味したものをもとらえていなければならない。喜怒哀楽的な感情の動きを心のように見ていたのかもしれないデカルトの限界がそこにあり、彼には、現在明らかにされている大脳新皮質の機能などには思いいたらなかったのだろう。

三行メモ

◆分子・細胞神経科学分野◆この分野の研究は、神経細胞のなかのシナプス、チャンネル、メッセンジャー、遺伝子などの構造・機能・役割の解明が進められている。伝達物質の種類や化学反応の仕組みがからんでいる。

■記憶〜「認知記憶・運動記憶」と「長期記憶・短期記憶」

記憶の工場としての海馬、貯蔵庫としての大脳新皮質

記憶には二種類ある。ひとつは認知記憶で、もうひとつは運動記憶である。認知記憶は、思い出、知識など言葉での表現可能な具体的内容が伴う記憶で、それのコントロール部位は海馬《かいば》や大脳新皮質《しんひしつ》である。運動記憶は、自転車の乗り方、料理の包丁さばき、ピアノの弾き方など身体が覚えこんでいる記憶。小脳と大脳基底核が関与している。

この記憶は時間軸でもとらえなければならないので、その場合は長期記憶と短期記憶に分けられる。

記憶とは不思議な現象である。すぐ忘れてしまう思い出もあれば、いつまでも忘れられない記憶もある。人間の人生をうるおいのあるものに彩っているのがこの記憶なのかもしれないのだ。外界からの情報は大脳新皮質の感覚野に入り、分析されたのち、海馬に入っていく。人の顔、声、風景、匂いなどの情報が海馬で一時的にとどめられ、その後、再び大脳新皮質へと送り返される。この大脳新皮質に送られた記憶が長期に保有される。このことから、記憶の製造工場が海馬で、貯蔵庫が大脳新皮質だとする説もある。特殊な記憶、たとえば、初恋の人の顔やトラウマとして残るようないやな体験の記憶などが、海馬で特殊加工されて大脳新皮質に送られ、ここに長くとどめられるのか？

海馬周辺に損傷が起こると新しい出来事は覚えられないが、損傷を受ける以前の出来事は思い出せる。これを「前向健忘症」という。このことから、損傷後は新しい記憶はつむがれないが、損傷以前の記憶が残っていることが想定された。つまり、大脳新皮質に貯められていた記憶は海馬損傷後も思い出すことはできるが、損傷後の出来事については新しい記憶が作られていないためにそれらの痕跡はどこにも残されていないということになるのである。

海馬とは不思議な機能をもつ部位である。

＊参考文献〈4・77・78・79・80〉

長期記憶と短期記憶

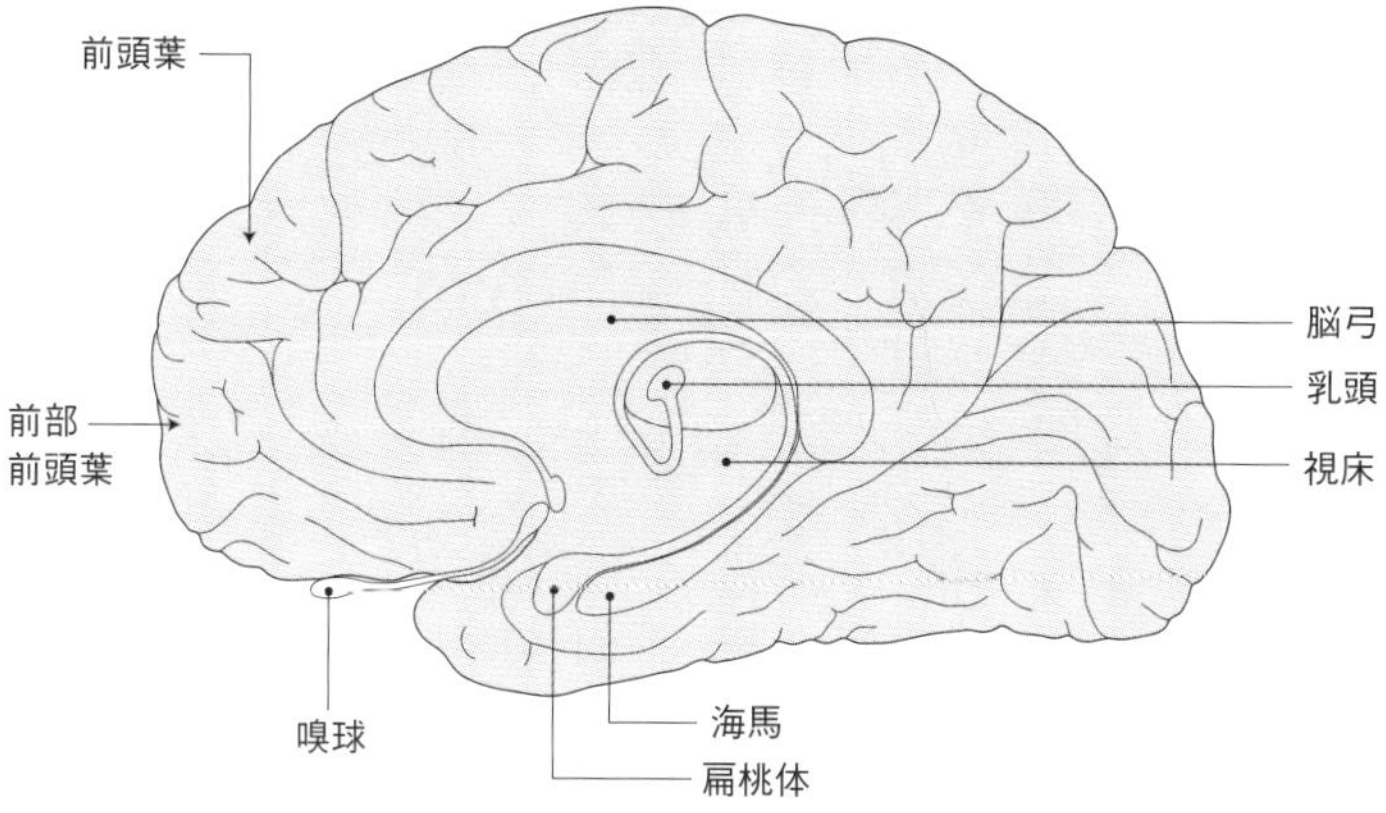
前頭葉
前部
前頭葉
脳弓
乳頭
視床
嗅球
海馬
扁桃体

海馬は長期記憶にも関係している?

「記憶」のメカニズムに深く関係しているのが海馬や大脳新皮質。その役割から、記憶の製造工場が海馬で、貯蔵庫が大脳新皮質だともいわれているのは本文にあるとおり。また、最近の研究から、これまで短期記憶のみに関係していると思われていた海馬が長期記憶にもかかわっているのではないかという説も出てきている。その根拠のひとつになっているのは、年をとるにつれて減る一方だと思われていた神経細胞が増えるケースもあることが確認され、その増加の顕著なのが海馬の神経細胞だとわかったからである。

column
匂いの記憶は視覚の記憶より消えにくい

不思議な現象だが、匂いの記憶は消えにくいのだという。心理学者のトリグ・エンゲンらが行なった記憶テストによれば、視覚情報に関する記憶は一カ月間ぐらいは抜群に残っている。しかし、その後は時の経過とともにどんどん忘れ去られていく。

ところが、匂いの記憶は、匂いをかいだほんの少しあとでも思い出せるのは七〇%程度だったが、一度覚えた記憶はそのあとは忘れずに残っている確率が視覚情報に比べてかなり高かった。ここで、第2章のフロイトの患者のエピソードを思い浮かべていただきたい。

三行メモ
◆統合神経科学分野◆知覚、運動、情動、記憶・学習、意識の五大脳機能を複雑なシステムの働きとしてとらえ、そのメカニズムの解明をめざしている。人間存在の基本的な仕組み、そのシステマチックな構造の解明である。

■もうひとつの記憶〜小脳の機能

小脳によって身体に刻みこまれる「技の記憶」

身体が覚えている「運動記憶」のメカニズムは、大脳新皮質や海馬だけでは説明がつかない要素が少なくない。運動機能を司《つかさど》る小脳が関与してくる。たとえば、ピアノを弾く行為。習いはじめは鍵盤の位置を確かめ考えつつその鍵盤をタッチする。この指示系統は、大脳新皮質《しんひしつ》、大脳基底核・小脳、指（運動）になる。この流れが繰り返される。大脳新皮質が関与しているのは間違いを矯正《きょうせい》して正しい指令を出すためだ。

ところが、時の経過とともに腕が上達してくると、指は自然に、あるいは考えることもなく無意識のうちに動いていく。手順を正確にする働きを持つ大脳基底核と、指の運動をスムーズかつ正確にさせる流れを記憶した小脳は、大脳新皮質の助けを借りることなくことを運んでいるのである。これが、身体が覚えている「技の記憶」である。なぜ、そういうことが可能になったのか？

これまであまり重要視されていなかった小脳が深く関与しているという説が出されている。高度で知的な働きをするのが大脳新皮質で、小脳は出された命令に沿って運動機能を活動化させているだけだと見られていたのだが、最近の研究で、じつは小脳にも新皮質と同様の働きをする機能が備わっているのではないかという説が出されている。間違いの修正を繰り返していくうちに、自らの細胞のなかに正しいネットワークを構築していくという仮説だ。これは、小脳におけるシナプスの可塑性と呼ばれ、プルキンエ細胞という出力細胞が重要な役割を果たしているといわれている。

しかし、練習で身体が正確に覚えこんでも本番でミスをするケースがある。心が関与するからなのだろう。練習ではもう必要としなくなっていた新皮質が顔を出すのである。だから、本番では無心にならなければならないのである。

＊参考文献〈4・77・78・79・80〉

脅威の小脳

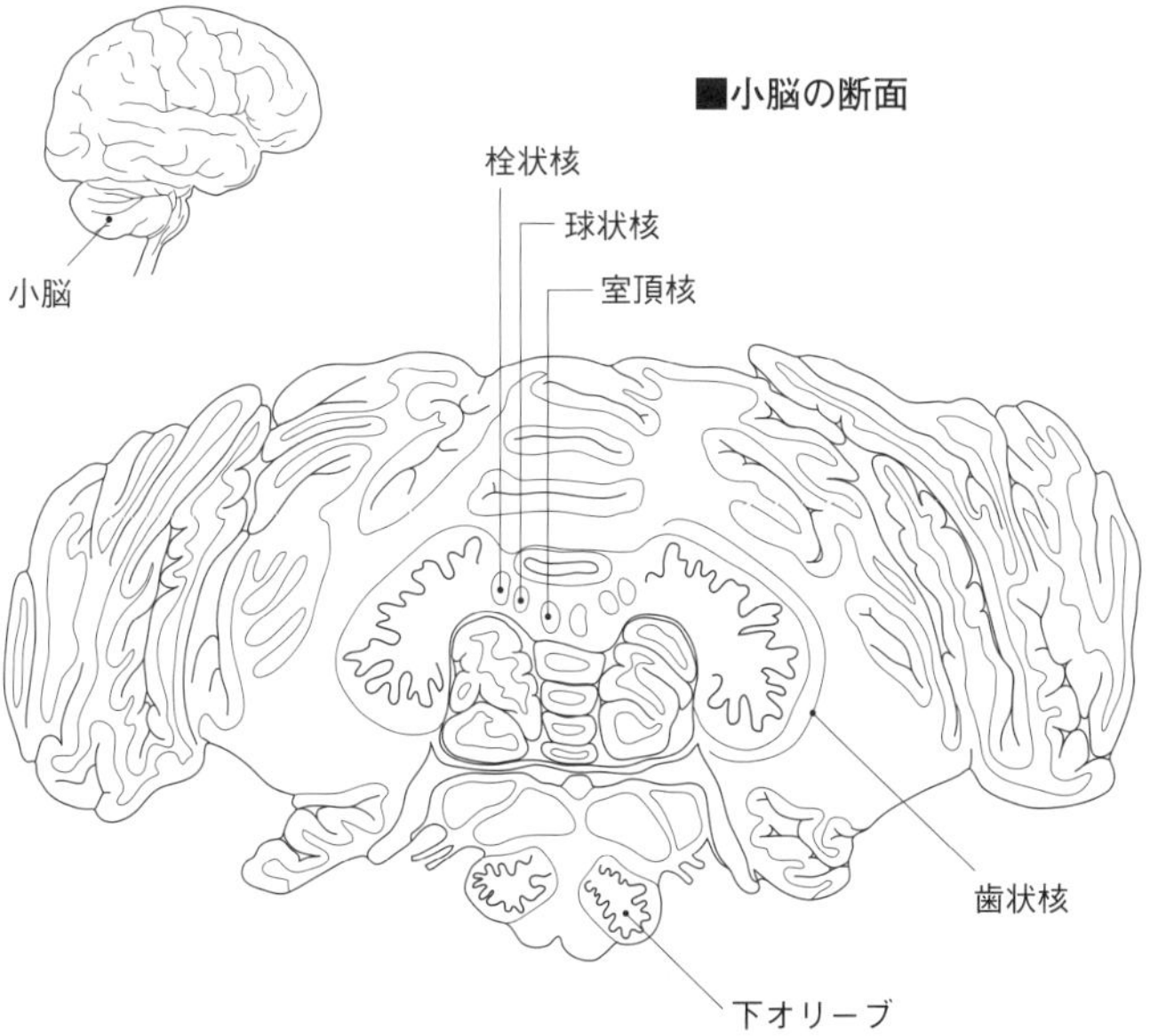
■小脳の断面
小脳
栓状核
球状核
室頂核
歯状核
下オリーブ

column

天才ピアニストを支える大脳基底核の働き

大脳基底核は、大脳辺縁系などと同じく古い脳に位置づけられ、新皮質の発達に伴って内部に押しこまれてきた。理性や思考に関係する新皮質が脚光を浴びがちだが、地味だとはいえ、基底核の働きも十分に立派なものである。

鳥類では大脳新皮質はほとんど発達しておらず、代わりに運動の中枢の役割をしているのが基底核だ。鳥の運動で重要なのは飛行の際のバランス感覚。このように考えていくと、高速でピアノを弾く手順を正確ならしめている基底核のすばらしさがなんとなくわかってくるだろう。

三行メモ

◆ヒューマン神経科学分野◆人間に特有の言語機能や思考機能、さらには自意識、直観など、他の動物とは違う高度なレベルでの働きをしている各種機能の解明をめざしている。脳の解明は最後の聖域への挑戦である。簡単にはいかない。

■睡眠と夢〜わずか八時間の人間ドラマ

〝夢〟は人間の深層心理とどうかかわっているのか？

睡眠にはレム睡眠とノンレム睡眠の二種類がある。レム睡眠は眠ってはいるが、かすかに意識がある状態で、ノンレム睡眠は意識が活動していない状態。人間の睡眠時間の平均を八時間と想定すると、この間に、その二種類の睡眠が交互にやってくる。眠りに入ると徐々にその眠りが深くなり、その後段々浅くなって八十〜九十分後に最初のレム睡眠にいたる。このレム期は十分ほどで終わり、続いてノンレム睡眠期に入っていく。このパターンが四回ほど繰り返されて目覚める。ただし、レム期の時間は二回目、三回目と徐々に長くなり、最後は四十分ほど続く。ノンレム期の睡眠の深さは最初がもっとも深く、徐々に浅くなっていく。

夢を見る、そのほとんどがレム期である。かすかだが意識のある睡眠時に夢を見ているのである。レム期の脳波は覚醒《かくせい》時とほぼ同じ波形ベータ波。大脳新皮質《しんひしつ》神経細胞の電気活動を示すものである。

では、人はなぜ夢を見るのか。ウィリアム・C・デメント（一九二八〜）がレム睡眠を遮断する実験を行なっている。脳波と眼球運動から睡眠段階を判断し、レム期に入ると被験者を起こすことを繰り返した。日が経つにつれ起こす回数が増えた。最初の夜は平均十一回だったが、最後の五日目の夜は二十三回。睡眠周期は、三分間起こしておくと、中断後も新しい周期をやり直すことがわかった。実験前夜のレム睡眠時間は全睡眠時間の約一九％だったが、実験終了後最初の夜は実験前に比べて五〇％高くなった。この「はねかえりレム」と呼ばれる、失われた睡眠時間を取り戻す現象はその後数日続いた。不思議なことにレム期以外で起こされた被験者にはこの現象は見られなかった。

このことからひとつの結論が推測された。それは、人間には「夢」は必要だということである。しかし、なぜ必要なのかということには答えは出ていない。

＊参考文献〈4・77・78・79・80〉

睡眠のサイクルと夢

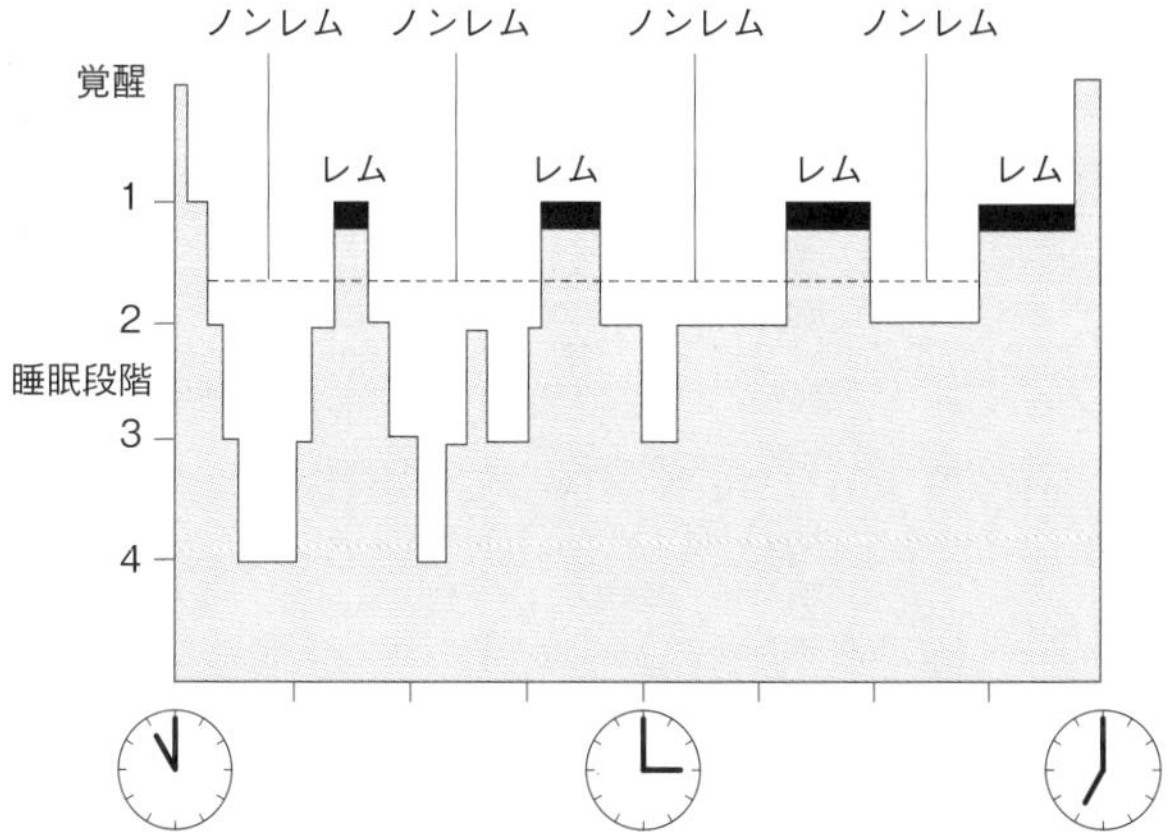

目覚め前のレム期にもっとも多くの夢を見る

人間の睡眠時間の平均を8時間（夜11時～翌朝7時）と想定すると、この間に、その2種類の睡眠が交互にやってくる。眠りに入ると徐々にその眠りが深くなり、もっとも深い段階4に達したあとは段々に浅くなっていく。こうして入眠から80～90分後に最初のレム睡眠にいたる。このレム期は10分ほどで終わり、続いてノンレム睡眠期に入っていく。このパターンが4回ほど繰り返されて目覚める。ただし、レム期の時間は2回目、3回目と徐々に長くなり、最後は40分ほど続く。目覚めの前のレム期にもっとも多くの夢を見るといわれている。

column

ノンレム期に作られた夢は忘れ去られる？

ノンレム期に作られる夢が少ないというのは間違いないようである。ただ、こんな仮説もある。ノンレム期にも夢は作られているが、レム期に比べて意識のレベルが下がっている。だから、夢を見ていても思い出しにくいだけだ、と。

さらにレム期の前はノンレム期。ノンレム期に夢を見ていても次のレム期に見る夢のほうが再構成しやすいから、ノンレム期の夢は忘れ去られたようになっているのではないか、と。脳も休ませなければならない。そのためにノンレム期がある。これが従来の考え方である。

三行メモ

◆脳と心◆小脳研究の第一人者が、脳の研究は緒についたばかりでその解明は全体の100億分の1にも満たないのではと語っている。少しわかっただけで全体が解明されたかのように伝えられる風潮への警告ではなかったか。心も同じだ。

〝夢〟は脳内で処理中の記憶の断片の表出か？

睡眠中のレム期に夢を見る。そしてレム期の脳波は覚醒《かくせい》時に似ている。レム期に働いている脳、大脳新皮《しんひ》質《しつ》でいったい何が起こっているのか。

ある実験が行なわれた。視覚像が赤くなる変色レンズを使用したゴーグルを着用したときに見る夢の分析実験である。被験者は九人で、変色レンズのないゴーグルに慣れるために七～十日間、変色レンズ使用のゴーグルで五～八日間、ゴーグルを着用しない回復のための三～五日間。被験者たちは実験期間、睡眠実験室で眠った。そして、入眠中、ノンレム睡眠中、レム睡眠中の各段階で、そのときの思考や夢の報告のために起こされた。

実験の結果、わかったのは、「ゴーグルを着用したその夜の夢がすでに赤色になっていたこと」「一晩のレム期四回のうち最初の夜の最初の夢にゴーグル色の夢が現れたこと」、そして日が経つにつれゴーグル色は徐々に遅いレム期の夢に現れるようになり、四～五日が過ぎるとすべてのレム期の夢がゴーグル色になった。遅いレム期の夢にゴーグル色が現れるようになると早い時期のレム期にますます現れるようになり、四～五日目の夜には、最初のレム期の夢の八三％にゴーグル色が現れた。

変色レンズ使用のゴーグルを着用したその夜に赤色の夢を見たということは、その日の出来事の記憶（情報）がすぐに夢に現れたことを証明するものであり、関連した情報が遅いレム期の夢に現れるようになるに従って、早いレム期での関連情報の夢が活発になるということは、人間の睡眠中に、一連の情報処理が組織的に行なわれていることを推測された。

このことから出された結論は、記憶は睡眠中に固定されるというものだった。だから、人間には睡眠が必要だということなのだろうか。

＊参考文献〈4・77・78・79・80・81〉

脳波のいろいろ

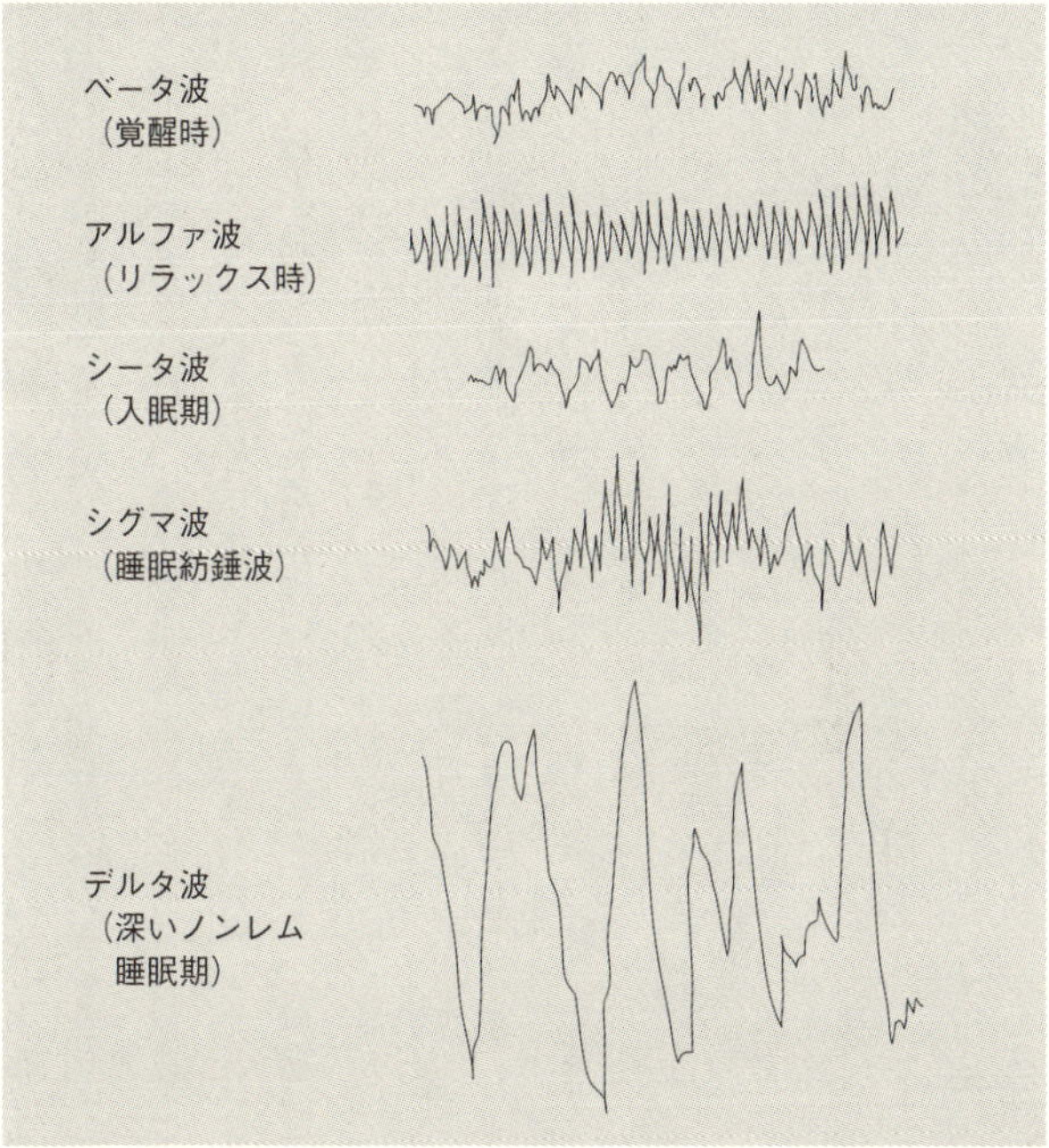
ベータ波
（覚醒時）
アルファ波
（リラックス時）
シータ波
（入眠期）
シグマ波
（睡眠紡錘波）
デルタ波
（深いノンレム
睡眠期）

column

夢の映像は右脳で作られる

夢は右脳で見ているという説がある。覚醒時に物を見ているときに大脳新皮質の視覚野で発生する脳波はラムダ波。このラムダ波が睡眠中の視覚野で発生している。ほとんどの夢には映像が伴っていることもよく知られている。

また、右脳に損傷が発生するとその患者は夢を見なくなり、右脳に電気刺激を与えると夢を見るのと同じような体験が起こることもわかっている。それらを総合判断すると、右脳の視覚連合野でまとめられた夢が、左脳に送られて言葉で表現できるようになるというのだ。

三行メモ

◆夏目漱石『夢十夜』◆一夜ごとの夢の話が十話。「悟り」を開こうとしてなかなか開けない侍の話、夢で仁王を彫る仏師・運慶の姿を見、目覚めてからその方法を実践してみるが当然うまくいかない男の話など。

■理性と大脳新皮質〜役割別に位置する連合野

心と身体の高次機能を支える大脳新皮質

人間を人間らしく動かしている中心機能を備えているのが脳だとすれば、その脳の中枢が大脳新皮質《しんひしつ》である。つまり、ほかの動物とは格段に違いのある思考力や理性を生み出しコントロールし、行動のための指示を出しているところがこの大脳新皮質なのだ。

五官を通して入ってくる情報は、新皮質の関連場所に送られ処理される。見る、聴く、触れる、匂いを嗅《か》ぐ、味わうの五感、さらに、身体を動かす、話す、考える、記憶するといった高次の機能など、これらすべて、新皮質のそれぞれの決まった領域に中枢がある。

その領域は、嗅覚情報を受ける嗅覚《きゅうかく》野、触覚に関係する体性感覚野、視覚野、味覚野、嗅覚野の五領域に加えて、脳の中心溝のすぐそばには運動指令を出す運動野、そしてその隣には運動を補足する運動前野と補足運動野がある。

この感覚野と運動野に属さない領域が連合野。じつはこの連合野が人間の高次機能を支えている。人類が進化するにつれてこの連合野が発達してきたのである。現在では、連合野は新皮質全体の三分の二を占めるにいたっている。連合野は、前頭連合野、頭頂連合野、側頭連合野の大きく三つの領域に分かれ、もっとも発達しているのは前頭連合野で、ここでは思考、意識、創造などがつむがれコントロールされている。

発語に関係する運動性言語野もこの前頭連合野に含まれる。側頭連合野は記憶に関係し、言葉の意味を理解する感覚性言語野を含む。頭頂連合野は外界を認識したり理解したりする機能をコントロールしている。

つまり、人間が、ほかの動物とは違って高度な思考をつむぎ出したり、判断したり、記憶したりするトータルな機能、人間らしさを発揮するための機能のほとんどをこの大脳新皮質が受け持っているというわけである。

＊参考文献〈4・77・78・79・80・82〉

理性と大脳新皮質連合野

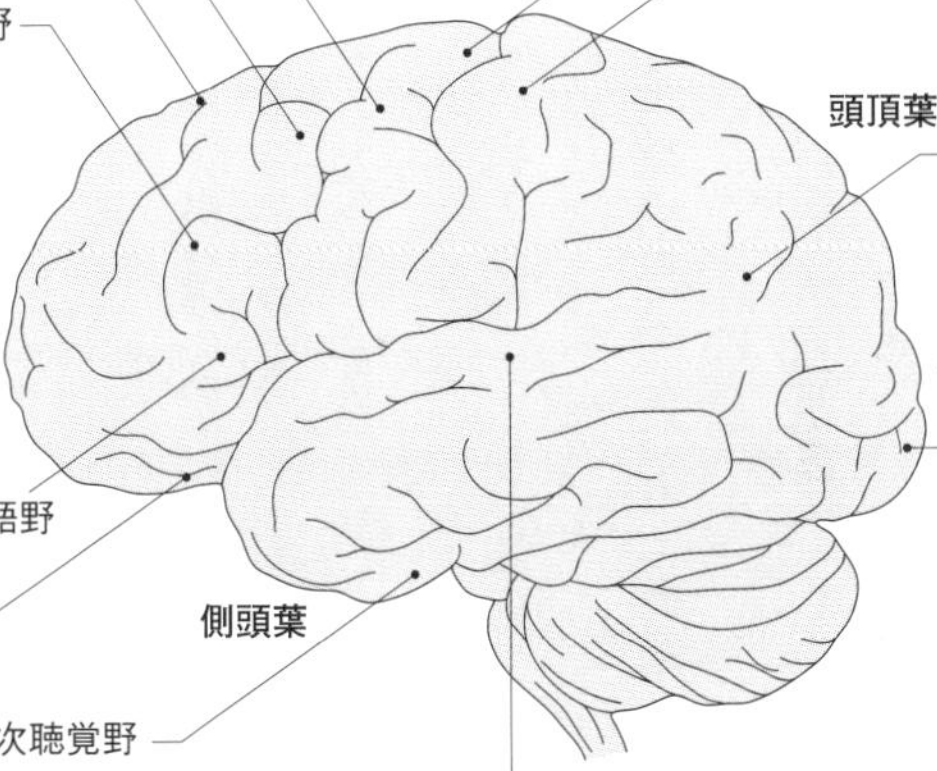
運動連合野
前頭野眼球
運動野
運動前野
前頭前野
運動野
体性感覚野
頭頂葉
視覚連合野
前頭葉
後頭葉
一次視覚野
ブローカ言語野
（左半球）
嗅覚野
側頭葉
一次聴覚野
聴覚連合野

column

匂いの情報は理性の干渉を受けない？

アリストテレスは「人間の鼻は、他の動物の嗅覚に比べてもっとも劣っている」とし、その原因のひとつを「嗅覚器官の不完全さ」にあると考えた。五感情報は感覚器官から新皮質に行ったあとに辺縁系にいたりそれからさらに新皮質にフィードバックされる。しかし、嗅覚情報だけは新皮質を経ないで海馬や扁桃体に直接届くという説がある。

匂いの情報は理性の干渉を受けずに直接本能に訴えかけて行動を起こさせるというわけだ。クレオパトラはそのことを心得ていて香料を身体に塗っていたそうである。

三行メモ

◆『失われた時を求めて』◆マルセル・プルースト（1871〜1922）の全7篇からなる小説。著者の死により、第5篇以降は遺稿に整理編集を加えて完結した興味深い大作。人間存在の根源と「思い出さない記憶」の追求がテーマか？

■神経細胞〜脳を構成する最小単位の優れもの

脳神経細胞の精緻きわまる化学反応とネットワーク

脳は神経細胞（ニューロン）と神経膠《こう》細胞（グリア細胞）でできている。神経細胞は神経細胞体と軸索、樹状突起からなるが、この神経細胞を構造的に支えたり、環境を整えたりしているのが膠細胞。

神経細胞のネットワークはどうして可能なのか。神経細胞は、軸索を伸ばしてほかの神経細胞とつながり、短い突起である樹状突起のその上にほかの神経細胞からの接続を受ける。この神経細胞と神経細胞のつながりの部分をシナプスという。情報を送る側をシナプス前部といい、受け取る側をシナプス後部という。シナプスの前部と後部の接続点は直接つながっているわけではなく、わずかに隙間《すきま》があり、この隙間での情報の伝達はいわゆる伝達物質というものが放出される形で行なわれている。このプロセスで起こっている化学反応によるメカニズムは精緻《せいち》をきわめている。

脳は、この神経細胞が寄り集まってできているのだが、その数は大脳新皮質《しんひしつ》で約百四十億で、小脳も同程度。一瞬のうちに行なわれる高度な思考、判断は、この百四十億の神経細胞を駆け抜けた情報を一瞬のうちに分析したのちに行なわれているのである。

そしてこの神経細胞群をよく見ていくと、いくつかのまとまりになっている。表面から内部に向けて柱状に並んでいる「コラム」である。コラムは、約一万の神経細胞の集まりで、このコラムの集まりが先に触れた「領野」や「連合野」をかたちづくっているのである。大事な脳は頭蓋骨に覆われて保護されているが、その容量には限界がある。だから、神経細胞は効率よく折り畳むようにして増えてきたのだが、もうそれも限界だといわれている。

頭蓋骨がこれ以上大きくなると子どもが生まれるときに産道を通過しにくくなる。人類の今の状況がもっともバランスの良い状態なのだそうである。

＊参考文献〈4・77・78・79・80〉

神経細胞の構造とシナプス

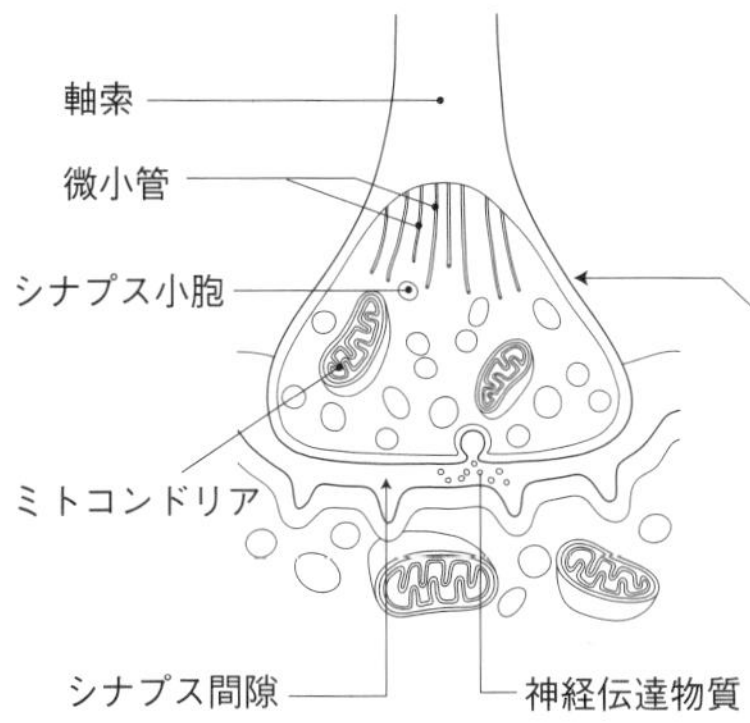
軸索
微小管
シナプス小胞
ミトコンドリア
シナプス間隙
神経伝達物質

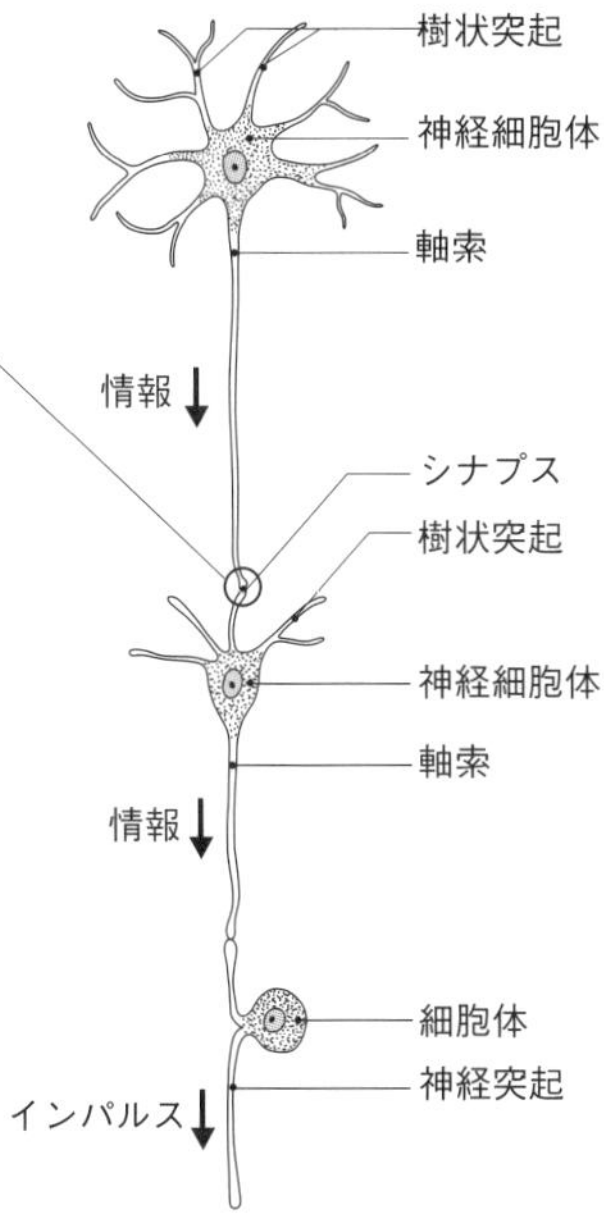
樹状突起
神経細胞体
軸索
情報
シナプス
樹状突起
神経細胞体
軸索
情報
細胞体
神経突起
インパルス

情報伝達スピードは秒速0.2〜120m

神経細胞と神経細胞の接続部分であるシナプスは、ひとつの神経細胞に2〜4万もある。接続部分には少しの間隙があり、この間隙部分での情報の伝達は、ドーパミンやアセチルコリンといった物質の化学反応によって生じる活動電位が原動力になる。神経細胞間の情報伝達速度は秒速0.2〜120m。

column

脳のなかで動いている長さ一メートルの軸索

神経細胞の軸索の長さが一メートルを超えるものもある。私たちの小さな頭の中で一メートルもの長いヒモが収まっている図を想像してみるといい。クネクネ折り曲がりながら遠い場所の神経細胞とつながっているのだろう。長さの意味は近隣の神経細胞とだけでなく遠い場所ともつながれることなのではないか。

多くのことがまだわかっていないが、同系統の情報を収集したり分析する場所は、近隣のまとまっている神経細胞の塊である「コラム」が中心なのだろうが、そこ以外にもずっと離れた場所にもあるということなのかもしれない。

三行メモ

◆海馬の研究◆脳のなかでもっとも研究が進んでいる部位だといわれている。海馬の萎縮、すなわち細胞の抑制が起こるとうつ病になることがわかってきた。つまり、ストレスがかかると海馬が影響を受けるのだろう。これに記憶がからむ。

未知の部分ばかりの脳の機能と心の動きの相関関係

脳のなかでは不思議なことが起こっている。というよりは、脳の機能については現状ではまだほとんどわかっていないといったほうが正しい。だから、今までわからなかったことがわかってくると、それが「不思議」になるのである。

こんな例がある。十九歳の青年がめまいがするので気になって医者を訪れた。医者は念のためにＭＲＩを撮って脳を調べてみた。驚いたことに青年の脳の大脳の左側がスッポリなかったのである。左脳は、言葉に関連する知的機能を司《つかさど》っている。そこがないのなら、本来は言葉を理解することもできないし話すこともできないはずである。また、左脳がないならば右半身の運動機能にも影響するはずである。しかし、青年のこれまでの日常生活はなんの支障もなく送られてきた。いったい、この脳のなかで何が起こったのだろう。この青年だけでなく、こういうケースはいくつも報告されている。ただ、それらに共通しているのは、生まれつきそういう障害を持っていたということである。つまり、生まれたときに本来機能すべき部分がなかったために、脳が成長する過程で別の部分にそれに代わるネットワークを構築していたのである。

では、成長した大人の脳が損傷を受けた場合、回復の可能性はないのだろうか。たとえば、高齢になって、脳梗塞《こうそく》などで脳の一部が損傷され半身が麻痺した場合など。損傷の度合も関係するだろうがリハビリなどによる回復例はいくらでもある。

ただ、それが、公式のように、壊れた神経細胞に代わって別の神経細胞の新しいネットワークができたからというのでもない。しかし、そういう可能性も否定できない。脳の機能についてはほとんどわかっていないからである。それは、私たちの心の動きと同じなのではないだろうか。

＊参考文献〈4・77・78・79・80〉

可能性を秘めている脳

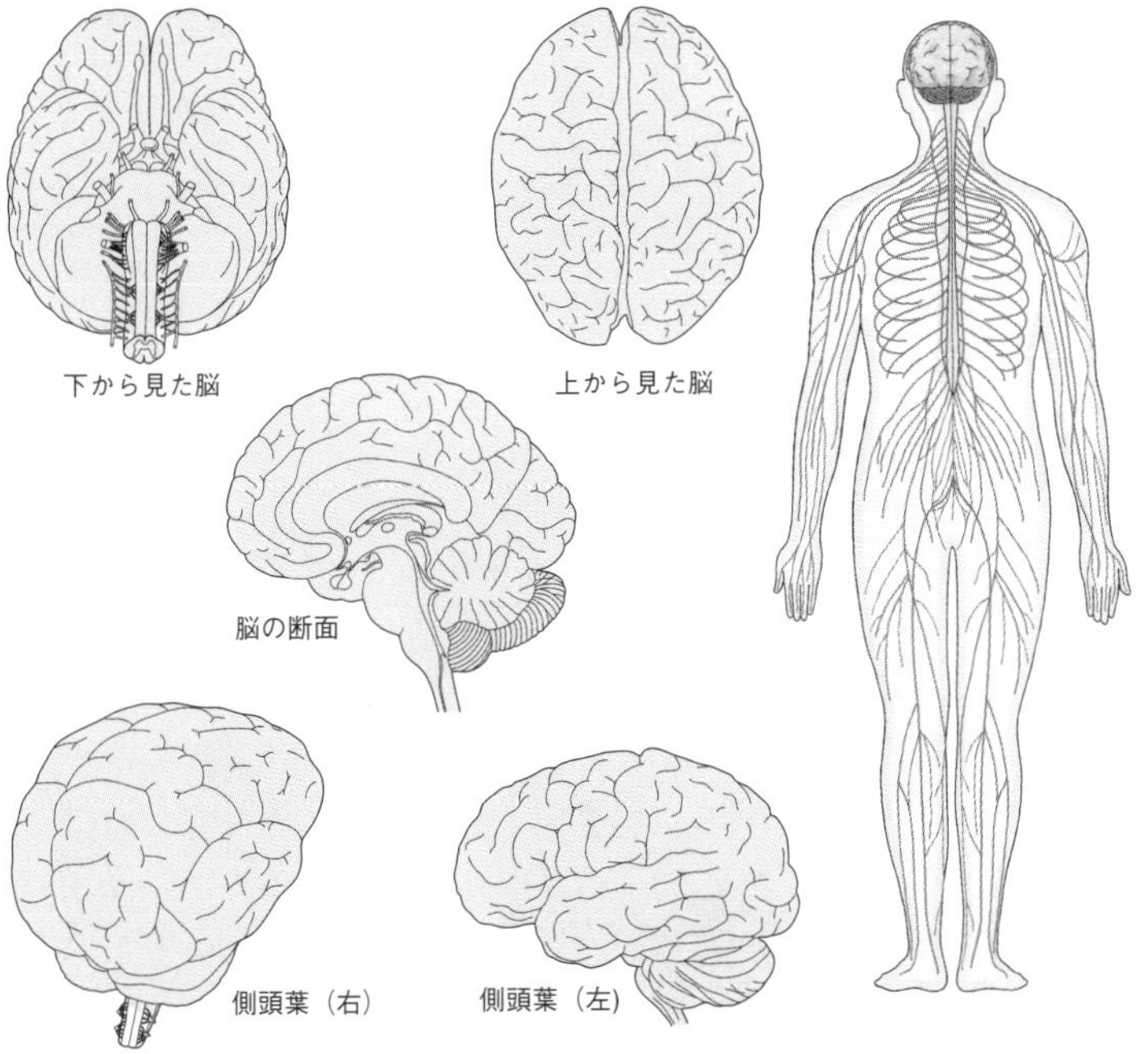
下から見た脳
上から見た脳
脳の断面
側頭葉（右）
側頭葉（左）

column

それは奇跡なのか？脳に関する不思議な現象

ある二歳の重度の水頭症の子どもの脳は脳幹と前頭葉のほんの一部しかなかった。脳幹は生命維持に欠かせない装置だから機能していたのは当然なのだが、新皮質は前頭葉の一部でしかも薄いということは視覚野、聴覚野、運動野、感覚野がないに等しいということ。

常識では、この子どもは見ることも聴くことも身体を動かすこともできないはずだった。しかし、この子どもは普通の子どもと同じように目が見えているし、笑い、歌い、そして踊っているのである。脳に関する不思議な話はいろいろある。

三行メモ

◆脳の表面積◆脳の重さの8割を占める大脳。その成人の大脳の表面積は、折り畳まれているしわをのばすと、約2200平方センチメートルになる。折り畳んで押しこむ。人間が考えたのではなく、脳自身が考えたのだといえばいいのだろうか。

主な参考・引用文献

1 『無意識と精神分析』（J・P・シャリエ／岸田秀訳／せりか書房）
2 『フロイト』（R・ベイカー／宮城音弥訳／講談社）
3 『フロイトの生涯』（E・ジョーンズ／竹友安彦、藤井治彦訳／紀伊國屋書店）
4 『無意識の構造　脳と心の生物学』（J・ウィンソン／相馬寿明訳／どうぶつ社）
5 『フロイト著作集1～11』（S・フロイト／懸田克躬、高橋義孝他訳／人文書院）
6 『図説フロイト』（鈴木晶／河出書房新社）
7 『実例心理学事典』（F・J・ブルノー／安田一郎訳／青土社）
8 『フロイト精神分析物語』（浜川祥枝他編／有斐閣）
9 『心理学辞典』（中島義明他編／有斐閣）
10 『ヒステリー研究』（J・ブロイアー、S・フロイト／金関猛訳／筑摩書房）
11 『夢と実存』（L・ビンスワンガー、M・フーコー／荻野恒一他訳／みすず書房）
12 『世界の名著　ハイデガー』（原佑、渡辺二郎訳／中央公論社）
13 『子どものトラウマ』（西澤哲／講談社）
14 『夢判断』（S・フロイト／高橋義孝訳／新潮社）
15 『講座哲学　心／脳の哲学』（岩波書店）
16 『古代ギリシアの思想』（山川偉也／講談社）
17 『ギリシア哲学者列伝』（D・ラエルティオス／加来彰俊訳／岩波書店）
18 『西洋哲学史』（今道友信／講談社）
19 『西洋哲学物語』（W・デューラント／村松正俊訳／講談社）
20 『哲学・思想がわかる』（渋谷大輔他／日本文芸社）
21 『哲学事典』（平凡社）
22 『現代哲学事典』（山崎正一・市川浩編／講談社）
23 『音律と音階の科学』（小方厚／講談社）
24 『現代心理学入門』（R・I・エヴァンス／犬田充訳／講談社）
25 『オリジン　人はどこから来てどこへ行くか』（R・リーキー、R・レーウィン／岩本光雄訳／平凡社）
26 『哲学概論』（樫山欽四郎／創文社）
27 『魔の山』（T・マン／高橋義孝訳／新潮社）
28 『女の二十四時間』（S・ツヴァイク／高橋健二訳／新潮社）
29 『無意識の心理』（C・G・ユング／高橋義孝訳／人文書院）
30 『ユング自伝』（C・G・ユング／河合隼雄他訳／みすず書房）
31 『分析心理学』（C・G・ユング／小川捷之訳／みすず書房）
32 『図説ユング』（林道義／河出書房新社）
33 『世界の名著　フロイト』（懸田克躬訳／中央公論社）
34 『世界の名著　ユング　フロム』（懸田克躬訳／中央公論社）
35 『世界大百科事典』（平凡社）
36 『仏教』（渡辺照宏／岩波書店）

37 『日本の仏教』（渡辺照宏／岩波書店）
38 『哲学の基礎知識』（高間直道／青春出版社）
39 『世界の名著　キルケゴール』（杉山好・田淵義三郎・桝田啓三郎訳／中央公論社）
40 『存在と無』（松浪信三郎訳／人文書院）
41 『世界の名著　孔子　孟子』（貝塚茂樹訳／中央公論社）
42 『中国古典名言事典』（諸橋轍次／講談社）
43 『インド思想史』（中村元／岩波書店）
44 『宗教学辞典』（東京大学出版会）
45 『島尾敏雄作品集1～5』（晶文社）
46 『望郷と海』（石原吉郎／筑摩書房）
47 『自殺学　自殺の精神病理』（大原健士郎編／至文堂）
48 『自殺学　自殺の心理学・精神医学』（大原健士郎編／至文堂）
49 『自殺について』（A・ショウペンハウエル／斎藤信治訳／岩波書店）
50 『人生の短さについて』（セネカ／茂手木元蔵訳／岩波書店）
51 『別冊新評　作家の死』（新評社）
52 『文芸読本　芥川龍之介』（河出書房新社）
53 『羅生門・鼻』（芥川龍之介／新潮社）
54 『地獄変・偸盗』（芥川龍之介／新潮社）
55 『誘惑者』（高橋たか子／講談社）
56 『文芸読本　太宰治』（河出書房新社）
57 『ヴィヨンの妻・桜桃ほか九編』（太宰治／講談社）
58 『世界の名著　マリノフスキー　レヴィ＝ストロース』（泉靖一責任編集／中央公論社）
59 『現代人の異常性　現代家族と異常性』（大原健士郎、岡堂哲雄編／至文堂）
60 『オイディプス王』（ソポクレス／藤沢令夫訳／岩波書店）
61 『音楽大事典』（平凡社）
62 『図説精神医学入門』（C・カトナ　M・ロバートソン／島悟監訳／日本評論社）
63 『人間の攻撃心』（A・ストー／高橋哲郎訳／晶文社）
64 『ひかりごけ・海肌の匂い』（武田泰淳／新潮社）
65 『ストレスと自己コントロール』（平井富雄／講談社）
66 『〈心配性〉の心理学』（根本橘夫／講談社）
67 『現代思想　精神分裂病』（青土社）
68 『「うつ」にならない食生活』（高田明和／角川書店）
69 『「うつ」をなおす』（大野裕／PHP研究所）
70 『非行心理学入門』（福島章／中央公論社）
71 『人間性の心理学』（宮城音弥／岩波書店）
72 『宗教学入門』（脇本平也／講談社）
73 『日本宗教事典』（村上重良／講談社）
74 『仏像　心とかたち』（望月信成／佐和隆研／梅原猛／日本放送出版協会）
75 『カラマーゾフの兄弟』（ドストエーフスキイ／米川正夫訳／岩波書店）
76 『世界の名著　ニーチェ』（手塚富雄・西尾幹二訳／中央公論社）

77『脳と心のデータブック』（伊藤正男監修／日本放送出版協会）
78『脳と心』（日本放送出版協会）
79『岩波講座　認知科学1～9』（岩波書店）
80『からだのしくみと病気がわかる事典』（高田明和監修／日本文芸社）
81『文鳥・夢十夜・永日小品』（夏目漱石／角川書店）
82『失われた時を求めて』（M・プルースト／井上究一郎訳／筑摩書房）
83『方法序説』（デカルト／落合太郎訳／岩波書店）
84『哲学原理』（デカルト／桂寿一訳／岩波書店）
85『世界の名著　スピノザ　ライプニッツ』（下村寅太郎責任編集／中央公論社）
86『図説ブッダ』（安田治樹編／河出書房新社）
87『ユング心理学への招待』（R・H・ホプケ／入江良平訳／青土社）
88『心理学と宗教』（ユング・コレクション3／C・G・ユング／村本詔司訳／人文書院）
89『ユングとキリスト教』（湯浅泰雄／人文書院）
90『ユングとヨーロッパ精神』（湯浅泰雄／人文書院）
91『親鸞』（野間宏／岩波書店）
92『最後の親鸞』（吉本隆明／春秋社）
93『共同幻想論』（吉本隆明／河出書房新社）
94『人類の祖先を求めて』（D・C・ジョハンソン他／馬場悠男訳／日経サイエンス社）

【監修者紹介】
渋谷昌三（しぶや・しょうぞう）
1946年生まれ。学習院大学文学部哲学科卒、東京都立大学大学院人文科学研究科心理学専攻博士課程修了。文学博士。山梨医科大学医学部教授を経て、現在、目白大学社会学部·大学院心理学研究科教授。著書に、『人を見抜く』『男を見抜く』『女を見抜く』（以上経済界）、『人はなぜウソをつくのか』『その人のひと言から本心をウラ読みする方法』（以上河出書房新社）、『「しぐさ」を見れば心の９割がわかる！』『相手の心が「その時」99%読める！』（以上三笠書房）『心理学講義』（ナツメ社）、『すぐに使える！　心理学』『図説　外見だけで人を見抜く技術』（以上 PHP 研究所）など多数。

学校で教えない教科書

面白いほどよくわかる
深層心理
*
平成21年７月30日　第１刷発行

監修者
渋谷昌三
発行者
西沢宗治
印刷所
誠宏印刷株式会社
製本所
大口製本印刷株式会社
発行所
株式会社日本文芸社
〒101-8407 東京都千代田区神田神保町1-7
TEL.03-3294-8931［営業］, 03-3294-8920［編集］
振替口座　00180-1-73081
*

ISBN978-4-537-25691-8
112090725-112090725Ⓝ01
編集担当・村松

URL　http://www.nihonbungeisha.co.jp/